Weihnachten 2000

für Dich, lieber Frank,

von Jürgen —

Ralf + Lisi

RUDOLF STEINER GESAMTAUSGABE

VORTRÄGE

VORTRÄGE ÜBER MEDIZIN

RUDOLF STEINER

Meditative Betrachtungen und Anleitungen zur Vertiefung der Heilkunst

Vorträge für Ärzte und Medizinstudierende

Weihnachtskurs
Acht Vorträge, Dornach 2. bis 9. Januar 1924

Osterkurs
Fünf Vorträge, Dornach 21. bis 25. April 1924

Erster Rundbrief, 11. März 1924

Abendzusammenkunft
Dornach, 24. April 1924

1987
RUDOLF STEINER VERLAG
DORNACH / SCHWEIZ

Nach vom Vortragenden nicht durchgesehenen Nachschriften
herausgegeben von der Rudolf Steiner-Nachlaßverwaltung
Die Herausgabe besorgte Dr. med. Hans W. Zbinden

1. Auflage Gesamtausgabe Dornach 1967
2. Auflage Gesamtausgabe Dornach 1980
3. Auflage Gesamtausgabe Dornach 1987

Weitere Veröffentlichungen:
Dornach 21., 22., 23., 24. (ohne Ansprache), 25. April 1904
«Oster-Kurs für Ärzte und Medizinstudierende», Dornach 1944

Bibliographie-Nr. 316
Zeichnungen im Text nach Tafelzeichnungen Rudolf Steiners
ausgeführt von Hedwig Frey
Einbandzeichen nach einem Entwurf Rudolf Steiners,
Schrift von B. Marzahn und C. Frigeri

Printed in Switzerland by Zbinden Druck und Verlag AG, Basel
ISBN 3-7274-3160-1

Zu den Veröffentlichungen
aus dem Vortragswerk von Rudolf Steiner

Die Grundlage der anthroposophisch orientierten Geisteswissenschaft bilden die von Rudolf Steiner (1861-1925) geschriebenen und veröffentlichten Werke. Daneben hielt er in den Jahren 1900 bis 1924 zahlreiche Vorträge und Kurse, sowohl öffentlich wie auch für die Mitglieder der Theosophischen, später Anthroposophischen Gesellschaft. Er selbst wollte ursprünglich, daß seine durchwegs frei gehaltenen Vorträge nicht schriftlich festgehalten würden, da sie als «mündliche, nicht zum Druck bestimmte Mitteilungen» gedacht waren. Nachdem aber zunehmend unvollständige und fehlerhafte Hörernachschriften angefertigt und verbreitet wurden, sah er sich veranlaßt, das Nachschreiben zu regeln. Mit dieser Aufgabe betraute er Marie Steiner-von Sivers. Ihr oblag die Bestimmung der Stenographierenden, die Verwaltung der Nachschriften und die für die Herausgabe notwendige Durchsicht der Texte. Da Rudolf Steiner aus Zeitmangel nur in ganz wenigen Fällen die Nachschriften selbst korrigieren konnte, muß gegenüber allen Vortragsveröffentlichungen sein Vorbehalt berücksichtigt werden: «Es wird eben nur hingenommen werden müssen, daß in den von mir nicht nachgesehenen Vorlagen sich Fehlerhaftes findet.»

Über das Verhältnis der Mitgliedervorträge, welche zunächst nur als interne Manuskriptdrucke zugänglich waren, zu seinen öffentlichen Schriften äußert sich Rudolf Steiner in seiner Selbstbiographie «Mein Lebensgang» (35. Kapitel). Der entsprechende Wortlaut ist am Schluß dieses Bandes wiedergegeben. Das dort Gesagte gilt gleichermaßen auch für die Kurse zu einzelnen Fachgebieten, welche sich an einen begrenzten, mit den Grundlagen der Geisteswissenschaft vertrauten Teilnehmerkreis richteten.

Nach dem Tode von Marie Steiner (1867-1948) wurde gemäß ihren Richtlinien mit der Herausgabe einer *Rudolf Steiner Gesamtausgabe* begonnen. Der vorliegende Band bildet einen Bestandteil dieser Gesamtausgabe. Soweit erforderlich, finden sich nähere Angaben zu den Textunterlagen am Beginn der Hinweise.

INHALT

ANHANG

Der vorliegende Band enthält Vorträge, mit denen sich Rudolf Steiner an Ärzte wandte, die auch im modernen Sinne durchgebildet, und an solche Menschen, die noch im ärztlichen Studium begriffen waren. Die Kurse sind auch nur für solche ärztliche Persönlichkeiten in Druck gegeben worden, die das Arztsein in dem ernsten Sinne auffassen, wie es der Gesinnung anthroposophischer Geisteswissenschaft entspricht. Die Lektüre dieses Buches ist für Nicht-Ärzte kaum irgendwie ersprießlich.

Die Geisteswissenschaft Rudolf Steiners wird dadurch für die Medizin fruchtbar, daß eine innere meditative Betätigung den Arzt zu Krankheitserkenntnis und Heilbehandlung führt. Es sollen vom Arzt die esoterischen Bedingungen gründlich berücksichtigt werden. So sagt Rudolf Steiner im vorliegenden Kurs auf S. 86/87 «Sehet Ihr, es war immer so im Leben der Anthroposophischen Gesellschaft, daß von all den Persönlichkeiten, die in der Anthroposophischen Gesellschaft haben Esoteriker werden wollen, die Bedingungen des esoterischen Lebens, einfach die innerlichen Bedingungen des esoterischen Lebens nicht gründlich genug beachtet worden sind. Und so haben wir es innerhalb der anthroposophischen Bewegung eigentlich nur auf zwei Gebieten im Laufe der Jahre zu dem bringen können, was notwendig ist: nämlich auf dem Gebiete der allgemeinen Anthroposophie und auf dem Gebiete der eurythmischen und der Redekunst. Aber dasjenige, was auf diesen Gebieten als innere Betätigung, als selbständige innere Betätigung sich herausgebildet hat, das muß sich für alle Sektionen, die nun eingerichtet werden sollen, wirklich herausbilden.»

Rudolf Steiner forderte Ernst in der Behandlung des Esoterischen. Zutreffend schrieb Carl Unger in seinem Büchlein «Esoterisches» (Unger-Schriften Bd. II): «Die ganze Geisteswissenschaft (Rudolf Steiners) ist esoterisch, ist Meditationsinhalt.» Sie war in dem Zeitpunkt vorhanden, als die Kurse gehalten wurden und ist ihre Voraussetzung. «Was Alle wissen, kann nicht mehr mißbraucht werden, im Wissen aller liegt der Schutz» (C. Unger). Und gerade wegen dieses Schutzes sei, von demselben formuliert, an die für die «innere Betätigung» im Sinne der anthroposophischen Geisteswissenschaft unverbrüchlich gültige Wahrheit erinnert: «Esoterik kann man niemand aufdrängen, man kann sich aber auch nicht auf sie berufen.» Und Rudolf Steiner sagte in Prag am 29. März 1924: «... Ich kann Ihnen die Versicherung geben, es ist schon sehr viel esoterisch in der Welt, trotzdem man es gar nicht als esoterisch behandelt. Ich kann Sie versichern, die Hegelschen philosophischen Schriften sind sehr esoterisch. Sie können sie überall kaufen, aber sie sind sehr esoterisch. Die Leute, die sie verstehen, sind nur ein geringes Häuflein. Also es kommt gar nicht darauf an, ob man irgend jemand die Schriften gibt oder nicht gibt: Wenn sie esoterisch bleiben sollen, bleiben sie es. Es handelt sich beim Esoterischen vielmehr darum, ob man auch das nötige Herzensverständnis aufbringt oder nicht, zu den Schriften ein Verhältnis zu gewinnen. Deshalb wird dennoch das, was es sein soll, in der Anthroposophischen Gesellschaft esoterisch bleiben können.» («Konstitution» S. 186.)

WEIHNACHTSKURS

ERSTER VORTRAG

Dornach, 2. Januar 1924

Meine lieben Freunde!

Das erste, worüber ich gerne zu Ihnen reden möchte, ist dieses, was sich bezieht auf das medizinische Studium selbst. Das medizinische Studium wird ja heute in der Weise absolviert, daß es aufgebaut wird auf eine naturwissenschaftliche Weltanschauung, sagen wir besser, auf eine naturwissenschaftliche Interpretation, die nicht bis zum Menschen heranführt, die heute gar nicht geeignet ist, über den Menschen etwas auszusagen. Und so kommen eigentlich die jungen Mediziner an den kranken Menschen heran, und sie kommen bis zum kranken Menschen, ohne irgendeine wirkliche Vorstellung haben zu können über den gesunden Menschen. Denn sehen Sie, wenn man einfach zunächst Anatomisches, Physiologisches so lernt, daß man die Vorstellung hat, das Wesentliche im menschlichen Organismus seien die mit festen Konturen auftretenden Organe und Organsysteme, wie Knochensystem, Muskelsystem, und wenn man gewohnt geworden ist, diese Systeme eben in jenen festen Konturen zu sehen, in denen man sie gewöhnlich zeichnet, so bekommt man dadurch eine ganz irrtümliche Anschauung vom Menschen. Denn dasjenige, was man in dieser Weise zeichnet und auch gezeichnet sich vorstellt, was man eigentlich als Inhalt seiner Erkenntnis erhält, das ist ja in einem fortwährenden Werdeprozeß, in einem fortwährenden Aufbau und Abbau, in fortwährendem Werden, fortwährendem Entstehen und Vergehen. Und wenn wir dieses Entstehen und Vergehen nun beginnen ins Auge zu fassen, dann stellt sich uns sogleich heraus, daß wir aus dem Konturierten in bezug auf den menschlichen Organismus übergehen müssen zu dem Flüssigen, Nichtkonturierten, daß wir nötig haben, uns den Menschen vorzustellen als Ergebnis sozusagen einer Strömung, die in bestimmten Punkten dauert und wir müssen hinzufügen zu dem, was ja der geringste Teil des Menschen ist, den Flüssigkeitsmenschen, wenn ich mich so ausdrücken darf, den Menschen, der nicht mehr unterliegt jenen Gesetzen, denen scharf konturierte Körper unterliegen. Man bekommt gewöhnlich heute aus anatomisch-physiologischen Vorstellungen heraus die Meinung, daß, wenn man Flüssigkeit in sich aufnimmt, um den Durst zu löschen, und dann weiter von derselben Flüssigkeit immer mehr und mehr aufnimmt, diese Flüssigkeit, die da, sagen wir, nachdem man ein Glas Wasser getrunken hat, als viertes, fünftes Glas Wasser folgt, im Organismus denselben Prozeß durchmache, den das erste durchgemacht hat. Aber das ist nicht wahr. Das erste Glas Wasser macht einen komplizierten Prozeß durch bis zur Durststillung, das zweite Glas Wasser, wenn der Durst nicht mehr so groß ist, geht ohne diesen Prozeß durch den Organismus viel schneller durch als das erste. Es macht gar nicht die komplizierten Wege durch, die das erste Glas durchgemacht hat, und beim zweiten Glas Wasser haben wir es viel mehr zu tun mit einer Art von einfacher Weiterströmung im Flüssigkeitsmenschen, wenn ich es jetzt grob ausdrücken darf.

Und so müssen wir sagen, eine wirkliche Menschenerkenntnis muß erstens mit den scharf konturierten Organen rechnen, dann aber auch mit demjenigen, was im Organismus im Flusse ist. Gewiß, auf das wird auch hingewiesen, auf das, was im Flusse ist, aber so hingewiesen, daß man die im Flusse befindlichen Säfte, überhaupt die flüssige Konfiguration im menschlichen Organismus nur nach den Gesetzen der Dynamik oder der Mechanik näher begreifen will. Daß diese zutreffen, ist nicht der Fall, sondern im Augenblick, wo der Flüssigkeitsmensch in Betracht kommt, greift in den Flüssigkeitsmenschen der sogenannte ätherische Leib des Menschen ein.

Der physische Leib des Menschen ist lediglich dasjenige, was sich bezieht auf die anatomischen Zeichnungen, die Sie in den anatomischen Atlanten, in den anatomischen Büchern sehen können. Da müssen Sie aber absehen von demjenigen, was Flüssigkeitsströmung im menschlichen Organismus ist. Die Flüssigkeitsströmung im menschlichen Organismus ist nicht abhängig von irdischen Kräften; irdische Kräfte greifen auch ein, aber sie ist nicht abhängig in ihrem Wesen von irdischen Kräften, wohl aber von jenen planetarischen Kräften, von denen ich im Vortrage gesprochen habe. So daß wir sagen müssen, solange wir es zu tun haben mit fest umrissenen Organen und Organsystemen, kommen lediglich Kräfte des Irdischen in Betracht. In dem Augenblicke, wo wir es zu tun haben mit dem, was zirkuliert, sei es die Zirkulation des Nahrungssaftes oder des schon im Blute verwandelten Nahrungssaftes, haben wir es als dirigierenden Kräften nicht mit irdischen, sondern mit planetarischen Kräften zu tun. Wir werden auf die Sache noch genauer eingehen. Jetzt handelt es sich nur um das Prinzip.

So haben wir im wesentlichen den festen Menschen zugeordnet dem physischen Leibe, den flüssigen Menschen dem ätherischen Leibe. Nun nimmt am menschlichen Organismus auch teil das Luftförmige, das Gasartige, und zwar mehr als mancher meint. Insofern das Gasartige konstituierend, belebend in unserem Organismus darinnen ist, ist es durchaus abhängig vom astralischen Leibe, so daß zum Beispiel die Atmung des Menschen in ihrer physischen Offenbarung begriffen werden muß als Funktion des astralischen Leibes.

Und daß gerade beim vierten Menschen, beim Wärmemenschen – ich rede also vom physischen Menschen, der dem physischen Leib zugeordnet ist, vom flüssigen Menschen, der dem ätherischen Leib zugeordnet ist, vom gasförmigen Menschen, das heißt von der Tätigkeit alles gas- oder luftartigen, der dem astralischen Leib zugeordnet ist –, in bezug auf den Wärmemenschen ist es ja keinen Augenblick zweifelhaft, daß in dem Raume, den der Mensch physisch einnimmt, und sogar noch darüber hinaus, eine differenzierte Wärme vorhanden ist. Wenn Sie messen hinter dem Ohr oder unter der Achsel, werden Sie einen ganz differenzierten Wärmeorganismus finden. Die Wärmegrade sind überall verschieden. Gerade wie Sie sprechen können, daß an einem bestimmten Orte im Menschen die Leber ist, so können Sie davon sprechen, daß die Darmorgane an einem ganz bestimmten Orte sind; beide haben ganz verschiedene Temperaturen. Die Lebertemperatur ist eine ganz andere, da die Leber eine ganz spezielle Wärmeorganisation hat. Diese Wärmeorganisation ist ursprünglich zugeteilt der Ich-Organisation. Aber jetzt haben Sie eigentlich erst die Möglichkeit, den Menschen sich vorzustellen, den Menschen, insofern er die Stoffe, die sonst auf der Erde vorhanden sind, als feste, flüssige, gasförmige und wärmeartige in sich trägt. Das Wärmeartige wird dirigiert von der Ich-Organisation aus. Nun aber, wenn irgend etwas einen gewissen Wärmezustand hat, so wirkt dieser Wärmezustand auf das, was die betreffende Wärme durchdringt, und hier kommt man in den wirklichen Zustand der Ich-Organisation. Dasjenige, was die Ich-Organisation sonst im menschlichen Organismus tut, das geschieht auf dem Umwege über die Wärmeorganisation. Nehmen wir also an, ich gehe, ich gehe einfach. Indem ich gehe, greife ich von meiner Ich-Organisation aus in die Wärmeorganisation meines Organismus ein. Dasjenige, was die Wärme, in dem Maße wie die Beine ausgefüllt sind mit Flüssigkeiten, die die festen Bestandteile der Beine ausfüllen, was die Wärme darin tut, ist zwar indirekt eine Folge der Ich-Organisation, aber direkt greift die Ich-Organisation nur ein in den Wärmeorganismus. Wir haben also im ganzen Organismus, in der festen, flüssigen, gasförmigen und Wärmeorganisation überall zu sehen das Eingreifen der Ich-Organisation, aber nur auf dem Umwege über die Wärmeorganisation. Wir haben wiederum im ganzen Organismus zu sehen das Eingreifen des astralischen Leibes, aber direkt greift der Astralleib nur ein in die Luftorganisation, die wir haben und so weiter. Sie können sich das andere ausmalen.

Nun, sehen Sie, auf diese Art bekommen Sie aber noch für etwas ganz anderes die Möglichkeit. Wenn Sie so dasjenige nehmen, was man heute in der Physiologie und der Anatomie Ihnen bietet, was man da so schön zeichnet und für den ganzen Menschen hält, wenn Sie dieses nehmen, so werden Sie niemals die Möglichkeit gewinnen, von diesem Menschen, den es in Wirklichkeit gar nicht geben kann, zum Seelischen hinüberzukommen oder gar zum Geistigen. Wo in aller Welt sollte etwas Seelisches oder Geistiges auch nur irgend etwas zu tun haben mit diesem Menschen, den heute die Physiologie oder Anatomie zeichnet? Daher sind auch alle möglichen scheinbar gut ausgedachten Theorien entstanden über das Wechselverhältnis vom Seelisch-Geistigen zum Leiblichen. Die geistreichste, weil blödsinnigste – das ist in unserer Zeit zumeist zusammengehörig –, ist diejenige vom psychophysischen Parallelismus. Man sagt, beides verlaufe gleichzeitig und gehe einander parallel, es wird gar nicht eine Brücke gesucht. Aber in dem Augenblicke, wo Sie bis herauf zu der organisierten Wärmedifferenzierung gehen und in der organisierten Wärmedifferenzierung das Eingreifen der Ich-Organisation haben, kommen Sie darauf, sich zu sagen: Ja, in dem Wärmeäther ist es sogleich denkbar, daß die Ich-Organisation eingreift und damit auf dem Umwege der Wärmeorganisation in den ganzen Menschen bis zu der scharf konturierten physischen Organisation. – Die Brücke zwischen Physischem und Seelischem im Menschen konnte man nur aus dem Grunde nicht finden, weil man nicht berücksichtigte, daß der Mensch diese aufeinanderfolgende Organisation hat, in die wiederum die geistig-seelische Organisation eingreift. Es ist in der Tat so, daß, wenn Sie zum Beispiel Angst haben, der einfache seelische Tatbestand zunächst auf Ihre Wärmenatur wirken kann. Sie können sich natürlich nicht denken, daß der seelische Tatbestand des Erlebens der Angst Ihre Glieder zittern macht, das ist undenkbar, und so müssen Sie schon so etwas finden wie den psychophysischen Parallelismus. Aber Sie können sich denken, daß durch die Angst die seelische Organisation, die im Wärmeäther verankert ist, affiziert wird, und daß in der betreffenden Änderung des Wärmezustandes die Angst sich auslebt. Dadurch überträgt sich die Wärmeorganisation auf die Luftatmung, auf den flüssigen und hinunter bis in den festen Menschen. Sie finden nur auf diese Weise die Möglichkeit, vom Physischen nach dem Seelischen eine Brücke zu schlagen.

Sie werden aber niemals, ohne daß Sie diese Einsicht über den Menschen gewinnen, imstande sein, vom gesunden Menschen, von der Einsicht in den gesunden Menschen hinüberzukommen zu der Einsicht in den kranken Menschen. Denn sehen Sie, wenn wir irgendein Glied der menschlichen Organisation nehmen, sagen wir Leber oder Niere, welche bei sogenannter normaler Organisation in einer bestimmten Weise die Impulse erhalten von der Ich-Organisation, indem diese Impulse der Ich-Organisation zuerst eingreifen in den Wärmeorganismus und dann hinuntergehen bis zu der scharf konturierten Leber oder der scharf konturierten Niere und so weiter, betrachten wir das, dann ist natürlich eine Möglichkeit vorhanden, daß dieses Eingreifen der Ich-Organisation auf dem Umwege der Wärmeorganisation das alltägliche Verhalten in sich verintensiviert, gegenüber dem alltäglichen Verhalten abweicht, daß also die Ich-Organisation der Leber oder der Niere gegenüber zu stark auf die Wärmeorganisation wirkt, wie sie nicht wirken sollte, und wir haben in der Einrichtung, die im menschlichen

Organismus da sein muß, damit die Ich-Organisation in ihm wirken kann, dann, wenn diese Einrichtung in einer falschen, meinetwillen dislozierten Weise erscheint, gerade die Möglichkeit, daß dieser menschliche Organismus erkrankt. Wenn Sie nämlich den menschlichen Organismus so vorstellen, wie ihn heute die Anatomie oder Physiologie vorstellt, kann er nicht erkranken. Denn woher soll der Krankheitszustand kommen? Es muß irgendwie im Organismus die Möglichkeit vorhanden sein, daß die Krankheit entsteht. Nun muß die Ich-Organisation in einer gewissen starken Weise zum Beispiel auf das Herz einwirken, das heißt auf dem Umwege der Wärmeorganisation auf das Herz. Geschieht es nun durch irgendwelche Umstände – Sie können auch in der Außenwelt dasjenige, was Wärmezustand ist, in einer unerwünschten und disharmonischen Weise an einen andern Ort lenken –, daß das, was auf dem Umwege durch die Wärmeorganisation auf das Herz geschehen soll, in der Niere oder der Leber geschieht, so geschieht etwas im Organismus, was geschehen muß. Es ist nur verschlagen, verlegt, und die Möglichkeit zu erkranken ist da.

Nur dadurch, daß Sie so etwas berücksichtigen, kommen Sie zum Verständnis der Krankheitsmöglichkeit, sonst nicht. Sie müssen sich sagen: Alles was im menschlichen Organismus vor sich geht, ist ein Naturprozeß. – Aber Krankheit ist auch ein Naturprozeß. Wo hört gesunder Prozeß auf? Wo fängt kranker Prozeß an, wie geht gesunder in kranken Prozeß über? Diese Fragen sind schlechterdings unbeantwortbar, wenn man bei dem bleibt, was gewöhnliche Physiologie und Anatomie gibt. Erst dann, wenn Sie wissen, daß dasjenige, was in der Leber krank ist, gesund im Herzen ist und da sein muß, wenn der ganze Mensch da sein soll, bekommen Sie eine Vorstellung von der Möglichkeit des Krankseins. Denn könnte der menschliche Organismus von der Ich-Organisation aus, sagen wir, nicht die Wärmeorganisation, die in der Herzgegend sein muß, hervorbringen, so würde dieser menschliche Organismus zum Beispiel nicht denken, nicht empfinden können. Wenn er aber in die Leber- oder Nierenorganisation eingreift, dann entsteht die Notwendigkeit, ihn da wieder herauszutreiben, also ihn sozusagen in seine ursprünglichen Grenzen zurückzuverlegen. Und sehen Sie, meine lieben Freunde, dafür gibt es eben in der Natur draußen Substanzen und substantielle Tätigkeiten, die einfach Organ für Organ übernehmen können, die Tätigkeit des Ätherleibes, die Tätigkeit des Astralleibes, die Tätigkeit der Ich-Organisation. Sagen wir also, es greife die Ich-Organisation in unrichtiger Weise ein in die Niere – das alles soll heute nur als Einleitung dienen, wir werden die Dinge noch fachmännischer besprechen in den nächsten Tagen –, nehmen wir an, es greife die Nieren-Ich-Organisation in zu intensiver Weise ein, so gibt man dadurch, daß man Equisetum arvense in bestimmter Weise gibt, der Niere die Möglichkeit, das zu machen, was in diesem abnormen, kranken Zustand sonst die Ich-Organisation macht. Sie haben also dieses, daß im kranken Zustand in die Nierenorganisation eingreift die Ich-Organisation, aber so, wie sie nur in das Herz eingreifen soll, nicht wie sie in die Niere eingreifen soll. Es ist eine Tätigkeit darinnen, die nicht darin sein soll, die dadurch ausgeübt wird, daß der Ich-Organismus zu intensiv seine Tätigkeit hineingibt. Man bekommt sie nur heraus, wenn man eine Tätigkeit in die Niere hineinbringt auf künstliche Weise, die dieser Tätigkeit des Ich-Organismus gleichkommt. Das ist dasjenige, was Sie in die Niere einbringen können, wenn es Ihnen gelingt, in der richtigen Weise Equisetum arvense in seiner Funktion, in seiner Tätigkeit der Niere zuzuführen. Die Niere hat eine große Affinität zu Equisetum arvense. In demselben Moment schlägt sich die Tätigkeit auf die Niere und die Ich-Organisation wird herausgeholt. Dann aber, wenn nun das kranke Organ auf eine andere Weise seine kranke Tätigkeit ausführen kann und so etwas wie die Ich-Organisation ihrer eigentlichen Aufgabe zurückgegeben wird, dann wirkt diese Ich-Organisation nunmehr gesundend. Sie können die sogenannten höheren Leiber aufrufen zur gesundenden Tätigkeit, wenn Sie sie aus dem kranken Organ heraustreiben und sie wiederum in ihre Aufgabe einsetzen. Dann wirkt dieser Leib durch eine reaktive Kraft, die auftritt, tatsächlich auf das kranke Organ gesundend. Wenn man aber in solche Kräfte eindringen will, wie sie da sind, wenn man kennenlernen will die menschliche Organisation in ihrer Beziehung zu der Einrichtung des Kosmos, zu der Einrichtung der den Menschen auf der Erde umgebenden drei Naturreiche, dann muß man eine andere Naturwissenschaft treiben, als diejenige ist, die heute häufig getrieben wird.

Ich will Ihnen ein Beispiel anführen. Sie kennen alle einen Ameisenhaufen; Sie wissen, daß man aus Ameisen Ameisensäure gewinnt. Man redet heute so, wie man als Chemiker reden kann, auch als der pharmazeutische Chemiker meinetwegen, über Ameisensäure, aber man weiß folgendes nicht. Man weiß nicht, daß zum Beispiel ein Wald, in dem gar keine Ameisen ihre Arbeit verrichten, durch dasjenige, was in den Wurzelstöcken und so weiter, was überhaupt vermodert, eine furchtbare Schädigung bedeutet. Es bedeutet eine furchtbare Schädigung der Erdenentwickelung. Die Erde geht sozusagen an ihren vermodernden organischen Überbleibseln zugrunde. Aber stellen Sie sich vor – es ist dies zunächst einleitungsweise, grob gesprochen –, Holz, aus dem die Vegetation heraus ist, das sozusagen in eine Art von mineralischen Zustand übergegangen ist, verpulvert, vermodert. Dadurch, daß die Ameisen ihr Wesen treiben, ist immer in außerordentlich hoher Potenzierung Ameisensäure im Boden und in der Luft im Bereiche des Waldes. Diese Ameisensäure, die durchdringt das Vermodernde, und aus dem, was aus dem Zusammenhang der Tätigkeit der Ameisensäure und des Vermodernden entsteht, wird die Fortentwickelung wieder gerettet, so daß der Staub nicht verfliegt in das Weltenall, sondern abgeben kann Material für die Fortentwickelung der Erde. So daß also solche Stoffe, die scheinbar nur Absonderungsstoffe von Insekten oder andern Tieren sind, wenn man ihre Funktionen nur richtig erkennt, tatsächlich die Retter der Fortentwickelung des Irdischen sind.

Sehen Sie, Substanzen einfach so zu untersuchen, wie heute der Chemiker untersucht, führt nie dazu, die Weltenaufgaben der Substanzen zu erkennen. Aber ohne die Weltenaufgaben der Substanzen zu erkennen, ist es unmöglich, die Aufgaben der Substanzen, die dem menschlichen Inneren zugeführt werden, zu erkennen. Das, was ganz unvermerkt mit der Ameisensäure draußen in der Natur vorgeht, geht fortwährend in der menschlichen Organisation mit der Ameisensäure vor. So konnte ich schon in einem andern Vortrage betonen: der menschliche Organismus ist darauf angewiesen, ein bestimmtes Quantum von Ameisensäure immer in sich zu haben, da die Ameisensäure die sonst dem Altersprozeß verfallenden menschlichen Stofflichkeiten wieder herstellt. Es kann sich nun darum handeln, in bestimmten Fällen zu konstatieren, daß der Mensch zu wenig Ameisensäure in seinem Organismus hat. Was man wissen muß, ist, daß die verschiedenen Organe verschiedene Quantitäten von Ameisensäure in sich haben. Nun handelt es sich darum, herauszubekommen, daß der Mensch in einem Organ zu wenig Ameisensäure hat. Dann handelt es sich darum, diese Ameisensäure dem Organismus zuzuführen. Man wird Fälle finden, in denen man Ameisensäure zuführt, wo sie nichts hilft, andere Fälle, wo sie sehr viel hilft. Es gibt den Fall, daß der Organismus sich direkt wehrt gegen die direkte Zuführung von Ameisensäure, daß der Organismus aber sehr geneigt ist, wenn sein Kleesäuregehalt erhöht wird, aus der Kleesäure selber Ameisensäure zu bereiten. In den Fällen, wo man mit Ameisensäure nicht zurecht kommt, ist es oftmals nötig, eine Oxalsäurekur anzustellen, weil aus der Oxalsäure im menschlichen Organismus Ameisensäure wird. Das ist nur ein Hinweis, wie notwendig es ist, nicht nur die festumrissenen Organe kennenzulernen, sondern auch den Säfte-, den Flüssigkeitsprozeß, und zwar sowohl draußen im Kosmos wie innerhalb des menschlichen Organismus, und zwar in allen Einzelheiten.

Sehen Sie, gewisse Vorgänge draußen in der Natur, die der Mensch hervorruft: man kann sie beobachten, aber ihre ganze Bedeutung kann durch die naturwissenschaftliche Interpretation nicht erkannt werden.

Ich will Ihnen eine sehr einfache Erscheinung zeigen. In südlichen Gegenden hat man Feigenbäume. Man hat Feigenbäume, welche zunächst wilde Feigen hervorbringen und solche Feigenbäume, die besonders kultivierte Feigenfrüchte, süße Feigenfrüchte hervorbringen. Die Leute sind ziemlich raffiniert im Hervorbringen der süßen Feigenfrüchte. Sie tun das Folgende: Sie veranlassen eine gewisse Wespenart, die Eier hineinzulegen in eine Feigenfrucht, in eine gewöhnlich gewachsene Feigenfrucht. Dadurch wird aus dem Wespenkeim eine Wespenmade, die sich verpuppt. Dieser Prozeß wird nun unterbrochen von den Leuten, und es wird die junge Wespenart veranlaßt, ein zweites Mal im Jahr Eier abzulegen. Auf diese Weise, daß ein zweites Mal Eier abgelegt werden von der in demselben Jahr erzeugten Wespengeneration, wird in der Feige, in die hinein von der zweiten Generation das Ei gelegt wird, wesentliche Süßigkeit hervorgerufen. Die Leute im Süden machen das so, daß sie zunächst Feigen überhaupt, die schon nahe der Reife sind, nehmen, indem sie so mit Bast zwei Feigen zusammenbinden, an den Ast hängen. Also die Feige läßt man von den Wespen anstechen, die Reife der Frucht wird dadurch, daß sie schon abgeschnitten ist, sehr beschleunigt. Dadurch entwickelt sich auch die erste Wespengeneration sehr schnell, geht herüber in die andere Feige, die nicht abgepflückt ist, und die wird dadurch wesentlich versüßt.

Dieser Prozeß ist sehr wichtig, meine lieben Freunde, weil innerhalb der Natur selbst, innerhalb der fortlaufenden Feigensubstanz, dasselbe vor sich geht, zusammengezogen, was auseinandergezogen vor sich geht, wenn die Wespe oder meinetwegen die Biene den Honigsaft aus den Blumen nimmt, in den Stock einträgt und den Honig erzeugt. In der Tat, das, was bei der Biene auseinandergefaltet ist im Prozeß von den Blumen, deren Honigsaft die Bienen aufsaugen, bis zum Honigerzeugen im Stock, spielt sich innerhalb der Feige selber ab. Dadurch, daß der Südländer den Prozeß hervorruft, ruft er in der Feige, die er stechen läßt durch die junge Wespengeneration, einen honigerzeugenden Prozeß hervor. Diese Feige, die von der jungen Generation gestochen wird, bekommt einen honigerzeugenden Prozeß in sich. Sie haben hier die Metamorphose zweier Naturprozesse, von denen der eine auseinandergezogen abläuft, indem von den Bienen aus den entfernten Blumen der Honigsaft geholt und im Stock daraus Honig erzeugt wird. Der andere läuft ab in demselben Baum, in dem die beiden Feigen eingehängt werden, die schneller reifen, die Wespengeneration schneller entsteht, und eine andere Feige ansticht. Indem die andern Feigen angestochen werden, erscheinen überall süße Feigen. Solche Vorgänge müßte man eigentlich studieren, denn das sind die Naturvorgänge, die in Betracht kommen. Im Menschen gehen Vorgänge vor sich, von denen einfach die heutige Physiologie und Anatomie keine Ahnung haben, weil sie ihre Betrachtung nicht ausdehnen über solche Naturvorgänge, wie ich sie jetzt beschrieben habe. Es handelt sich darum, gerade die feineren Prozesse in der Natur zu beobachten, dann wird man zu einer wirklichen Menschenerkenntnis kommen.

Aber zu alldem gehört ein wirklich innerer Natursinn, ein Zusammenschauenkönnen von Wärme, von Luftströmungen, von Lufterwärmungen, von Luftabkühlungen, vom Spiel der Sonnenstrahlen in Lufterwärmungen und Luftabkühlungen, des Wasserdunstes in der Atmosphäre, des wunderbaren Spieles des Taues am Morgen über den Blumen, an allen Pflanzen, der wunderbaren Vorgänge, die sich abspielen, sagen wir in einem Gallapfel, der doch auch durch einen Wespenstich und eine Eiablagerung entsteht. Man muß aber das alles schon mit makroskopischen Blicken betrachten können. Dazu gehört Natursinn. Und Natursinn ist ganz gewiß nicht vorhanden, wenn man alles abhängig macht, wie es beim heutigen Beobachten geschieht, vom Eingeschlossensein in das Präparat, das man durch die Mikroskopie gewinnt. Da nimmt man die Sache einfach von der Natur weg. Sehen Sie, da liegt eine furchtbare Illusion vor. Was will man eigentlich, wenn man mikroskopiert? Man will das, was man mit dem gewöhnlichen Auge nicht sieht, sehen. Indem man das Objekt ins Riesige vergrößert, glaubt man, es werde die Wirkung haben, die es im Kleinsten hat. Man schaut aber ein ganz falsches Objekt an, man schaut ein unwahres Objekt an. Mikroskopie hat nur einen Sinn, wenn Sie selber so viel Natursinn haben, daß Sie imstande sind, nachdem Sie es im Mikroskop betrachtet haben, das betreffende Objekt bis zur entsprechenden Kleinheit innerlich zu modifizieren. Dann wird die Sache ganz anders; Sie sehen schon etwas ganz anderes. Wenn Sie eine Sache vergrößert sehen, so müssen Sie sie wieder in sich, einfach durch Ihre Innerlichkeit, verkleinern können. Das tut man gewöhnlich nicht. Zumeist hat man keine Ahnung davon, daß die Größenverhältnisse der Naturobjekte durchaus nicht relativ sind. Die Relativitätstheorie ist etwas recht Schönes und Großes, für die meisten Gebiete einfach unanfechtbar. Aber der menschliche Organismus! Ich habe einmal eine Professorendiskussion vor drei Jahren mitgemacht. Die Leute verstanden nicht das Mindeste davon, wenn man ihnen sagte, der menschliche Organismus kann nicht zum Beispiel doppelt so groß sein als er ist, er würde nicht bestehen können; die Größe, die er hat, ist durch den Kosmos nicht relativ für ihn, sondern absolut bedingt. Und bei einer übernormalen Größe, wie etwa bei einem Riesen, oder unternormalen, wie bei einem Zwerge, kommen wir schon in Krankheitszustände hinein. Und so muß man sagen, wenn man etwas unter dem Mikroskop sieht, sieht man eine

Lüge zunächst und man muß sie auf die Wahrheit reduzieren können. Man kann sie aber nur auf die Wahrheit reduzieren, wenn man Natursinn hat für das, was geschieht draußen in der Natur.

Da ist es denn schon wichtig, auf so etwas wie den Bienenstock zu blicken und zu lernen, daß die einzelne Biene dumm ist. Sie hat Instinkte, aber sie ist dumm; aber der ganze Bienenstock ist außerordentlich weise. Sehen Sie, wir hatten neulich einmal ganz interessante Besprechungen oben unter den Arbeitern, die von mir, wenn regelmäßige Zeiten sind, jede Woche zwei Vorträge bekommen. Wir hatten das Reich der Bienen besprochen, da tauchte die Frage auf, die sehr interessant ist. Der Bienenzüchter kennt ganz gut ihre Bedeutung. Wenn ein beim Bienenvolk beliebter Bienenvater da ist, und er krank wird, oder stirbt, dann kommt tatsächlich das ganze Bienenvolk in Unordnung. Es ist so. Nun sagte einer, der nun so recht im Sinne der gegenwärtigen Anschauung dachte: Aber die Biene sieht ja nicht so genau, sie hat gar keine Vorstellung vom Bienenzüchter, vom Bienenvater, wie soll da irgendwie eine Zusammengehörigkeitsempfindung entstehen? Aber noch viel mehr. Nehmen wir an, der Bienenvater versorgt dieses Jahr den Bienenstock, im andern Jahr ist ein ganz anderes Bienenvolk darinnen, es ist ganz ausgetauscht bis auf die Bienenkönigin, es sind lauter junge Bienen drinnen. Wo soll da die Zusammengehörigkeitsempfindung entstehen? – Ich antwortete folgendes: Derjenige, der den menschlichen Organismus kennt, weiß, daß in gewissen Perioden der menschliche Organismus alle seine Stoffe austauscht. Nehmen wir an, irgend jemand lernte heute einen Menschen kennen, der nach Amerika geht und nach zehn Jahren zurückkommt. Er findet einen ganz andern Menschen vor, als der war, den er vor zehn Jahren gekannt hat. Er findet alle Stoffe ausgetauscht, er findet eine ganz andere Zusammenfügung vor. Da liegt nichts anderes vor als beim Bienenstock, wo die Bienen ausgetauscht sind, aber es bleibt die Zusammengehörigkeit zwischen dem Bienenstock und dem Bienenvater. Diese Zusammengehörigkeit beruht darauf, daß im Bienenstock eine ungeheure Weisheit lebt, er ist nicht nur dieses Häuflein einzelner Bienen, sondern der Bienenstock hat wirklich eine konkrete eigene Seele.

Das ist dasjenige, was man wiederum in seinen Natursinn aufnehmen muß, diese Anschauung, daß der Bienenstock eine Seele hat. So wird man dann in manches andere hinaustragen können solche Anschauungen, die von einem wahren, einem wirklichen Natursinn getragen sind. Und nur mit einem solchen Erkennen, das von einem Natursinn getragen ist, der nicht nur mikroskopieren, sondern auch makroskopieren kann, wenn ich den Ausdruck gebrauchen darf, dringen wir an den gesunden und an den kranken Menschen heran. Das wollen wir in den nächsten Tagen tun und dabei namentlich Rücksicht nehmen auf dasjenige, was ich nennen möchte die Moral des medizinischen Studiums und der medizinischen Wissenschaft. Das wollen wir in den nächsten Tagen tun.

ZWEITER VORTRAG

Dornach, 3. Januar 1924

Meine lieben Freunde!
Da wir ja nun doch daran denken werden, die acht Stunden auszunützen, so kann ich etwas langsamer vorgehen, als es hätte geschehen können, wenn wir hätten eilen müssen. Das wird ja zweifellos der Sache zugute kommen.

Nun möchte ich heute gewissermaßen die Materie von gestern so fortsetzen, daß ich Ihnen über die Eigentümlichkeiten der einzelnen menschlichen Glieder spreche. Sie wissen, ich habe gestern darauf aufmerksam gemacht, daß wir den ganzen Menschen doch nur so betrachten können, daß wir in ihm unterscheiden den physischen Leib, diesen physischen Leib aber in unmittelbaren Zusammenhang bringen mit alldem, was im Menschen in festen Konturen vorgestellt werden kann. Dann haben wir dasjenige, was ich nennen möchte den flüssigen Organismus. Dieser flüssige Organismus ist durchzogen, durchsetzt von den Kräften des Ätherleibes, die aber sich als irgendwelche ursprüngliche Komponenten verbinden mit dem physischen Leibe. Dieser Flüssigkeitsmensch ist da nun durchsetzt von den ätherischen Kräften. Das sind die peripherisch wirkenden Kräfte, die überallher wirkenden Kräfte. Dann haben wir den astralischen Leib, den wir so zu betrachten haben, daß wir mit einer räumlichen Betrachtung gar nicht auskommen können, daß wir uns klarwerden müssen: den Astralleib müssen wir rein qualitativ betrachten, bei dem kann eine quantitative Betrachtung uns überhaupt nichts bieten. Ihn müssen wir uns vorstellen wirklich als gelegen in einer Welt, die nicht die räumliche Welt ist, wie wir sie zunächst kennen, sondern die außerhalb dieser räumlichen Welt liegt.

Und erst recht müssen wir uns das bei der Ich-Organisation denken. Nun wird ja am leichtesten die Sache einleuchtend sein, wenn wir ausgehen gleich von der Ich-Organisation. Was stellt denn diese Ich-Organisation dar? Diese Ich-Organisation wird ja in der physischen Welt wahrgenommen in der Gestaltung des physischen Leibes. Natürlich, in der physischen Welt kann sie nur wahrgenommen werden in der inneren und äußeren Gestaltung des physischen Leibes. Aber wenn wir den physischen Leib des Menschen betrachten, so müssen wir uns doch klarwerden, daß er so, wie er dasteht als physischer Leib in der physischen Welt, nichts gemein hat mit den Kräften, die in der physischen Welt wirken. Denn in dem Augenblicke, wo der Mensch durch die Todespforte geht, die Ich-Organisation also weggeht aus dem physischen Leibe, da tritt für den physischen Leib die Tatsache ein, daß er anfängt, den Kräften der äußeren Welt zu unterliegen, das bedeutet aber, daß er zerstört, nicht daß er aufgebaut wird. Wenn Sie das bedenken, daß der physische Leib durch die Kräfte, die in der äußeren Natur sind, zerstört wird, werden Sie unbedingt einsehen: er kann nicht in seiner Gestaltung irgendwie unterliegen den Kräften der physischen Welt. Wenn die Ich-Organisation also den physischen Leib gestaltet, formt, bedeutet das doch, daß sie ihn herausreißt aus den Kräften, die sonst in der irdischen Umgebung des Menschen gefunden werden.

Das heißt mit andern Worten: die Ich-Organisation ist etwas ganz anderes als dasjenige, was wir in der physischen Welt finden. Nun, diese Ich-Organisation ist allerdings verwandt, richtig verwandt mit dem Tode. Das heißt, dasjenige, was mit dem Tode auf einmal eintritt, das findet fortwährend kontinuierlich während der Zeit des Erdenlebens durch die Ich-Organisation statt. Der Mensch stirbt eigentlich fortwährend, nur wird dieses Sterben ausgeglichen. Um ein Bild von der Sache zu bekommen, denken Sie sich einmal, sagen wir, vor ein umgekehrtes Penelope-Problem gestellt. Denken Sie sich, Sie beschäftigen sich jeden Tag damit, einen Erdhaufen, der in der Nähe Ihres Hauses ist, wegzuschaffen, und in der Nacht, wenn Sie nicht dabei sind, schaufelt Ihnen jemand den Haufen wieder hin, und solange der Erdhaufen hingeschaufelt werden kann, so lange müssen Sie ihn wegschaufeln. Bloß, wenn einmal dieser Erdhaufen anfängt, durch die Tätigkeit dessen, der ihn hinschaufelt, immer kleiner und kleiner zu werden und schließlich gar nicht mehr da ist, haben Sie keine Tätigkeit mehr mit ihm. So ungefähr ist die Ich-Organisation in ihrer Beziehung zum physischen Leib. Denken Sie nur, wenn Sie den physischen Leib ernähren, dann bringen Sie dem physischen Leib aus der irdischen Umgebung Substanzen bei. Diese Substanzen, die Sie herbeibringen, haben ihre inneren Kräfte, haben eine gewisse Kraftkonfiguration, und wenn Sie also zum Beispiel Kochsalz in sich aufnehmen als Beimittel zur Nahrung, dann hat dieses Kochsalz zunächst, weil es von außen hereinkommt, richtig den inneren Tätigkeitsdrang, den es draußen als Kochsalz hat. Sie beginnen allerdings schon im Bereiche des Mundes anfangend diese Eigenschaften ihm zu nehmen, und dann sie immer mehr und mehr ihm zu nehmen, so daß zuletzt, wenn die Ich-Organisation ausreichend wirkt, in Ihnen von dem Kochsalz nichts mehr vorhanden ist von dem, was draußen vorhanden ist. Das Kochsalz ist etwas vollständig anderes geworden. Die Tätigkeit Ihrer Ich-Organisation besteht gerade darin, die Nahrungsmittel umzuformen, die Sie aufnehmen. Wenn Sie nicht mehr im physischen Leibe die Möglichkeit haben, Nahrungsmittel aufzunehmen, dann hat das Ich keine Aufgabe mehr, so wie Sie keine Aufgabe mehr haben, wenn niemand einen neuen Erdhaufen mehr hinschaufelt. Dann tritt gerade durch die Unfähigkeit, Nahrung aufzunehmen, für das Ich die Unmöglichkeit ein, im physischen Leibe zu arbeiten von den Wärmeverhältnissen aus. Man kann sagen, dasjenige, was die Unmöglichkeit herbeiführt, die äußeren Substanzen so umzuwandeln, daß sie nichts mehr von dem haben, was solche äußeren Substanzen haben, sondern ganz im Dienste der Ich-Organisation sind, führt den Tod herbei.

Was tut die Ich-Organisation eigentlich mit dem physischen Leibe? Sie zerstört ihn fortwährend, sie tut dasselbe, was der Tod tut, nur wird dies immer ausgeglichen dadurch, daß der physische Leib fähig ist, äußere Substanzen als Nahrung aufzunehmen, so daß Sie den polarischen Gegensatz haben zwischen Ich-Organisation und Ernährung. Aber die Ich-Organisation bedeutet für den Menschen ganz dasselbe, nur in fortlaufender, kontinuierlicher Tätigkeit, was der Tod auf einmal, gewissermaßen zusammengefaßt, bedeutet. Sie sterben durch Ihre Ich-Organisation fortwährend; das heißt, Sie zerstören Ihren physischen Leib nach innen, während sonst die äußere Natur, wenn Sie durch den Tod gehen, Ihren physischen Leib von außen zerstört. Nach zwei verschiedenen Richtungen ist der physische Leib zerstörungsfähig, und die Ich-Organisation ist einfach die Summe der Zerstörungskräfte nach innen. Man kann schon sagen, die Ich-Organisation hat die Aufgabe, den Tod herbeizuführen – wir werden später schon sehen, warum das ist –, aber zunächst erscheint es uns wirklich so, als ob sie gar keine andere Aufgabe habe, diese Ich-Organisation, als fortwährend im menschlichen Wesen den Tod herbeizuführen, der immer nur dadurch verhindert wird, daß neuer Nachschub geschieht, und immer diese Tätigkeit, den Tod herbeizuführen, nur angefangen wird.

So daß wir haben: Ich-Organisation ist eigentlich qualitativ identisch mit Tod und physische Organisation ist eigentlich identisch mit Ernährung. Das soll zunächst skizziert werden, wir werden es nachher ausführlicher besprechen.

Ich-Organisation	=	Tod
Physische Organisation	=	Ernährung

Diese beiden Vorgänge, die als polarische Vorgänge im Menschen walten, sie haben zwischen sich den ätherischen Leib und den astralischen Leib. Zwischen der Ich-Organisation und dem physischen Organismus liegt der astralische Leib und der ätherische Leib. Sehen Sie, der astralische Leib, er wirkt ja unmittelbar nur in das Luftförmige des menschlichen Organismus, von da aus, auf dem Umwege durch den Ätherleib, auf den Flüssigkeitsorganismus und den Ernährungs- oder physischen Organismus. In jedem einzelnen menschlichen Organ haben wir ein Zusammenwirken vom ätherischen und astralischen Organismus. Wenn man die Wirkung des ätherischen Organismus auf irgendein Organ betrachtet, so zeigt sich also die Wirkung des ätherischen Organismus so, daß das Organ von diesem ätherischen Organismus sprießendes, sprossendes Leben bekommt. Alles, was als Lebenskraft in einem einzelnen Organ oder im Organismus ist, rührt vom ätherischen Organismus her.

Wenn man den astralischen Organismus betrachtet, ist er in jedem Augenblick so, daß dieser astralische Organismus fortwährend die Tendenz hat, Wachstum, sprießendes, sprossendes Leben zu lähmen, nicht zu töten, sondern zu lähmen. Die Ich-Organisation hat das Bestreben, den Organismus und die einzelnen Organe fortwährend zu töten, und dem muß entgegengesetzt werden das, was, wie die von außen aufgenommene Ernährungssubstanz, als ein Aufstachelndes fortwährend die Organe eigentlich belebt, was insbesondere regsam ist in der Kindheit und Jugend des Menschen.

Den ätherischen Impulsen steht entgegen die Tätigkeit des Astralleibes, die eigentlich ablähmt fortwährend die ätherische Tätigkeit. Nehmen Sie an, in Ihrem Organismus wäre nur ätherische Tätigkeit, sprießendes, sprossendes Leben: Sie würden niemals zu einem Seelenleben kommen, niemals ein Bewußtsein entwickeln können. Sie würden in einem Pflanzendasein dahinvegetieren müssen. Es will alles wachsen, sprießen, sprossen, aber im bloßen Wachsenden, Sprießenden, Sprossenden entwickelt sich kein Bewußtsein. Damit Bewußtsein sich entwickelt, muß herabgelähmt werden das ätherische, sprießende und sprossende Leben. Und damit haben wir in einem Organe, das herabgelähmt wird, schon im normalen Menschenleben eigentlich den fortwährenden Anfang des Krankseins. Sie können nicht ein Bewußtsein in sich entwickeln, ohne daß Sie fortwährend die Tendenz zum Kranksein in sich entwickeln. Denn wollten Sie nur gesund sein, so könnten Sie das, aber Sie müßten vegetieren. Wollen Sie ein Seelenleben entwickeln, wollen Sie zur Bewußtheit kommen, dann müssen Sie erst das Vegetieren haben, dann aber es ablähmen. Und so stehen sich, zwar nicht so stark wie physischer Organismus und Ich-Organisation, aber doch auch wiederum im abgeschwächten Sinne, polarisch entgegen ätherischer und astralischer Organismus, wobei der astralische Organismus dasjenige fortwährend herablähmen muß, was durch den ätherischen Organismus bewirkt wird. Daher ist wirklich dasjenige, was der astralische Organismus Tag für Tag im Menschenleben tut, ein fortwährendes Hintendieren zur Krankheit. Dasjenige, was der ätherische Organismus tut, das ist strotzende Gesundheit. Und Sie können daher gerade so, wie man abstrakt sagen kann, der Mensch besteht aus physischem Leib, ätherischem Leib, astralischem Leib und Ich-Organisation, sagen, der Mensch besteht aus den Ernährungsprozessen, aus den sprießenden, sprossenden Gesundungsprozessen, aus den fortwährend hineinwirkenden Krankheitsprozessen, und aus dem, was ein kontinuierliches Ertöten ist, was immer wieder aufgehalten wird, bis sozusagen die Ertötungsprozesse summiert werden, ein Integral gewissermaßen von ihnen gebildet wird und der Tod eintritt.

Nehmen Sie diesen astralischen Organismus, der fortwährend die Tendenz hat, irgendwie in einem Organ oder im ganzen Menschen den Menschen krank zu machen. Ja, Sie brauchen natürlich nur eine wirklich gesunde Selbstbeobachtung zu üben, so werden Sie darauf kommen, daß das so ist, denn es könnte kein Gefühl in Ihnen entstehen, wenn nicht dieser Astralorganismus da wäre. Das stellen Sie sich nur vor: der ätherische Organismus ist da, er entwickelt das Leben; der astralische Organismus ist da, er lähmt ab. Nun muß im wachen Leben – vom Schlafe werde ich noch sprechen – ein fortwährendes Hin- und Hergehen in einem labilen Gleichgewicht stattfinden zwischen Ätherischem und Astralischem. Dadurch fühlt der Mensch. Er würde nichts fühlen, wenn nicht dieses Hin- und Hergehen da wäre. Nun aber stellen Sie sich vor, die astralische Tätigkeit wird von der ätherischen Tätigkeit nicht sogleich zurückgeschlagen. Wenn sie zurückgeschlagen wird, wenn also im Status nascendi sogleich von der ätherischen Tätigkeit das Astralische zurückgewiesen wird, entsteht das normale Fühlen. Wir werden sehen im Physischen, wie das verknüpft ist mit der Drüsentätigkeit. Wenn aber die astralische Organisation mächtiger wird, so daß das Organ in seiner ätherischen Tätigkeit nicht genügend zurückwirken kann, dann wird das Organ von der astralischen Tätigkeit zu stark ergriffen, und statt daß ein Hin- und Herschwingen stattfindet, entsteht eine Deformation des Organes, und wir haben einfach dadurch, daß der astralische Leib über das Maß dessen, was er ablähmen darf, das heißt, was im Status nascendi wieder ausgeglichen wird, abgelähmt, in dem astralischen Leibe die Krankheitsursache gelegen. Und zwar hängt wirklich die Krankheit so zusammen mit dem Fühlen, daß wir sagen können: das Gefühlsleben des Menschen ist einfach die seelische Spiegelung des Krankheitslebens. Findet in der Zeit ein Hin- und Herpendeln statt, so liegt dem Gefühlsleben immer im Anfang, im Status nascendi, im Moment des Entstehens derselbe Prozeß zugrunde, der beim Überhandnehmen des Astralischen einen Krankheitsprozeß bedeutet. Nun kann aber auch das Astralische zurückbleiben, das Ätherische überhandnehmen, dann entsteht eine Wucherung, also eine Krankheit nach der andern Seite hin. Wenn Sie das Überhandnehmen des Astralischen sehen in dem Hervorrufen von entzündlichen Zuständen, so sehen Sie das Überhandnehmen des Ätherischen in dem Auftreten von Wucherungen. Und Sie haben zu sagen, im ganz normalen Gefühlsleben findet ein fortwährend labiles Gleichgewicht statt zwischen den Wucherungen und den Entzündungsprozessen. Das normale Leben des Menschen braucht die Möglichkeit, krank zu werden. Nur muß ein fortwährender Ausgleich stattfinden. Sehen Sie, das macht möglich, daß man überhaupt im Gefühlsleben des Menschen außerordentlich viel von dem sehen kann, wenn man richtig zu sehen vermag, was die Krankheitsprozesse darstellen. Man kann, wenn man solche Dinge beobachten kann, lange Zeit bevor die Krankheit physisch zu diagnostizieren ist, in dem nicht mehr recht Funktionieren des Gefühlslebens das Herankommen der Krankheit konstatieren. Die Krankheit ist nur ein abnormes Gefühlsleben des Menschen.

Das Gefühlsleben bleibt im Seelischen, weil im Ätherischen fortwährend ein Ausgleich da ist. Sobald der Ausgleich nicht mehr stattfindet, stößt das Gefühlsleben in den physischen Leib hinunter, verbindet sich mit dem Körper, sobald also das Gefühlsleben in das Organ hineinschießt, ist die Krankheit da. Kann also der Mensch normalerweise das Gefühl in der Seele behalten, ist er gesund; kann er das nicht, schießt das Gefühl irgendwo in die Organe hinunter, so entsteht die Krankheit.

Ich sage das einleitungsweise aus dem Grunde, weil Sie daraus sehen, wie notwendig es ist, daß der Arzt wirklich ein feines Auge hat auch für das menschliche Seelenleben. Und im Grunde genommen kann man gar nicht den Sinn entwickeln für Diagnostizieren, wenn man nicht einen feinen Blick für das menschliche Seelenleben hat. Wir werden über Einzelheiten noch sprechen, da wird dann das noch erklärlich werden.

Wie ist es aber denn, wenn man die Ich-Organisation und den physischen Organismus in Betracht zieht? Sehen Sie zunächst auf den Ernährungsprozeß. Dieser Ernährungsprozeß vernichtet fortwährend das, was die Substanzen in der Außenwelt sind. Der astralische Organismus lähmt dasjenige ab, was der Mensch durch seinen ätherischen Organismus in seinem Inneren ist, es ist ein Inneres-Gleichgewicht-Herstellen zwischen dem astralischen und dem ätherischen Organismus.

Zwischen Ich und physischem Organismus ist ein Gleichgewicht hergestellt, zwischen der Außenwelt und der Innenwelt. So daß man sagen kann: Salz, so wie man es kennt, ist Außenwelt. Wird das Salz von der Ernährung und der Ich-Organisation ergriffen, so muß die Ich-Organisation in der Lage sein, nichts von dem, was Salz draußen ist, zu lassen, sondern alles umzuwandeln. Läßt sie etwas, so bedeutet das einen Fremdkörper im menschlichen Organismus. Aber diesen Fremdkörper im menschlichen Organismus müssen Sie nicht bloß so auffassen, daß das ein Fremdkörper mit scharfen Konturen sein soll, das ist am wenigsten oft der Fall. Sondern ein solcher Fremdkörper kann auch die äußere Wärme sein. Sie dürfen überhaupt keine Wärme haben im Organismus, die Sie nicht selbst durch die Ich-Organisation bearbeiten. Denken Sie sich, Sie haben den Menschen und Sie müssen erfahren im Menschen, daß er ergriffen wird irgendwo von einem äußeren Wärmezustand, den er nicht selber erarbeitet, so wie ein Stück Holz von einem äußeren Wärmezustand ergriffen wird. Der äußere Wärmezustand sei für den Menschen nicht nur Reiz, um als Reaktion, als Wirkung eine Eigenwärme zu erarbeiten, sondern die äußere Wärme – oder Kälte – träte unmittelbar an den Menschen heran. Und Sie sehen diese äußere Kälte oder Wärme auch als Fremdkörper in sich. So daß man sagen kann: das innere Gleichgewicht zwischen Krankheit und Gesundheit wird hervorgerufen durch den astralischen und ätherischen Organismus, das Gleichgewicht zwischen Mensch und Welt durch den polarischen Gegensatz zwischen physischem Körper und Ich-Organisation. Es handelt sich darum, sich wirklich einen Blick anzueignen für die Wirksamkeit dieser vier Glieder des menschlichen Organismus. Denn Sie sehen ja, aus dem äußeren physischen Organismus ist die Krankheit gar nicht zu erkennen. Das, was Krankheit ist, spielt sich ganz im Übersinnlichen ab. Man muß schon einen Begriff haben vom astralischen Organismus, wenn man überhaupt an die Krankheit herankommen will. Und Sie werden es auch, wenn wir heute als Einleitung noch solche triviale Begriffe an uns herankommen lassen, einsehen aus einem andern Tatbestand heraus. In einem Organ tritt Schmerz auf. Ja, wenn der Astralleib zu mächtig ist, wird das Organ deformiert, und es tritt Schmerz auf. Wenn das Organ sogleich den Einfluß des Astralleibes ausgleicht, im Status nascendi, dann tritt das Gefühl ein. Aber Schmerz ist im Grunde genommen Gefühl, nur gesteigertes Gefühl, von der Deformation herrührend, so daß man begreift, warum die Krankheit von Schmerz begleitet ist. Sonst kommt man sehr leicht dazu zu fragen, wodurch tritt überhaupt bei Krankheitserscheinungen Schmerz auf? Man kann sehr leicht begreifen, warum Schmerz auftritt, wenn man weiß, daß diese Krankheit nur in einem so starken Auftreten des Gefühles lebt, daß dieses Gefühlsleben deformierend auf das Organ einwirkt. Sie werden einsehen, daß alle Gefühlserscheinungen wirklich beurteilt werden können aus der eindringlichen Betrachtung des menschlichen Seelenlebens. Nun können wir aber diese Dinge überhaupt nur im richtigen Lichte sehen, wenn wir uns sagen: Es ist natürlich verschieden im Menschen, ob irgendwie das eine oder das andere Organ von einer überhandnehmenden Tätigkeit des Astralleibes erfaßt wird. – Nehmen Sie zum Beispiel an, wie in einem gewissen Falle, sagen wir, die Leber vom Astralleib erfaßt wird. Die Leber verhält sich ja anders, ganz anders als andere Organe. Sie kann in hohem Grade vom Astralleib deformiert werden, ohne Schmerz hervorzurufen, ohne daß unmittelbar im Leberorgan Schmerz auftritt. Daher sind Leberkrankheiten so verborgen, so verschmitzt, weil sie sich nicht durch Schmerz ankündigen. Das rührt daher, daß die Leber dasjenige Organ ist, das eigentlich durch seine ganze Konstitution eine Enklave in der menschlichen Organisation ist. In der Leber spielen sich Prozesse ab, die von allen Prozessen, die im menschlichen Organismus vorkommen, am meisten ähnlich sind den Prozessen in der Außenwelt, so daß tatsächlich in der Leber der Mensch am meisten nicht Mensch ist. Er hört auf in der Leber, Mensch zu sein. Er wird Außenwelt, er hat im Inneren ein Stück Außenwelt. Das ist sehr interessant. Wir haben Außenwelt (siehe Zeichnung), wir haben den Menschen, und im Menschen wiederum etwas, was wie ein Stück Außenwelt ist. Es ist so, wie wenn gewissermaßen in die menschliche Organisation eine Art Loch hineingeschlagen wäre. Und geradeso wie es nicht weh tun würde, wenn sich der Astralleib in dieses Tuch hineindrücken würde, ebensowenig würde es weh tun, wenn der Astralleib in die Leber hineindrückt. Zerstören kann der Astralleib, aber weh tun kann er nicht, soweit die Leber in

Betracht kommt, weil das Leberorgan dasjenige Organ ist, das ausgespart ist, wo innerlich wie in einer Enklave ein Stück Außenwelt im menschlichen Organismus auftritt.

Man wird niemals, ohne daß man auf solche Dinge eingeht, den menschlichen Organismus verstehen. Sie werden finden in der gebräuchlichen physiologischen und anatomischen Literatur die mannigfaltigsten Angaben über die Leber. Sie werden sie begreifen, wenn Sie wissen, die Leber ist dasjenige im Inneren des Menschen, was diesem Menschen am meisten fremd ist. Und warum ist die Leber im Inneren des Menschen dem Menschen am meisten fremd? Wenn Sie ein menschliches Auge – oder überhaupt ein Sinnesorgan – betrachten, ist es wie eine Höhle, die sich von der Außenwelt in das Innere des Menschen hineinzieht. Im Auge bestehen Prozesse, die wir fast mit der Physik begreifen können. Beim Auge hat man es eigentlich leicht, dem Menschen gegenüber ein bloßer Physiker zu sein. Nicht wahr, Sie zeichnen ein Bild auf, machen einige Striche, die eigentlich ein furchtbarer Unsinn sind, die Ihnen den Prozeß der Lichtbrechung und Bilderzeugung bei der gewöhnlichen Linse vergegenwärtigen können. Ganz dieselbe Zeichnung machen die Leute beim Auge. Irgendeinen Lichtstrahl zeichnen sie, der durch eine Linse geht, der gebrochen wird, ein Bild im Auge drin im Hintergrunde bildet und so weiter. Die Leute sind ganz zu Physikern geworden bezüglich des Auges, und schließlich seit Helmholtzens Zeit ist auch das Ohr fast zum Klavier geworden. Also in den

Sinnesorganen macht sich ziemlich breit jene Betrachtung, die äußerlich auf die Natur anwendbar ist. Da setzt sich etwas von Außen in das Innere fort. Ein Stück Außenwelt setzt sich in das Innere fort. Das ist sogar entwickelungsgeschichtlich gerechtfertigt. Bei gewissen niederen Tieren sehen Sie, wie das Auge durch Hineinstülpung und Ausfüllung von außen her gebildet ist. So daß das Auge gewissermaßen in den Organismus hineingebildet wird, nicht aus ihm herauswächst. So daß wir in den Sinnesorganen ein Stück Außenwelt im Organismus haben. Aber sie sind nach außen offen, die Außenwelt geht wie golfartig in den Organismus hinein bei den Sinnesorganen. Nun, die Leber ist so, daß sie nach allen Seiten abgeschlossen ist zunächst, aber sie ist wie ein Sinnesorgan, dasjenige Sinnesorgan, das in der Tat im Unbewußten eine hohe Empfindlichkeit für den Ernährungswert der einzelnen Substanzen aufweist, die wir in uns aufnehmen. Und wir müssen sagen, erst dann versteht man dasjenige, was in der Verdauung, in der Ernährung vor sich geht, wenn man der Leber nicht nur zuschreibt jene physischen Prozesse, die ihr heute vielfach zugeschrieben werden. Die sind nur der Ausdruck für Geistig-Seelisches. Wir müssen der Leber zuschreiben, ein innerliches Sinnesorgan zu sein für die Ernährungsprozesse. Und sie steht, denken Sie doch, den Erdensubstanzen damit viel näher als unsere gewöhnlichen Sinnesorgane. Mit dem Auge sind wir zunächst dem Äther ausgesetzt als Wirkung, mit dem Ohr der Luft, die Leber ist unmittelbar den stofflichen Qualitäten der Außenwelt ausgesetzt und muß diese stofflichen Qualitäten wahrnehmen.

Ein anderes Sinnesorgan ist das Herz. Aber während die Leber ausgesetzt ist, exponiert ist mit ihrer Wahrnehmungsfähigkeit den in den Menschen eindringenden äußeren Substanzen, ist das Herz ein Sinnesorgan, um ganz das Innere des Menschen wahrzunehmen. Es ist ein Unding – wie Sie vielleicht aus manchen Darstellungen ersehen haben, die ich gegeben habe –, daß das Herz eine Art Pumpe ist, welche das Blut durch die Adern treibt. Die Bewegung des Blutes erfolgt durch Ich und astralischen Leib. Und im Herzen haben wir lediglich ein Sinnesorgan, das wahrnimmt die Zirkulation, namentlich wahrnimmt die Zirkulation vom unteren nach dem oberen Menschen.

Ja, sehen Sie, die Leber hat sozusagen zu sehen im Verdauungsprozeß, was, sagen wir, irgendein Kohlehydrat wert ist im Menschen. Das Herz hat zu sehen, wie astralischer Leib und Ich wirken im Menschen. Das Herz ist also ein ganz geistiges Sinnesorgan, die Leber ist ein ganz materielles Sinnesorgan. Und diesen Unterschied müssen wir machen. Wir müssen zu einer Erkenntnis der Organe kommen, die qualitativ ist. Wie geht die Naturwissenschaft, die der Medizin zugrunde liegt, heute vor? Es wird wirklich mit einer großen Gleichgültigkeit ein Gewebe genommen aus einer Partie des Organismus, sagen wir aus Herz oder Leber. Dieses Gewebe wird auf seine äußere, physische Struktur und Beschaffenheit untersucht. Aber damit hat man überhaupt nichts ausgesagt über das betreffende Organ im menschlichen Organismus. Ich habe hier ein Messer und hier ein Messer, und ich untersuche sie. Das ist ein Messer und das ist ein Messer. Wenn ich sie der Form nach untersuche, danach untersuche, wie eben ein Messer ausschaut, daß es rückwärts eine Kante hat, vorwärts eine Schneide, in einem Griff drinsteckt und so weiter, dann bekomme ich nur das eine heraus: das ist ein Messer und das ist ein Messer. Ich muß herausgehen aus dieser Art der Untersuchung, ich muß etwas auf ein Ganzes beziehen und kann dann den Unterschied finden zwischen einem Tischmesser und einem Rasiermesser. Äußerlich betrachtet könnte ein Rasiermesser auch ein Tischmesser sein. Ich kann also nicht bloß durch die äußere Gestalt erkennen, ob ich es mit einem Rasiermesser oder mit einem Tischmesser zu tun habe, sondern ich muß jedes Ding im ganzen Zusammenhang betrachten. So kann ich nicht aus der bloßen Betrachtung eines Organes, wie sie heute gepflogen wird, irgend etwas wissen über die Bedeutung dieses Organes, ich muß es immer im ganzen Zusammenhang betrachten. Die bloße Untersuchung der Struktur und der Beschaffenheit eines Organes liefert gar nichts. Man muß überhaupt erst eine ganz andere Betrachtung über den Menschen zugrunde legen, als diejenige ist, die von der Chemie herübergeht und nur die chemischen Affinitäten, die chemischen Kräfte untersucht.

In dieser Beziehung sind heute die Menschen geradezu furchtbar naiv. In einem gewissen physiologischen Institut hat man Versuche gemacht, wie die Mäuse mit Milch ernährt werden können. Sie können fein ernährt werden. Sie gedeihen vorzüglich. Sie werden dick und fett.

Ja, nun nahm man zur gleichen Zeit, um nachzuweisen, daß doch in der Milch noch etwas anderes ist als ihre Bestandteile, man nahm ihre Bestandteile und gab sie den Mäusen ein. Diese Versuche sind gemacht worden. Die Mäuse krepierten in drei bis vier Tagen, sie konnten nicht am Leben erhalten werden. Was haben die Leute getan? Sie haben gesagt: Also hat die Milch nicht nur die Bestandteile, die man kennt, sondern sie hat noch einen Stoff, das Vitamin. – Sie mußten noch einen ganz feinen Stoff, das Vitamin, konstatieren. Man erfand einen solchen Stoff. Aber darum handelt es sich nicht, sondern darum, daß, wenn man die Bestandteile der Milch hat, so hat man sie so, als wenn einer sagt: Hier ist eine Uhr mit Kette, ich lerne nun das Gold, das Silber kennen, die andern Metalle, die an der Uhr sind, das Glas und so weiter. Ja, Glas, Gold, Silber, die andern Metalle: das gibt noch keine Uhr. Die Uhr liegt doch in dem, was der Gedanke des Mechanikers daraus macht. Und der Gedanke des Mechanikers ist in dem Falle, wenn ich die Milch und ihre Bestandteile betrachte, daß in den Bestandteilen die irdischen Qualitäten enthalten sind, die Qualitäten, die die einzelnen Bestandteile von der Erde her haben. Neben diesen Bestandteilen sind bis zu einem gewissen Zeitpunkte noch die peripherischen Kräfte vorhanden, die vom Ätherleib herkommen.

Man muß sich entschließen, diese Dinge endlich mehr als daseiend anzunehmen. Es liegt wirklich nicht an der Verborgenheit, daß etwas erfunden wird, sondern solches Zeug, wie das Vitamin, das sind Erfindungen, durch welche einfach konstatiert wird dasjenige, was da ist. Es muß eine ganz andere Betrachtungsweise Platz greifen.

Wenn Sie zu viele Kartoffeln essen, dann werden Sie gar nichts ausrichten, die Wirkung der Kartoffeln im menschlichen Organismus zu konstatieren, daß Sie die Menge der Kohlehydrate konstatieren; das wird nichts nützen. Die andern Kohlehydrate, die zum Beispiel in Blättern, nicht im Wurzelstock vorhanden sind, oder meinetwillen in Früchten, die finden ihre Verarbeitung noch im Verdauungstrakt. Die Kartoffel ist etwas außerordentlich Merkwürdiges. Sie geht mit ihren Kräften so sehr in den menschlichen Organismus ein, daß dasjenige, was zum Beispiel für die Bohne noch innerhalb des Verdauungstraktes geschieht, für die Kartoffel eigentlich erst im Gehirn geschieht. Im Gehirn finden auch fortwährend Ernährungsprozesse statt. Ich will diese Dinge andeuten, um sie später auszuführen. Derjenige also, der zu viele Kartoffeln ißt, kann unter Umständen seinem Gehirn zuviel zumuten. Er verlegt Prozesse, die unter dem Gehirn stattfinden sollten, in das Gehirn hinein. Wir bekommen daraus die Möglichkeit, für unsere Hygiene, überhaupt für das ganze soziale Leben erst aus der Medizin wieder etwas zu gewinnen, indem wir auf diese Weise lernen, nicht aus der chemischen Beschaffenheit, sondern aus dem Weltzusammenhang heraus die Beziehungen des Menschen zur umgebenden Materie kennenzulernen.

Es ist ein grundlegender Unterschied, ob eine Substanz auftritt im Blatt oder im Wurzelstock. Viel wichtiger, als zu wissen, ob sie Kohlehydrate enthält, ist zu wissen, von welchem Teil der Pflanze sie herstammt. Die Wurzelstöcke sind mehr der Hauptesorganisation des Menschen, die Blüten- und Blattorganisationen mehr dem unteren Menschen verbunden. Und eine wirklich gar nicht ausschlaggebende Rolle spielt eigentlich die chemische Beschaffenheit. Man muß aus ganz andern Dingen heraus die Beziehungen des Menschen zur Umwelt erkennen, wenn man das Gesundende und das Krankmachende, also den richtigen Krankheitsstoff und das Heilmittel auch wirklich beurteilen will. Auf die Anzeichen, die die abstrakte Chemie liefert, zu achten, dieses ist etwas, was nach und nach eigentlich alle Erkenntnisse des Menschen untergraben hat, weil man eigentlich nicht weiß dadurch, daß man irgend etwas in seiner chemischen Beschaffenheit kennt, welche Beziehung der Mensch eigentlich zur Umwelt hat.

Nehmen Sie ein anderes Beispiel: die bloß von der Chemie hergenommene Betrachtungsweise zeigt, Sauerstoff ist notwendig in der Luft, aber Stickstoff nicht in demselben Maße. Und man könnte aus dem, was heute die Leute denken über Sauerstoff und Stickstoff, glauben, daß gegenüber der Atmung – das könnte man glauben – es nicht so wesentlich wäre, wenn irgendeine Luft zu wenig Stickstoff hat, wenn sie nur genug Sauerstoff hat. Es zeigt sich aber, wenn innerhalb einer Luft zu wenig Stickstoff ist, daß der Mensch Stickstoff abgibt, um ihn in der umgebenden Luft zu ersetzen.

Der Mensch ist angewiesen darauf, daß zwischen seinem Stickstoffgehalt und dem Stickstoffgehalt der umgebenden Luft, ganz abgesehen von der Atmung, ein gewisses Verhältnis besteht.

Alle diese Dinge sind von eminenter Bedeutung für die Erkenntnis des Menschen. Aber alle diese Dinge, obwohl sie von dem einen oder andern erforscht oder erkannt werden, bleiben ohne Fruchtbarkeit für die heutige wissenschaftliche Welt, wenn nicht die Unterlagen da sind, um den Menschen einzugliedern in seine ganze Umwelt. Das wollen wir in unseren Betrachtungen tun, um dadurch ein Licht zu verbreiten über den gesunden wie über den kranken Menschen.

Ich-Organisation	–	Tod
Astralorganisation	–	Krankheit
Ätherorganisation	–	Gesundheit
Physische Organisation	–	Ernährung

DRITTER VORTRAG

Dornach, 4. Januar 1924

Meine lieben Freunde!

Ich habe Ihnen mitzuteilen, daß wir von morgen ab die Sache so machen, daß Sie sich überlegen, was Sie gern von sich aus für Fragen stellen wollen, daß Sie mir dann diese Fragen geben oder aufschreiben, so daß ich alle Wünsche, die sich aus Ihnen heraus ergeben, im Verlauf der Vorträge berücksichtigen kann, so daß alles zum Vorschein kommt, von dem Sie wünschen, daß es komme.

Nun, heute möchte ich Ihnen noch etwas sagen, was sich unmittelbar an die Betrachtungen anschließt, die wir gestern und vorgestern angestellt haben über den Menschen selbst und seine Beziehungen zur Welt. Es nützt nichts, wenn wir versuchen, hier bei einer anthroposophischen Betrachtung über den Menschen uns gewissermaßen zu genieren vor denjenigen, welche aus der heutigen Wissenschaftlichkeit heraus allerlei Ansichten über den Menschen haben, eigentlich Nichtansichten über den Menschen haben, und wenn wir versuchen, möglichst wenig von den Dingen, die so allgemein üblich sind, abzuweichen. Denn dasjenige, was vorliegt, ist, daß in großen und bedeutenden Tatsachen die Wahrheit von dem, was heute üblich ist, ganz beträchtlich abweicht. Ganz außerordentlich stark weicht die Wahrheit ab von dem, was heute allgemein üblich ist. Und deshalb wird derjenige, der heute nach der Wahrheit strebt, auch den Mut haben müssen, manches einzusehen, was vor der gegenwärtigen Wissenschaftlichkeit geradezu als etwas außerordentlich Absurdes gilt. Aber dennoch, es ist schon notwendig, daß Sie sich – nicht hier, aber sonst –, wenn Sie wirklich heilen wollen, also sich mischen wollen sozusagen unter diejenigen, die aus der äußeren Welt heute heilen, daß Sie sich in einer Weise, die ich noch sagen werde, doch mit dieser heute äußerlichen Wissenschaft befassen. Sonst werden Sie ziemlich taumelnd mit der Wahrheit unter den heutigen Irrtümern herumwandeln müssen.

Man betrachtet heute die Sache so, um die es sich handelt, als wenn man es zu tun hätte mit den siebzig bis achtzig Stoffen, die auf der Erde sind, mit gewissen Kräften, die unter diesen Stoffen walten, anziehenden und abstoßenden Kräften und so weiter, Kräften, die durch gewisse Äquivalenzzahlen wirken, Atomgewichtszahlen und so weiter. Man kommt da zu gewissen sogenannten Naturgesetzen, durch die man eine Überschau zu schaffen sucht, darüber, wie die Stoffe zur Gestaltung kommen, wie sie zu Naturgesetzen kommen, und dann baut man sich ein Phantasiegebilde auf, das der Mensch sein soll, herausgebildet aus den verschiedenen Kräften, deren Ursprung man in den Stoffen sucht und so weiter. So ist das aber nicht. Der Mensch steht durchaus weder in seiner ganzen Gestaltung noch in den Kräften, die seine Ernährungs-, seine Wachstumsprozesse unterhalten, er steht durchaus nicht etwa bloß unter den Einflüssen, die von den irdischen Stoffen ausgehen. Wir haben schon bei der Betrachtung des Ätherleibes gesehen, daß dieser durchaus unter dem Einfluß von Kräften steht, die aus der Peripherie, aus dem Kosmos hereinströmen. Wenn Sie nun diese zwei Arten von Kräften betrachten, die Kräfte, die von den Stoffen der Erde herkommen, und die Kräfte, die von der Peripherie herkommen, haben Sie schon das gegeben, daß für jedes Organ ein Ausgleich, ein Gleichgewicht, eine Harmonisierung dieser zwei Kräftearten notwendig ist. Durch die Art, wie dieses Gleichgewicht hergestellt wird, unterscheiden sich wirklich beträchtlich die einzelnen menschlichen Organsysteme voneinander.

Und betrachten wir von diesem Gesichtspunkt aus das menschliche Haupt, den menschlichen Kopf. Da muß man ja zuerst darauf aufmerksam machen – ich habe schon öfters aufmerksam darauf gemacht im Verlauf der Vorträge, da, wo sich solches ergeben hat –, wie die Schwerkraft, das Gewicht, das doch bei jedem irdischen Körper zunächst berücksichtigt werden muß, dessen Zusammenhang berücksichtigt werden muß, wie das Gewicht des menschlichen Gehirnes, also der Hauptmasse des menschlichen Kopfes, eigentlich zum großen Teile eliminiert wird, indem das scharf konturierte Gehirn im Gehirnwasser schwimmt. So daß man sagen kann: in dem Gehirnwasser, das eigentlich zirkuliert durch den Rückenmarkskanal hinunter, in diesem Gehirnwasser schwimmt das Gehirn. Wiegt man das Gehirn, nun, so hat es 1300 bis 1500 Gramm Schwere. Aber im Menschen wiegt es nicht so viel, es wiegt höchstens 20 Gramm. Warum ist dieses so? Weil es im Gehirnwasser schwimmt, und nach dem Archimedischen Gesetze verliert jeder Körper so viel an Gewicht, als die von ihm verdrängte Flüssigkeit wiegt. Das Gehirn erfährt im Flüssigen einen Auftrieb, so daß von seiner Schwere eigentlich nur 20 bis 25 Gramm übrigbleiben. Mit dem drückt das Gehirn nach unten. Würde es mit voller Schwere nach unten drücken, dann könnte unter dem Gehirn kein Blutadersystem sein. Da würde alles zerquetscht. So daß man sagen kann: es ist wirklich so, daß ihm seine Erdeneigenschaft der Schwere genommen wird. Wir leben mit unserem Gehirn nicht durch die Erdeneigenschaft der Schwere, sondern durch dasjenige, was von der Erde entfernen will, durch den Auftrieb, der der Erdenschwere entgegengesetzt wird. Mit höchstens 20 Gramm unterliegt das Gehirn der Erdenschwere. Wir werden nur mit einer sehr geringen Kraft in bezug auf unseren Kopf von der Erde angezogen.

Das ist das eine. Daraus können wir sehen, daß das Erdenhaftige des Gehirnes in hohem Grade einfach verschwindet durch die menschliche Organisation. Die menschliche Organisation ist so eingerichtet, daß die Erdenkräfte einfach verschwinden. Aber es ist noch in einem viel höheren Maße der Fall. Den Auftrieb kennt die Menschheit aus dem Archimedischen Prinzip heraus, obwohl es im Technischen nicht immer berücksichtigt wird. Sonst würden nicht solche Dinge geschehen sein wie die Verwüstung des Stausees in Italien, wo einfach, durch Nichterkenntnis des Archimedischen Prinzipes in seiner vollen Totalität, ein technischer Mangel war. Ich weiß nicht, ob die Menschheit das einsieht, aber man konnte es aus den Beschreibungen, die gemacht wurden, sehr genau entnehmen. Man betrachtet diejenigen Gesetze als richtig, bei denen es einem paßt. Man ignoriert diejenigen Gesetze, bei denen es einem nicht paßt.

Nun ist nicht nur das vorhanden für dieses menschliche Haupt, daß die ganze innere Bildung des menschlichen Hauptes, daß die Schwere verlorengeht, es ist durch die besondere Einrichtung des menschlichen Atmungsprozesses, durch gewisse statische Verhältnisse, die sich abspielen zwischen Einatmung und Ausatmung, noch etwas anderes der Fall. Es ist dieses der Fall, daß der Atemstoß, der dadurch ausgeübt wird, daß eingeatmet wird, sich in einer gewissen Weise bricht, indem eingeatmet wird, und daß der Gegenstoß, der bei der Ausatmung erfolgt, sich in einer ähnlichen Weise verhält. Die beiden verhalten sich in einer ähnlichen Weise wie Schwere und Auftrieb. So daß das Kuriose ist, daß, wenn wir gehen, wir in Wahrheit in bezug auf die statischen Verhältnisse unseres Hauptes, den Kopf, das Gehirn in Ruhe lassen. Wie wir es nicht schwer sein lassen durch den Auftrieb seines Wassers, so ist es in bezug auf sein inneres Verhältnis, wenn wir gehen. Und das gilt nicht nur für unser Gehen, sondern in kurioser Weise namentlich auch für die Bewegung, die wir mit der Erde mitmachen. Die machen wir bloß im übrigen Körper mit, nicht mit dem Gehirn; für das Gehirn wird sie fortwährend aufgehoben. So daß bei dem Gehirn bei einem Gewicht von 1500 Gramm immer nur 20 Gramm übrigbleiben. Außerdem ist es so, daß, wenn wir unseren Kopf auch ebenso schnell bewegen wie unseren übrigen Körper, er in Wahrheit in Ruhe bleibt. Sie können sich schwerer vorstellen, daß etwas, was für den Anblick in Bewegung ist, in Wirklichkeit ruht, als Sie sich vorstellen können, daß etwas, was der Schwere unterliegt, eigentlich nicht schwer ist. Aber es ist dennoch so. Für die innere Organisation des Menschen ist das Haupt durchaus so, wie wenn es in fortwährender Ruhe wäre, alle Kräfte gleichen sich gegenseitig aus, nur daß nach unten eine geringe Schwere, die sich verhält wie 20 zu 1500, und daß nach vorne eine ganz geringe Fortbewegungskraft existiert. Aber das wesentliche der Bewegung wird ausgeglichen. So daß man einmal sagen kann, das menschliche Haupt ist im übrigen Organismus so – in bezug auf sein inneres Erleben –, wie ein Mensch, der ruhig sitzt in einem Auto, sich gar nicht bewegt; das Auto bewegt sich, und er kommt doch vorwärts. Das menschliche Haupt erlebt so, wie es erleben würde, wenn es nicht schwer wäre. Es hebt seine Beweglichkeit auf, wenn sich der Mensch bewegt, und wenn sich mit dem Menschen sogar die Erde bewegt.

Also das menschliche Organ des Kopfes hat etwas ganz Besonderes, indem es sich ausschließt, sich exiliert von alldem, was auf der Erde geschieht. Nur wenig nimmt die Erde teil an dem, was irgend Hauptestätigkeit ist. Dagegen ist dieses ganze menschliche Haupt eine Nachbildung des Kosmos. Tatsächlich, dasjenige, was menschliches Haupt ist, ist eine Nachbildung des Kosmos, ist wirklich ein Abbild des Kosmos, hat in seinem Wesen gar nichts zu tun mit den Kräften der Erde. Also, die innere Gehirnbildung ist den Kräften des Kosmos nachgebildet, und wir haben eine innere Gehirngestaltung, deren Form wir nicht erklären können aus irgend etwas Irdischem, sondern die wir erklären müssen aus dem Kosmos heraus. Die Erde wirkt nur, indem sie – ich spreche es grob aus, aber Sie werden mich verstehen – durchbricht nach unten die kosmische Bildung und in den Menschen einfügt alles dasjenige, was nur zu der Erde hintendiert. Sie können das ja sehr leicht an einem Skelett wahrnehmen. Sie heben am Menschen den Schädel ab, dann haben Sie das abgenommen, was kosmisch nachgebildet ist und Sie haben zunächst das übrig, was nur noch halb kosmisch ist, in der Anordnung der Rippen, da ist es aber schon unter dem Eindruck des Irdischen stehend. Sehen Sie sich namentlich am Skelett an die Röhrenknochen der Beine, die Röhrenknochen der Arme: da haben Sie rein irdische Bildungen. Sehen Sie sich an am Skelett die Rückenmarkswirbel, die rauhen Rückgratwirbel, an denen die Rippen sitzen. Da müssen Sie einsehen, daß das entstanden ist aus dem Gleichgewichtszustand zwischen dem Kosmischen und dem Irdischen. Und sehen Sie den Kopf an, da haben Sie auch in der Schädeldecke eine Form, in der der Kosmos entreißt dem Irdischen die Möglichkeit, sich selbst zu formen, eine Form, die nachgebildet ist dem Kosmischen. So muß man die menschlichen Formen wirklich studieren.

Nur wenn Sie so die menschlichen Formen studieren und außerdem wissen, daß eigentlich der Kopf für sein innerliches Erleben gerade mit Bezug auf seine Weichbildungen, seine Flüssigkeitsbildungen in Ruhe ist, also in Ruhe den Kosmos nachbildet, dann werden Sie sich schon sagen müssen, eigentlich ist alle Anatomie und Physiologie, wie sie heute in Beschreibungen auftreten, ja etwas, wovon man überhaupt nicht sprechen kann als von Wahrheit, weil die nicht das Bewußtsein haben, daß es sich um etwas handelt, was unter kosmischem Einflusse steht.

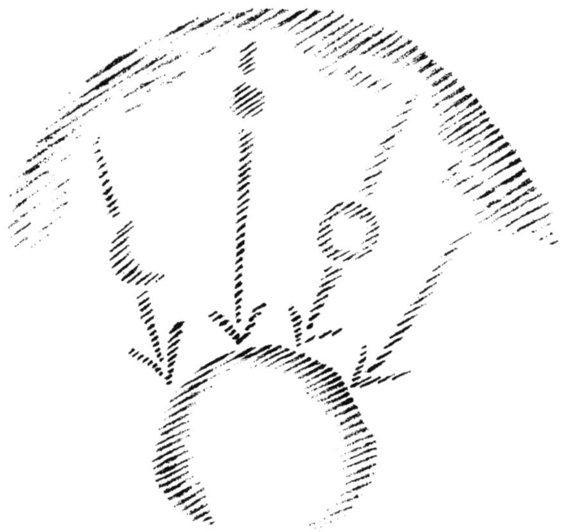

Ich habe gesagt, es sind Kräfte da, die gehen aus der Peripherie herein, es ist so, wie wenn sie von allen Seiten hereinkommen würden auf diesen menschlichen Kopf. Aber es ist ein großer Unterschied, ob diese Kräfte kommen und der Mond sie aufhält, oder ob die Sonne sie aufhält, oder ob der Saturn sie aufhält. Dadurch, daß gewisse Sterne da sind, werden diese peripherischen Kräfte modifiziert. Es ist also nicht gleichgültig, aus welchen Richtungen diese Kräfte herkommen. Die Wirkung wird wesentlich modifiziert durch den Ort, in dem wir irgendein Sternbild sehen. Das ist ein Gedanke, der heute nur dilettantisch, in sehr alten Zeiten in intuitiver Weisheit der alten Astronomie zugrunde liegt. Heute bekommt aus den Tatsachen, die da sind, keiner eine Vorstellung davon, wie die Dinge in Wirklichkeit sind. Das, was ich gesagt habe, ist ganz wesentlich, um einzusehen, wie diese menschliche Bildung eigentlich ist. Denn in dem, daß der Mensch in seinem Haupte ganz dem Kosmos unterliegt, daß er in dem, was die Röhrenknochen der Beine sind, nur dem Irdischen unterliegt, drückt sich zugleich aus, bis ins Substantielle hinein, das, was in den Bildekräften liegt. Wenn Sie ein menschliches Knochengebilde haben: Sie wissen ja, darin ist dasjenige, was dann erscheint als kohlensaurer Kalk. Es gibt dann aber auch phosphorsauren Kalk, beides hat seine starke Bedeutung für den Knochenbau. Durch den kohlensauren Kalk erhält der Knochen die Eigentümlichkeit, der Erde zu unterliegen. Wäre die Knochensubstanz nicht überhaupt durchsetzt von kohlensaurem Kalk, könnte die Erde nicht an den Knochen heran. Der kohlensaure Kalk bildet für die Erde den substantiellen Angriffspunkt, um nach ihren Bildungskräften den Knochen zu formen. Der phosphorsaure Kalk bildet für den Kosmos den Angriffspunkt, um den Knochen zu formen. Wenn Sie also zum Beispiel einen solchen Röhrenknochen haben wie den menschlichen Oberschenkelknochen, dann würde dieser Oberschenkelknochen seine Ausdehnung von oben nach unten nicht haben können, wenn nicht dieses vermittelt würde durch den kohlensauren Kalk. Er würde aber den Schenkelhals nicht haben, wenn dies nicht vermittelt würde durch den phosphorsauren Kalk. Daran ändert sich nichts, durch die Tatsache, welche die Anatomen einwenden, daß die Menge des phosphorsauren und kohlensauren Kalkes für ein Knochenrohr und einen Schenkelhals sich im wesentlichen nicht unterscheiden. Erstens ist es für eine feinere Untersuchung nicht ganz richtig, sie unterscheiden sich, aber bei diesen Dingen kommt noch ein anderes in Betracht. Der ganze menschliche Organismus ist darauf angelegt, Aufbau- und Abbauprozesse zu haben. Prozesse, aus denen sich etwas aufbaut, und Prozesse, durch die sich das, was beim Aufbau nicht verwendet werden kann, abscheidet. Einen sehr bedeutenden Unterschied zwischen solchen aufbauenden und abbauenden Kräften in den Substanzen selber, können Sie zum Beispiel beim Fluor konstatieren. Der gewöhnliche Anatom würde sagen: Fluor spielt eine Rolle beim Aufbau der Zähne, es findet sich auch im Harn, also Fluor da und dort. Darum handelt es sich nicht. Beim Aufbau der Zähne spielt Fluor eine positive Rolle; die Zähne können nicht aufgebaut werden ohne Fluor. Im Harn findet sich das Fluor, das herausgebaut ist, das abgebaut werden soll. Das Wesentliche ist, daß Sie unterscheiden, ob irgend etwas an einer Stelle abgeschieden ist und deshalb sich bildet, oder ob es absolut notwendig ist im Aufbau. Und so ist es. Wenn Sie einen Knochenteil haben, der im wesentlichen aus dem Kosmos hereingebildet ist, so ist der phosphorsaure Kalk aufbauend. In einem andern Knochenteile findet sich der phosphorsaure Kalk als Abscheidung. Und umgekehrt: beim Röhrenknochen ist der kohlensaure Kalk aufbauend und findet sich als Abscheidung, wird abgeschieden nach dem Teil hin, der aus dem Kosmos hereingebildet ist. Man muß sagen, es kommt nirgends darauf an, ob der oder jener Stoff da ist, sondern darauf kommt es an, was diese Stoffe für einen Weg machen, was sie für eine Bedeutung haben an irgendeinem Orte des Organismus.

Ich habe diese Dinge einmal dadurch versucht unseren Freunden bildhaft zu machen, indem ich sagte: Nehmen wir an, ich gehe um neun Uhr morgens spazieren und treffe auf einer Bank zwei Menschen, die dort friedlich beisammensitzen. Am Nachmittag um drei Uhr gehe ich wieder hin. Die Menschen sitzen wiederum friedlich beisammen. Wenn ich diese zwei Fakten konstatiere, habe ich nichts getan, weil es *so* sein kann: der eine Mensch kann sich Butterbrot mitgenommen haben und ist von neun bis drei Uhr sitzengeblieben, der andere ist gegangen, hat einen Weg gemacht, hat sich erst vor drei Uhr wieder hingesetzt. Der eine ist ausgeruht, der andere ist furchtbar müde. Die innere Konstitution unterscheidet sich ganz wesentlich bei beiden. Es kann danach nicht darauf ankommen, ob dieser oder jener Mensch da ist, sondern darauf: Was hat er gemacht, was ist sein Weg im Dasein, um zu diesem Ort zu kommen. – Und so ist es im Grunde genommen gleichgültig für das Verständnis des Menschen, ob in einem Organ dieser oder jener Stoff ist. Man muß wissen, wie er darin ist, ob er als aufbauender oder als Abscheidestoff drin ist, dann kann man erst den Menschen verstehen. Niemals wird man den Übergang finden können von der Qualität eines Stoffes, der für den menschlichen Organismus notwendig ist, zu einem Heilmittel, wenn man nicht diesen Prozeß ordentlich ins Auge fassen kann. Erst wenn man dieses kann, kommt man darauf, daß tatsächlich die Verteilung der Stoffe im Kosmos eine ganz andere ist, als man gewöhnlich glaubt.

Es ist schon einmal eine auffallende Tatsache, über die nur seit fünf bis sechs Jahrhunderten nicht mehr nachgedacht wird, daß man mit gewissen analytischen Prozessen im menschlichen Organismus, wie man meint, Eisen nachweisen kann. Alle diese Prozesse sind so, daß man sagen kann: im menschlichen Organismus, im Blut ist Eisen. Aber man wird vergeblich versuchen, im Menschen Blei nachzuweisen, wenn der Organismus normal ist. Nun, das Blei kennt man eigentlich nur in Bleierzen, sowie da, wo es sich grobklotzig findet. Aber alle Metalle, die sich grobklotzig in unserer Erdensubstanz finden, waren einstmals in ihren Urgebilden in Saturn, Sonne und so weiter, in ganz flüchtigen, sogar wärmeätherischen Zuständen, als aufgelöste, flüchtige, wärmeätherische Zustände vorhanden. Nun, der Mensch war, allerdings natürlich in einer andern Form, in seiner Wesenheit schon auf dem alten Saturn vorhanden. Er hat alle diese Prozesse mitgemacht, unter denen zum Beispiel Eisen von einem ganz flüchtigen, fein verteilten, wärmeätherischen Zustande dasjenige geworden ist, was es heute ist. Er hat mitgemacht, wie die Welt geworden ist und so weiter. Das Eigentümliche ist, daß der Mensch dem Eisen gegenüber, dem Magnesium gegenüber sich so verhalten hat, daß er diese Stoffe in seine eigene Bildung aufgenommen hat. Das Blei hat er überwunden. Also dem Magnesium gegenüber hat er sich so verhalten, daß er den Magnesiumprozeß mit seinem Prozeß verbunden hat. Dem Blei gegenüber hat er sich so verhalten, daß er geflohen ist vor dem Bleiprozeß, daß er den ausgeschieden hat, so daß wir in bezug auf das Magnesium sehen, wie im Menschen dieselben Kräfte walten, die eben draußen im Magnesium walten. Der Mensch muß sie innerlich überwinden. Aber bevor der Mensch in seiner Haut eingeschlossen war, als er noch ein metamorphosierendes Gebilde war, das mit dem Kosmos einig war, hat er den Bleiprozeß überwunden. So daß er heute noch in sich hat die Überwindung, die Ausscheidung des Bleiprozesses. Er hat in sich die Aufbaukräfte des Magnesiums, er hat in sich die Ausscheidungskräfte für den Bleiprozeß.

Was heißt das eigentlich? Sie brauchen ja nur zu studieren, was aus dem menschlichen Organismus wird, wenn er eine Bleivergiftung hat. Er wird in sich brüchig, sklerotisch. Daher könnte man sagen: Blei kann der menschliche Organismus nicht in sich dulden. Wenn eine Bleivergiftung eintritt, so ist also Blei im menschlichen Organismus drin. Der Organismus fängt allerdings an, den Prozeß, der in der Bleisubstanz liegt – Substanzen sind immer Prozesse –, zu bekämpfen. Blei breitet sich aus im organischen Prozesse; der Organismus rüttelt sich dagegen auf, sucht das Blei auszutreiben. Wenn er das kann, gesundet er. Wenn das Blei stärker ist, gesundet er nicht. Es tritt der bekannte Zerfallsprozeß der Bleivergiftung im menschlichen Organismus auf, weil der menschliche Organismus nur verträgt die den Bleiprozeß überwindenden Prozesse. Er kann die die Bleisubstanz bildenden Kräfte nicht in sich haben.

Wenn man nun nachforscht, was der Mensch davon hat, daß er kein Blei in sich duldet, kommt man zu folgendem. Sehen Sie, der Mensch ist ja zunächst ein Sinneswesen. Er nimmt Dinge um sich herum wahr, und dann denkt er nach über die Dinge. Beides braucht er. Er muß Dinge wahrnehmen, damit er mit der Welt in Verbindung treten kann. Er muß auch nachdenken, muß zurückdrängen seine Wahrnehmung, und im Zurückdrängen dann seine Selbständigkeit entwickeln. Würden wir nur wahrnehmen, gingen wir immer im äußeren Anschauen auf. Hingegen dadurch, daß wir zurücktreten von den Dingen, über sie nachdenken, sind wir erst eine Persönlichkeit, eine Individualität. Dadurch gehen wir nicht in den Dingen auf. Und wenn man studiert den menschlichen Ätherleib, so hat er in sich ein Zentrum für bleiabweisende Kräfte. Dieses Zentrum ist ungefähr dort, wo die Haare ihren Wirbel bilden. Da strahlen die bleiüberwindenden Kräfte aus. Überall in den Organismus strahlen sie hinein, damit ja nicht die bleibildenden Kräfte in den Organismus hineinkommen können. Die bleiüberwindenden Kräfte, die der Körper ausgebildet hat, haben eine große Bedeutung dadurch, daß diese selben bleiüberwindenden Kräfte machen, daß, wenn ich diese Kreide anschaue, ich nicht im einfachen Anschauen der Kreide befangen bleibe. Sonst würde ich selber mich mit dem Angeschauten identifizieren. Ich mache mich selbständig, ich lähme die Beobachtung ab, aber das tue ich mit denselben Kräften, die die bleiüberwindenden Kräfte sind. So daß der Mensch diesen bleiüberwindenden Kräften verdankt, daß er eine innerlich geschlossene Persönlichkeit sein kann. Daß der Mensch sich von der Welt absondern kann, das verdankt er den bleiüberwindenden Kräften.

Es ist schon so, daß diese Kräfte, die im Menschen sitzen, und deren Dasein einem recht auffällig werden kann, wenn man einen gewissen Zusammenhang, den ich gleich erwähnen will, berücksichtigt, nicht nur eine physisch-ätherische Bedeutung, sondern eben durchaus auch eine psychisch-moralische Bedeutung haben. Was ich sagen will, ist dieses: Der Mensch nimmt gewisse Metallkörper in sich auf, die er mit dem eigenen körperlichen Organismus verbindet, andere Metallkörper überwindet er; er hat sie nur als Abweisungs-, als Überwindungsprozesse in sich. Nun, woher kommt das, daß der Mensch im Laufe seiner langen Entwickelung von der Saturnzeit, der Sonnenzeit und so weiter gewisse Substanzen, die draußen entstanden sind, ausgeschieden, andere nur aufgenommen hat? In diesem Ausscheiden liegt zu gleicher Zeit das, daß der Mensch selbständige moralische Kräfte in sich aufnehmen kann. Es ist schon so, daß der Mensch, würde er zum Beispiel daraufhin veranlagt sein, bleibildende Kräfte in sich zu haben, man könnte denken, daß der jetzige Organismus zwar jetzt nicht Blei brauchen kann, aber daß er irgendwelche bleibildende Kräfte hätte, daß er Blei in demselben Sinne in sich hätte wie jetzt das Eisen, dann würde der Mensch – beim Blei ist es so – halb moralische Eigenschaften in sich haben, von dem Blei her in sich tragen, dann würde der Mensch etwa eine krankhafte, wir würden es heute krankhaft nennen, Affinität haben zu den äußeren Unreinigkeiten in der Welt. Riechende, stinkende Stoffe würde der Mensch sehr gerne aufsuchen, und an ihnen riechen, um aufzugehen in denselben. Und wenn man ein Kind hat und an ihm beobachten kann, wie es bei Kindern vorkommt, daß sie solche perversen Eigenschaften haben – es gibt Kinder, die suchen mit Vorliebe alles Stinkende auf, sie naschen mit der Nase zum Beispiel am Petroleum –, da ist immer diese bleiabweisende Eigenschaft des Blutes nicht vorhanden. Da muß man versuchen, durch klinische oder sogar durch medikamentöse Einwirkung diese bleiabweisende Kraft aufzurufen.

Es ist möglich durch Behandlungsarten, die noch zu besprechen sein werden, diese bleiabweisende Kraft aufzurufen.

Bleiben wir einmal bei einem Stoff, der im menschlichen Organismus eine gewisse Rolle spielt, dem Magnesium. Da können wir eine besonders interessante Sache studieren. Ich habe gerade auf pädagogischem Felde immer wieder darauf aufmerksam gemacht, wie der erste Lebensabschnitt, den wir scharf abgrenzen müssen von allen folgenden, der ist, der bis zum Zahnwechsel geht. Dann ist der nächste Abschnitt derjenige, der bis zur Geschlechtsreife geht. Nun ist die Sache so, daß geradeso wie Fluor notwendig ist zur Zahnbildung, auch Magnesium zur Zahnbildung notwendig ist. Aber die Zahnbildung findet nicht nur statt im Munde, im Oberkiefer und Unterkiefer, sondern der ganze Organismus ist daran beteiligt, der Magnesiumprozeß spielt sich im ganzen menschlichen Organismus ab. Und das bedeutet für den Menschen das Allerwesentlichste bis zum Zahnwechsel. Nachher, nach dem Zahnwechsel hat das Magnesium nicht mehr jene große Bedeutung, die es vorher hatte, denn die Magnesiumkräfte im Menschen, die verhärten seinen Organismus. Sie schließen seinen Organismus in sich selbst zusammen, und ich möchte sagen, der Schlußpunkt dieses Konsolidierens des menschlichen Organismus, dies In-sich-Gliedern der Kräfte und Stoffe, das findet in dem Zahnwechsel, mit dem Erhalten der zweiten Zähne seinen Abschluß. Bis dahin hat die Verwendung von Magnesium die allergrößte Bedeutung für den menschlichen Organismus.

Nun ist der menschliche Organismus in bezug auf seine zeitliche Entwickelung ein Ganzes. Er muß Magnesium in sich entwickeln, in sich haben. Er hätte nicht die richtigen Konsolidierungskräfte, wenn er nicht diese Magnesiumprozesse in sich hätte. Er kann aber nicht aufhören, die Magnesiumkräfte zu erzeugen. Es geschieht dies nach dem Zahnwechsel ebenso wie vor dem Zahnwechsel. Die müssen im Organismus verarbeitet werden, und so wird nach dem Zahnwechsel das Wesentliche sein, daß das Magnesium überwunden wird, daß es ausgeschieden wird. Es zieht sich besonders in die menschliche Milchabsonderung, es wird besonders mit der Milch abgeschieden. Indem die Milchsekretion zusammenhängt mit der Geschlechtsreife, sehen Sie einen merkwürdigen zusammenhängenden Prozeß, einen periodischen

Prozeß. Nehmen Sie das Magnesium: bis zum Zahnwechsel wird es sozusagen vom menschlichen Organismus konsumiert, nachher vom Zahnwechsel bis zur Geschlechtsreife wird es abgeschieden und unter den Kräften, die die Milchkräfte bilden, ist durchaus das Magnesium als Abscheidung. Nachher kommt ein Rückschlag bis zum zwanzigsten Jahre. Dann findet die Magnesiumkraft eine Verwendung zur feineren Konsolidierung der Muskeln. Substanzen sind eigentlich nur eine Zusammensetzung von Prozessen, Blei ist ja nur scheinbar diese grobe, grau aussehende Substanz. Es ist Unsinn, zu sagen, daß es ein Stück grober Substanz ist, Blei ist jener Prozeß, der innerhalb der Grenzen abläuft, die der Ausbreitung des Bleies gezogen sind; alles ist Prozeß! Nicht wahr, man kann sagen, daß die substantiellen Prozesse nicht nur so sind im Menschen, daß gewisse substantielle Prozesse im Menschen verarbeitet werden können, gewisse andere abgewiesen werden können wie der Bleiprozeß, den wir niemals brauchen können, bei dem wir immer die ausscheidende Kraft haben müssen, sondern es gibt andere, wie den Magnesiumprozeß, der so ist, daß er rhythmisch wechselt, daß wir tatsächlich in rhythmischen Perioden unseres Lebens die konsumierenden Prozesse entwickeln für die Magnesiumkräfte, dann die abscheidenden Prozesse.

Das ist dasjenige, was Ihnen zeigt, daß man wiederum eigentlich gar nichts hat, wenn man bloß analysiert und sagt, der menschliche Organismus hat Magnesium. Es ist gar nichts damit gesagt, denn im zwölften Jahre haben diese Substanzen eine ganz andere Bedeutung als im fünften oder vierten Jahre. Und nur dann lernt man den Menschen kennen, wenn man weiß, wann gewisse substantielle Prozesse, also Substanzen, diese oder jene Bedeutung im menschlichen Organismus haben. Will man erkennen, wie Substanzen, die draußen in der Natur sind, im menschlichen Organismus weiter wirken können, dann ist es wirklich von der geringsten Bedeutung, die chemische Beschaffenheit der Substanzen zu studieren. Man muß etwas studieren, was heute kaum studiert wird. Wenn man verfolgt das Substanzenstudium bis ins 13. oder 14. Jahrhundert, so hat man da erst die Anlagen zur heutigen Chemie. Diese Anlagen sind in den damaligen uns oftmals töricht vorkommenden alchimistischen Prozessen vorhanden. Aber es ist noch etwas anderes vorhanden. Es war dazumal etwas vorhanden, was gar keine Fortsetzung erfahren hat, das, was man heute die Signaturenlehre nennen könnte, die Signaturenlehre, die für Pflanzen besonders angewendet wurde, aber auch für Mineralien, die nicht mehr ihre Fortbildung erhalten hat.

Sehen Sie, ein solcher Stoff wie das Antimon, das Grauspießglanzerz: das eigentümliche dieses Antimons ist, daß es die bekannte spießige Gestalt bekommt, diese haarförmige Gestaltung.

Wenn Sie es in einer gewissen Weise metallurgisch behandeln, dann bekommen Sie den Antimonspiegel, nämlich wenn das sich verflüchtigende Antimon auf einer kalten Fläche niederschlägt. Sie haben überall im Grauspießglanzerz die Tendenz, Formen zu bilden, die eigentlich sich sehr deutlich zeigen als Formen des Ätherleibes. Es sieht sehr ähnlich, was sich da bildet, den Formen gewisser einfacher Pflanzen, die sich dem Ätherleib anschmiegen. Wenn man Antimonsubstanz betrachtet, hat man unmittelbar das Gefühl, dieses Antimon ist sehr empfänglich für Ätherkräfte. Es schmiegt sich hinein in die Ätherkräfte. Jeder kann das dadurch konstatieren, daß er Antimon elektrolytisch behandelt, unter gewissen Umständen an die Kathode bringt: es entsteht eine Reihe von Explosionen, die überleiten in die Beziehungen des Antimons zu den Ätherkräften. Das ist ein auffälliger Fall, aber für diese Dinge hatte man einmal ein sehr starkes Auffassungsvermögen, heute ist dieses Auffassungsvermögen gar nicht mehr da; man respektiert solche Betrachtungen gar nicht mehr, wie diejenigen, die ich angegeben habe. Daher ist man zu solchen Dingen gekommen, daß man bedeutsamen Wahrnehmungen gegenüber ratlos dasteht. Sehen Sie, man hat ja Diamant, Graphit, Anthrazit und Steinkohle: alles ist Kohle, aber doch so verschieden. Warum ist das so? Würden die Menschen wirklich eingehen können auf dasjenige, was nicht bloß die chemische Beschaffenheit, sondern was im alten Sinne die Signatur ist, so würden Sie anfangen zu verstehen, was für ein Unterschied ist zwischen Steinkohle und Graphit. Steinkohle ist während des Erdprozesses entstanden. Graphit während des Mondprozesses, des der Erde vorangehenden planetarischen Prozesses, und Diamant während des Sonnenprozesses. Und Sie bekommen da, wenn Sie die Dinge kosmisch betrachten, auch einen Einblick dahinein, daß es wiederum nicht auf die Substanz ankommt, sondern daß es darauf ankommt, unter welchen Umständen und Zeiten eine Substanz eine gewisse, also eine feste Form angenommen hat. Nun, nicht wahr, wenn aber Substantielles, Physisch-Reales der Zeit unterliegt, so hat die Zeit eben eine bestimmte Bedeutung. Denn denken Sie einmal, wenn Sie das nehmen, was ich gesagt habe, so können Sie sagen, die Steinkohle ist ein Kind, ist noch nicht sehr alt; Graphit ist ein Jüngling, ist schon älter; Diamant ist, wenn nicht ein Greis, so doch mindestens sehr stark männlich. Wenn Sie irgendeine Aufgabe stellen wollen, die, sagen wir, reifes Menschenalter erfordert, so werden Sie nicht ein Kind hinstellen, es kommt auf das Lebensalter an. So werden Sie einsehen können, daß einfach nach dem kosmischen Lebensalter die Kohle überall da, wo sie auftritt, eine andere Aufgabe hat als Graphit, der ein gewisses reiferes Alter hat. So ist es notwendig, daß man in kosmische Prozesse hineinsieht, wenn man die Beziehung des Menschen kennenlernen will zu dem, was draußen im Kosmos ist. Wenn Antimon eine besondere Empfindung hat für den menschlichen Ätherleib und Sie bringen Antimon als Medikament in den menschlichen Organismus, so müssen Sie erkennen, welche Beziehung es schon außer dem Menschen hat, wenn Sie erkennen wollen, was durch Antimon im menschlichen Ätherleib angeregt wird. Sie müssen durchaus eingehen auf die feinen Prozesse in der Natur, wenn Sie verstehen wollen, was irgendein Heilmittel im Menschen sein soll.

VIERTER VORTRAG

Dornach, 5. Januar 1924

Nun, meine lieben Freunde, wir haben in den drei vorhergehenden Stunden eine Skizze zu erarbeiten versucht über eine Art Erkenntnis, wie sie als Grundlage der Arzt gewinnen soll, eine Erkenntnis, die nur so skizziert werden konnte in kurzen Strichen, wie das in der Kürze der Zeit möglich ist. Aber Sie werden gesehen haben, daß, wenn man nun die ausführlichen Darstellungen geben wollte für diese Skizze, so würde das lange Zeit brauchen. Diese Zeit würde selbstverständlich im medizinischen Studium da sein.

Das wirkliche Medizinstudium müßte so eingerichtet sein, daß ein erster Kursus, der aber wenigstens ein Jahr und womöglich noch längere Zeit umfassen würde, für den Studierenden vorliegen müßte, in der dann solche Erkenntnisse als Grundlage des medizinischen Wesens erworben würden. Ich kann Ihnen nicht mehr geben als eine Art Charakteristik, wie das dann werden soll. Und deshalb möchte ich, daß Sie dasjenige betrachten, was ich bisher in drei Stunden gegeben habe als eine Art Kohlezeichnung für das, was der Arzt sich aneignen muß. Ich möchte das bezeichnen als den exoterischen Teil des Arztwissens. Es müßte dann folgen im medizinischen Studium der esoterische Teil des Arztwissens, von dem wir jetzt sprechen wollen. Dieser esoterische Teil muß auf der Grundlage des exoterischen Teiles aufgebaut werden. Aber Sie müssen es nicht etwa verschmähen, beim medizinischen Studium mit allem Ernst sich zuerst des exoterischen Teiles, soweit man überhaupt etwas davon wissen kann, zu bemächtigen. Das ist in der Gegenwart schwierig. Aber es kann, wie wir in den folgenden Stunden sehen werden, gerade nach dieser Richtung hin durch die Einrichtung der medizinischen Sektion an unserer Dornacher Hochschule sehr viel geleistet werden. Und heute liegt schon die Möglichkeit vor, daß dasjenige, was in einer kurzen Skizze angedeutet ist, durch viele Einzelheiten, die in Zyklen und Schriften von mir vorliegen, ausgebaut werde. Das ist nur zum geringsten Teil bis jetzt geschehen, und wird erst eine im Sinne der anthroposophischen Medizin gelegene Erweiterung finden, wenn diese Arbeit, die ich unter Beihilfe von Frau Dr. *Wegman* vorbereite, in der nächsten Zeit an die Öffentlichkeit treten wird. Dann wird man sehen, wie die Anthroposophie die Anregung geben kann für die Medizin und die medizinischen Studien überhaupt.

Aber Sie müssen sich klar sein, daß das medizinische Studium ein ganz eigenartiges Studium ist, das ganz besondere Voraussetzungen hat, ein Studium, bei dem man durchaus nicht absehen kann von den Ergebnissen der Geisteswissenschaft. Es kann keine Medizin geben, ohne daß die Ergebnisse der Geisteswissenschaft in ihr vorhanden sind. Die uns noch auf diesem Gebiete begegnenden chaotischen Zustände rühren davon her, daß eben eine Studienrichtung und eine Erkenntnisrichtung die tonangebenden sind, die ganz und gar für das medizinische Wissen sich nicht eignen. Die Sachen liegen heute so, daß wir ein Naturwissen haben – auch in der Theologie –, das sich lediglich eignet für technische Zwecke, nicht in irgendeiner Weise für Erkenntniszwecke in bezug auf den Menschen. Es eignet sich nicht dazu, Erkenntnisse über den Menschen zu geben. Denn sehen Sie, das wirkliche medizinische Wissen erfordert eben etwas Eigentümliches, und das wird Ihnen klarwerden, wenn ich davon spreche, wie eigentlich der Mensch zustande kommt.

Ich habe Sie schon gestern exoterisch darauf aufmerksam gemacht, und ich will heute und in den nächsten Stunden den Übergang finden zum esoterischen: die äußeren Substanzen sind eigentlich Vorgänge. Salz ist nur Niederschlag von Vorgängen, die Magnesiumprozesse, Eisenprozesse sind Vorgänge, die draußen in der Natur sind. Bleiprozesse, Quecksilberprozesse sind Vorgänge die der Mensch nicht in sich tragen darf, die draußen in der Natur sind. Nun aber ist das nur scheinbar, daß der Mensch diese Prozesse nicht in sich trägt. Wie kommt der Mensch zustande? Die physische Anlage wird zunächst durch die Befruchtung geschaffen, diese physische Anlage muß sich vereinigen mit dem Ätherleib des Menschen. Der Ätherleib des Menschen kommt aber nicht zunächst durch die Befruchtung zustande, sondern der Ätherleib wird gebildet um dasjenige herum, was später Ich-Organisation und Astralorganisation wird, um das Geistig-Seelische, das aus den geistigen Welten herunterkommt, das da war im vorirdischen Leben. Wir haben es also mit dem eigentlichen Kern des Menschen als mit dem Geistig-Seelischen zu tun, das eben vorhanden ist, erstens aus früheren Inkarnationen, zweitens aus der Zeit zwischen Tod und neuer Geburt, lange bevor eine Befruchtung geschehen ist. Dieser geistig-seelische Kern des Menschen, er gliedert sich an, bevor er einen Zusammenhang bekommt mit demjenigen, was durch die Befruchtung als physische Keimzelle entsteht, zuerst den ätherischen Leib. Und das, was sich vereint mit dem, was im physischen Embryo veranlagt ist, das Ich, die astrale Organisation, die Ätherorganisation, diese Dreigliedrigkeit vereinigt sich mit dem, was durch die physische Befruchtung zustande kommt. Sie müssen auf den Ätherleib als auf etwas hinschauen, das aus dem Kosmos hereingebildet wird. Nun, dieser Ätherleib, der aus dem Kosmos hereingebildet wird, der hat in sich in dem Moment, wo er sich zuerst vereinigt mit der physischen Organisation, die Kräfte, die dann für die physische Organisation nicht gelten, die Bleikräfte, die Zinnkräfte. Es ist nur scheinbar, daß der Mensch kein Mikrokosmos ist, indem er gewisse Stoffe nicht enthalten wird. Die Substanzen, die der Mensch im physischen Leib nicht hat, die sind die allerwichtigsten für die Konstitution des Ätherleibes, so daß im Ätherleib vorgehen, ehe er sich vereinigt mit dem physischen Leib, in der Tat Bleiprozesse, Zinnprozesse, Merkurprozesse und so weiter.

Nun vereinigt sich der Ätherleib mit dem physischen Leib. Die andern Teile natürlich auch. Und in geringem Maße während der Embryonalzeit, aber im höchsten Maße dann, wenn die Atmung eintritt, also bei der Geburt, dann, wenn die wirkliche Außenatmung eintritt, geschieht folgendes: dann gehen alle Kräfte, die der Ätherleib von den nicht im physischen Leib verankerten Stoffen hatte, über auf den astralischen Leib und der Ätherleib nimmt diejenigen Kraftformen an, die der physische Leib in sich verarbeitet. Also der Ätherleib macht eine sehr bedeutsame Metamorphose durch, die Metamorphose, daß er den Inhalt, die Konstitution des physischen Leibes annimmt und seine eigene Konstitution, seine Verwandtschaft mit der Umgebung des Menschen abgibt an den astralischen Leib. Der Astralleib ist nun innig verwandt mit dem, was der Mensch wissen kann. Und in dem Augenblick, meine lieben Freunde, wo Sie anfangen, nicht bloß theoretisches, sondern wirkliches, innerlich verarbeitetes Ärztewissen aufzunehmen, in dem Augenblicke beleben Sie in sich diejenigen Inhalte, die der astralische Leib schon hat, die nur unbewußt bleiben, und die die Beziehungen darstellen zu der Umgebung.

Ich will einen besonderen Fall nehmen. Nehmen Sie zum Beispiel solch eine Gegend, die schwermütig ist, und zwar aus dem Grunde, weil die Unterlage nach der heutigen Erdenkonstitution gneistragend ist, im Gneis der Glimmer drin ist, Glimmer, den Sie als Mineral kennen. Glimmer ist erstens von einem sehr starken Einfluß auf die betreffende physische Lokalkonstitution, die ein Mensch in einer bestimmten Gegend hat. Man wird in seinem physischen Leib anders, wenn man in einer Gegend geboren ist, wo viel Glimmer ist. Da wirkt auf den physischen Leib vom Boden, von der Erde heraus das Glimmrige. Nun werden Sie finden, daß gerade in den Gegenden, wo viel Glimmer ist, viel Rhododendron wächst. Die Pflanze findet sich häufig in den Alpen und in Sibirien und so weiter. Die Rhododendronsubstanz ist dasjenige, was innig verwandt ist mit dem Ätherleib, bevor er in den physischen Leib einzieht in solchen Gegenden. Diese Verwandtschaft mit dem Rhododendron gibt der Ätherleib an den Astralleib ab. Und wenn nun in einer solchen Gegend Krankheiten auftreten, die gerade durch eine präponderierende Wirkung des Glimmers auf dem Umwege des Grundwassers unter den Bewohnern auftreten, so hat der ätherische Leib dasjenige, was er vom Rhododendron bekommen hat, an den astralischen Leib abgegeben. Das ist nun draußen vorhanden in der Rhododendronpflanze. Daraus kann man wissen, daß in der Rhododendronpflanze ein Saft vorhanden ist, der für diese Krankheit heilend ist. Davon hängt ab, daß in vielen Dingen, aber nicht in allen, sich das Heilmittel in den Gegenden, in welcher spezifische Krankheiten auftreten, als spezifisches Heilmittel befindet.

Nun müssen Sie das bedenken, jede Nacht, wenn Sie schlafen, falls Sie Mediziner sind, tauchen Sie unter in Ihrem astralischen Leib in die Umgebung, die verwandt war mit dem Ätherleib, die jetzt verwandt ist mit dem Astralleib. Erwerben Sie jetzt medizinisches Wissen, wissen Sie, was in der menschlichen Umgebung Heilkräfte sind, so erleben Sie die Heilkräftigkeit im Schlafe fortwährend. Sie erleben im Schlafe fortwährend die Bestätigung desjenigen, was Sie lernen können auswärts durch Dialektik. Und damit muß im medizinischen Studium gerechnet werden, weil alles äußere dialektische Lernen des Medizinischen nichts hilft, niemals hilft. Es wird disassoziiert, es kommt Unordnung hinein, wenn nicht jedesmal im Schlaf die Bestätigung innerhalb des Astralleibes und der Umgebung eintreten kann, die notwendig ist. Wenn nämlich das medizinische Studium nicht so erworben wird, daß der astralische Leib in seinem Gespräch mit der Umgebung dem Arzte Ja sagen kann zu dem, was er gelernt hat, ist es gerade so, wie wenn er zuhören würde einer Sache, die er nicht verstehen kann, die ihn nur beirrt. So daß tatsächlich mit demjenigen im Leben des Menschen, was in den Schlafzustand hineinführt, das medizinische Wissen innig zusammenhängt. Und sehen Sie, es ist nun wirklich so, daß gerade aus solchen Dingen die Überzeugung erwachsen muß, daß das medizinische Studium durch den ganzen Menschen, und zwar durch den lebendigen, fühlenden Menschen erworben werden muß. Denn bei diesem nächtlichen Verkehr mit den heilenden Ingredienzien erwächst noch etwas anderes, was durch das Dialektische wirklich niemals erworben werden kann: der Drang nach wirklicher Hilfeleistung. Ohne den Drang, das Gefühl des Arztes, ohne den Anteil an dem Menschen, den er heilen soll, ohne diesen Drang nach persönlicher Hilfeleistung gibt es eigentlich im Grunde keine Heilung.

Sehen Sie, da muß ich Ihnen etwas sagen, was Sie vielleicht ganz sonderbar und paradox berühren wird, aber da Sie nun einmal lernen wollen, was heute fehlt und was kommen muß, muß ich auch dieses sagen, denn von Dornach aus arbeiten wir aus esoterischen Impulsen heraus. Sehen Sie, es ist mir oftmals gesagt worden, es könnte kommen, daß die Mittel, die wir herstellen – es wird Ihnen paradox erscheinen, aber Sie müssen manches als paradox hinnehmen – daß man die Mittel, die wir erzeugen im pharmazeutischen Laboratorium, sorgfältig hüten müßte, damit sie nicht nachgemacht werden können. Ich habe einmal darauf erwidert, daß ich eigentlich eine so große Angst vor dem Nachmachen gar nicht habe, wenn es uns gelingt, wirklich esoterische Impulse in unsere Strömung hineinzubringen. Dann wird man einsehen, daß die Mittel mit dem esoterischen Hintergrunde gemacht werden, daß es nicht einerlei ist, ob hier die Mittel gemacht werden mit alldem, was hinter dem Esoterischen lebt, was hineingebracht wird, oder ob eine beliebige Fabrik sie nachmacht. Das mag Ihnen paradox erscheinen, aber es ist so. Es ist eben – viel mehr, als daß etwas durch äußere Dinge, durch äußere geschäftsmäßige Kniffe besorgt wird – notwendig, daß eine gewisse Stimmung erwächst, die wirklich dahin zielt: da steckt etwas dahinter, was die Dinge aus dem Geistigen heraus heilkräftig macht. Das ist nicht Aberglaube, das ist etwas, was, wie Sie noch sehen werden, streng geisteswissenschaftlich begründet werden kann. Daher werden verständige Leute daraufkommen, daß man mit dem Nehmen der Mittel, die hier erzeugt werden, eben schon den Anfang macht mit demjenigen, was eigentlich getan werden soll.

Solche Einwände, die mir schon gemacht worden sind, können davon herkommen, daß heute die Menschen keine Ahnung haben, daß gerade im Medizinischen viel mehr Ernst gemacht werden muß mit dem, was esoterisches, geistiges Leben ist. Wenn Sie vor allen Dingen dieses einmal begreifen, werden Sie schon sehen, wie eigentlich real, nicht bloß formal, wie es sonst geschieht, hier eine Hochschule, eine Pflegestätte für medizinisches Studium eingerichtet werden sollte. Nun, Sie werden auch begreifen, daß auf den ersten exoterischen Kursus in der Medizin vor allen Dingen etwas folgen soll als zweiter Kursus, das im eminentesten Sinne esoterisch an den Menschen herangeht, das das medizinische Wissen einsenkt in dasjenige, was im Menschen Gesinnung, medizinische Gesinnung wird.

Instinktiv haben ja gewiß immer einzelne Persönlichkeiten solche medizinische Gesinnung gesucht. Und im letzten Drittel des 19. Jahrhunderts, wo eigentlich so wenig gerade das vorhanden war, was medizinische Gesinnung erzeugen konnte, da konnte man wirklich nur bei einzelnen Persönlichkeiten, die dann als Sonderlinge angesehen wurden, sehen, wie diese medizinische Gesinnung doch sporadisch erzeugt worden ist. Im Grunde genommen war ja der Ruf der Wiener medizinischen Schule, mit der ich eigentlich aufgewachsen bin, dadurch ein so starker geworden, daß diese Wiener medizinische Schule im wesentlichen ihre Unterlage hergenommen hat von demjenigen Teil des Heilens, bei dem es am wenigsten auf Therapie ankommt, nämlich von der Lungenentzündung, wo man am wenigsten für die zentrale Erkrankung, für das Therapeutische sorgen kann. Daher kam das auf, wovon Sie noch gehört haben werden, der sogenannte Nihilismus. Gerade die bedeutendsten der Wiener Mediziner haben ganz bewußt den medizinischen Nihilismus vertreten, das heißt, sie standen auf dem Standpunkte: es heilt überhaupt kein Mittel! In gewissem Sinne stand auch *Virchow* auf diesem Standpunkt. Er stand auf dem Standpunkt: von hundert sogenannten geheilten Kranken kann man annehmen, daß es bei fünfzig Prozent ganz gleichgültig gewesen wäre, ob man ihnen das Mittel gegeben hätte, gesund wären sie auch ohne das Mittel geworden. Und bei dreißig Prozent ist es so, daß man sagen kann, daß das Mittel direkt geschadet habe. Bei dem letzten Rest kann manchmal der Zufall bewirkt haben, daß gerade die Mittel, die ausgesucht, die ausgewählt wurden, geholfen haben. – Ich spreche das nicht aus, sondern Virchow, der eine medizinische Größe im letzten Jahrhundert war, sprach das aus. Ich kenne auch heute noch illustre Persönlichkeiten, die diese Ansicht strikte vertreten, trotzdem sie vielleicht gerade Therapie vertreten. Da ist gerade keine medizinische Gesinnung drin, aber diese kann auch nichts sein, von dem man bloß als von einer Formalität redet. Sie muß in Realität erzeugt werden, und dazu bedarf es eben jenes Menschlichen, in dem zweiten Kursus, der sich aufbauen muß auf dem Exoterischen. Dazu bedarf es jenes Menschlichen, das so wirkt, wie es allerdings in degenerierter Weise, aber doch, ich möchte sagen, manchmal wie zum Entzücken großartig bei so einer Persönlichkeit wie *Paracelsus* vorhanden war. Gewiß, man kann gegen ihn viel einwenden in diesem oder jenem Punkte. Aber diese medizinische Gesinnung war bei ihm in großartiger Weise vorhanden. Er hat immer gewußt, wenn er in eine Gegend gekommen ist, wo das Rotliegende anstoßend war, als Erde herauskam, daß eine Anzahl von Erkrankungen einfach davon herrührt – namentlich Krankheiten, die von Erkrankungen des Blutes herrühren –, daß der Boden Rotliegendes enthält. Die Entwickelung des Krankheitsprozesses ist sehr charakteristisch. Wenn man in eine Gegend mit viel Rotliegendem kommt, findet man, daß die dort angesessene Bevölkerung sich an das Rotliegende gewöhnt hat, und einfach ihrem Temperamente nach gewisse Eigentümlichkeiten zeigt. Man findet, daß diese Menschen eine sehr lebhafte Milztätigkeit haben. Und wenn man als Fremder in diese Gegend kommt, findet man nur wenig Zuneigung, die Leute sind furchtbar eigensinnig, rechthaberisch, einfältig, sie sehen einen für dumm an, wenn man manches, was sie tun, für närrisch ansieht. Ja, das ist so, die Leute gewöhnen sich im Rotliegenden daran. Aber wenn ein Fremder kommt, der ein Geschäft einrichten will, so verträgt der das Rotliegende nicht, namentlich das Wasser nicht. Er bekommt bestimmte Krankheitssymptome. Paracelsus sagt, daß solche Krankheiten, die dort erzeugt werden, auch auf die erbeingesessenen Personen übergehen. Paracelsus hat gesagt: Da muß sicher etwas vorliegen im Bereich des Ätherleibes; Archäus nannte er ihn. Da muß sicher der Archäus etwas durchgemacht haben, bevor er in den Embryo eintrat. Nun findet man immer, daß in diesen Gegenden der Goldregen wunderbar wächst. Man wird sehr leicht finden in dem Goldregen, in den Blüten, in den Blättern, unter Umständen auch in den Wurzeln, einen Saft, der ein sehr gutes Heilmittel abgeben kann, je nachdem der Mensch konstituiert ist.

Es handelt sich darum, daß man durch diese medizinische Gesinnung einen ganz andern Naturblick gewinnt. Und so habe ich – ich war dazumal noch ein Junge – einen Arzt kennengelernt. Den Arzt traf man sehr häufig auf Wiesen, auf Fluren, auf Äckern, da hielt er seinen Umgang mit Pflanzen, Blumen, Insekten und so weiter. In der Gegend, wo er als anspruchsloser Arzt tätig war, lebten drei bis vier Koryphäen. Man kann sagen, die Tätigkeit dieses anspruchslosen Arztes, der die Wiesenblumen so liebte, war eine ungleich fruchtbarere für die Kranken als die Tätigkeit des staatlichen Physikus und der andern Koryphäen. Denn die nahmen ihre Weisheit aus der Schule und aus demjenigen, was sich da an die Schule anschloß. Er nahm aber wirklich seine Weisheit über die Heilmittel aus dem unmittelbaren Umgang mit der Natur, der aber nur dann zum medizinischen Wissen führt, wenn man die Natur auch in ihren Einzelheiten lieben kann. Man liebt sie nicht mehr, wenn man sie unter das Mikroskop nimmt. Man muß sie lieben, man muß imstande sein, sie zu makroskopieren. Sehen Sie, da werden Sie darauf hingewiesen, wie notwendig es ist, dieses unterbewußte Leben des astralischen Leibes gerade für das medizinische Wissen heraufzuholen, richtig heraufzuholen. Nun möchte ich durchaus nicht vor Ihnen alte medizinische Ladenhüter wieder erneuern, sondern nur dasjenige sagen, was sich aus der unmittelbaren Betrachtung der Gegenwart ergibt. Aber man muß, weil die heutige Sprache, auch die medizinische Terminologie, keine rechten Ausdrücke hat, einfach zu einer Terminologie greifen, die überliefert ist. Sonst müßte man eine Terminologie erfinden. Vielleicht würde es für die Verbreitung unserer Ansichten günstiger sein, wenn man eine erfände. Nun aber, da müßten wir vielleicht jahrelang an dieser Terminologie studieren. Und da Sie jetzt schon hören wollen, so werde ich mit einigen Variationen die alten Ausdrücke brauchen.

Da ist es gut, wenn wir zunächst auf die Pflanzenwelt hinblicken, nicht so sehr, weil ich die Pflanzenheilmittel als universell empfehlen möchte, sondern weil man daran viel lernen kann, und vor allen Dingen für die esoterische Vertiefung ungeheuer viel gewinnen kann. Nun ist für die medizinische Überlieferung von grundlegender Bedeutung, daß man dreierlei dabei wiederum betrachtet. Aber nicht so betrachtet, wie man heute unser landläufiges Wissen und Können betrachtet, sondern eigentlich anders.

Wenn heute der Student etwas gelernt hat, dann weiß er es, und er denkt dann: Das ist gut, das weiß ich und kann es anwenden. – Der Mensch aber, der ein religiös frommer Mensch ist, der lernt das Vaterunser, er weiß es auch, aber er denkt nicht, daß es nun genug ist, daß er es weiß, sondern er betet es jeden Tag; das was er weiß, betet er täglich. Er läßt das, was er weiß, jeden Tag durch seine Seele ziehen. Das ist eine ganz andere Auffassung von der Sache, ist etwas ganz anderes. Oder nehmen Sie einen Initiierten, einen Eingeweihten. Von dem setzen Sie ganz gewiß voraus, daß er die Elemente des okkulten Wissens weiß. Darauf gibt er gar nichts, daß er sie weiß, daß er sie einmal aufgenommen hat, sondern viel wichtiger ist ihm, daß er von Zeit zu Zeit die allerersten Elemente und die folgenden auch gläubig durch seine Seele ziehen läßt, so daß er in seiner Seele immer neue Schwungkräfte erhalten kann. Der religiös veranlagte Mensch hat ganz andere Erfahrungen als derjenige, der in der Natur nur etwas sieht, was in der physischen Welt aufgenommen wird. Wir müssen im Naturrhythmus uns immer wieder finden, wenn wir lebendiges und nicht totes Wissen erwerben wollen. Das Wissen, die Wissenstätigkeit muß immer wieder rhythmisch wiederholt werden. Das meine ich, wenn es sich darum handelt, daß für das medizinische Wissen als Grundlage die medizinische Gesinnung zu gelten hat. Medizinisches Wissen zu erwerben aus der Natur des Menschen und seiner Umgebung, das ist ganz besonders wichtig in therapeutischer Beziehung. Da ist es von ganz besonderer Bedeutung, daß Sie das merken, wie Sie die Pflanze immer wiederum vor sich erstehen lassen in der Seele.

Da sind drei Dinge in der Pflanze von besonderer Bedeutung. Das eine ist – es tritt bei besonderen Pflanzen in ganz besonderer Weise hervor – das Duftende der Pflanze, das zusammenhängt mit den in der Pflanze wirksamen Ölen. Das Duftende der Pflanze ist dasjenige, was in der Pflanze das Anziehende ist für gewisse Elementargeister, die in die Pflanzen sich niedersenken wollen. Und weil das, was in der Tätigkeit – nicht in der Substanz – dem Duftenden zugrunde liegt, im mineralischen am konzentriertesten vorhanden ist im Schwefel, so kann man wirklich mit der alten Medizin dieses im Dufte der Pflanzen wirksame, geistig Extraktive der Pflanze, das eine Art von Sehnsucht hervorruft in den Elementargeistern, die sich durch den Duft heruntersenken, das kann man das Sulfurige der Pflanze nennen. Man kann sagen, schon im Schauen auf das Sulfurige der Pflanzen erwirbt man sich ein richtiges Verständnis für den Duft der Pflanzen, wenn man erkennt, daß sich da ein Geistiges Oben und Unten abspielt, indem die Pflanze duftet. Das ist ein erstes.

Ein zweites, das man sich erwirbt, ist ein inneres Gefühlsmäßiges für das, was im Blatt heranwächst. Man hat so viele Gelegenheiten, die Blüten mit dem Duften der Pflanzen, die Blätter mit dem Formellen der Pflanzen in Verbindung zu bringen. Die Blätter sind so vielgestaltet: sägeartig, weich, spitz, stumpf, gegliedert und so weiter. Nicht wahr, dafür sollte man sich ein feines Gefühl erwerben, für dieses Blatthafte in der Pflanze, denn damit beleben sich jene geistigen Wesenheiten, die durch den Duft sich heruntersenken. Und darin strahlt aus der Peripherie des Kosmos herein überall das Bestreben, tropfenförmig zu gestalten. Sehen Sie, da gibt es etwas, wodurch Sie ein wunderbares Gefühl erwerben für das, was eigentlich gestaltliebend aus dem Kosmos in dem Blättrigen enthalten ist: wenn Sie einfach Liebe entwickeln zum Anschauen des Blättrigen, wenn am Morgen die Pflanzen übersät sind mit den glitzernden Tautropfen. Denn diese Tautropfen in ihrer Wesenhaftigkeit spiegeln einfach das Bestreben der Peripherie, des Kosmos, im Pflanzlichen das Kugelige, das Tropfenförmige zu erzeugen. Der Tropfen ist es, der ganz und gar zugrunde liegt allem Blättrigen der Pflanze. Und würde nur das Peripherische, Kosmische an der Pflanze geistig tätig sein, so würde die Pflanze immer diese kugelige Gestalt bilden. Sie sehen, daß an Pflanzen das Kugelige besonders auftritt, wenn das Kosmische die Oberhand gewinnt, in mancher Beerenbildung und so weiter, auch in mancher Blattbildung, aber diese Tropfenbildung wird da sofort in Anspruch genommen von den irdischen Kräften. Der Tropfen wird nach den verschiedensten Seiten ausgezogen, und es entstehen die mannigfaltigsten Formen. Dieses Streben nach der Tropfenform findet sich mineralisch konzentriert im Quecksilber. Deshalb nannte man in der alten Medizin dieses Nach-dem-Tropfen-Streben: das Merkuriale. Merkur war in der alten Medizin nicht Quecksilber, sondern das nach dem Tropfen-Streben, das dynamische Streben nach dem Tropfen. Überall, wo das Streben nach dem Tropfen vorhanden ist, ist das Merkuriale. Das Quecksilber ist das Metall, das auf Erden die Tropfenform hat, weil die Bedingungen dazu vorhanden sind. Das Quecksilber hat auf der Erde die Form, die das Silber auf dem Mond hat, wo es auch in Tropfenform sein müßte. Es handelt sich darum, daß die alte Medizin alles Tropfenförmige Merkur nannte. Alle Metalle waren auch Merkur für den alten Mediziner. Das ist eben das, was berücksichtigt werden muß, daß die alte Medizin im Beweglichen, Lebendigen lebte. Wir werden müssen wieder zu diesem Beweglichen, Lebendigen kommen. Dann müssen Sie den Sinn bekommen, daß Sie so hintendieren zu diesem Beweglichen, Lebendigen, daß Sie sich sagen: Wenn ich am Morgen über die Fluren gehe und die Tau-Silberperlen auf den Blättern sehe, so öffnen mir diese Tau-Silberperlen dasjenige, was in den Blättern selber im Geiste lebt: das Streben nach der kosmischen Kugelgestalt. – Das muß aber gefühlt werden, damit Sie die

Pflanze verstehen. Sie müssen sie aber in ihrer Kugelgestalt verstehen lernen. Lernen Sie dann die Pflanze so verstehen, daß Sie ein Verhältnis bekommen zu ihrem Streben nach der Tropfenform, und dann hinauf durch das Duftige, dann erlangen Sie nach und nach ein feines Verständnis für alles dasjenige, was im Menschen zentrifugal wirkt. Es wirken zentrifugale Kräfte, wenn der Mensch sich die Nägel abschneiden kann. Sie sind nachgewachsen: das sind zentrifugale Kräfte, die durch den Menschen gehen. Während der ersten sieben Jahre gehen fortwährend die Kräfte, die dann ihren Abschluß finden durch die zweiten Zähne, zentrifugal durch den Menschen. Am meisten drücken sie sich aus in der Schweißbildung. Dasjenige, was im Dufte der Pflanzen nach oben strebt und die Naturgeister dort anzieht, das lebt auch im Schweißdufte, der eine zentrifugale Richtung hat. So daß Sie in der Tat, wenn Sie das Pflanzenhafte im Menschen suchen wollen, den Blick darauf hinrichten müssen und es da vermuten in seinem tiefen Herausstreben. Sie bekommen so eine tiefe, intime Erkenntnis des Zusammenhanges dessen, was draußen ist und was im Menschen ist. Denn sehen Sie, indem der Ätherleib seine Eigenheiten dem Astralleib abgibt, kehrt sich die ganze Sache um. Der ätherische Leib möchte dasjenige, was er aus der Umgebung nimmt, nach oben entwickeln. Indem er es an den astralischen Leib abgibt, entwickelt es sich zentrifugal nach außen [unten?] hin, so daß der Mensch in der Tat nach dieser Richtung hin das Pflanzenwerdende in sich trägt.

Sehen Sie die Pflanze an, wie sie mit der Wurzel in den Boden sich senkt, wie sie mit der Wurzel eine innige Verbindung eingeht mit den Salzen des Bodens im weitesten Sinne. Da findet ein Prozeß statt, der genau entgegengesetzt ist der Begleiterscheinung der Sinnesprozesse, die Salzprozesse sind. Nehmen Sie Kochsalz, das in Lösung salzig schmeckt, und denken Sie diesen Prozeß polarisch umgekehrt, also daß das Lösen aufgehoben wird, ein Zusammenbacken geschieht und der Geruch und der Geschmack latent wird. Dann haben Sie den Prozeß, der sich zwischen Boden und Pflanzenwurzel abspielt. Das ist das, was in der alten Medizin Salzprozeß genannt wird. Die alte Medizin hat nicht dasjenige Salz genannt, was man heute so nennt, also kohlensaures Salz und so weiter, sie hat dasjenige Salz genannt, was bei der

Pflanze und der nach unten zugespitzten Wurzel eine Verbindung mit den Substanzen der Erde eingeht. Das ist das Salzige.

In diesem Hinlenken Ihrer fortdauernden Aufmerksamkeit im Rhythmus auf diese wunderbaren Geheimnisse der Natur beleben Sie praktisch Ihr medizinisches Wissen. Das heißt, Sie werden anfangen, wenn Sie in dieser Weise versuchen, Ihr medizinisches Wissen zu beleben, die Natur und den Menschen so anzusehen, daß Ihnen aus dem starken Impuls des Hilfeleistens, von dem ich Ihnen vorher gesprochen habe, das Heilen kommt. Wahrhaftig, es kann nur aus einer solchen Grundlage hervorgehen, auch ganz konkret. Es muß das konkret angeregt werden durch fleißiges, strebsames, regsames, exoterisches Lernen, sonst wird man nur konfuse Dinge machen. Aber notwendig ist doch, daß man weiß, daß tatsächlich in diesem rhythmischen Sich-Versenken gerade in die Naturumgebung des Menschen die wirkliche Grundlage des medizinischen Wissens liegt, nicht im theoretischen medizinischen Lernen, sondern in dem, was ich jetzt versuchte zu charakterisieren und was Sie rhythmisch leben können.

Was ich jetzt auf die Tafel schreibe, ist nicht dazu da, daß Sie es wissen, sondern daß es anregt in Euch immer wieder diese Belebung Eures medizinischen Sinnes. Es ist etwa so:

Ihr heilenden Geister
Ihr verbindet euch
Dem Sulphursegen
Des Ätherduftes;

Ihr belebet euch
Im Aufstreben Merkurs
Dem Tautropfen
Des Wachsenden
Des Werdenden.

Ihr machet Halt
In dem Erdensalze
Das die Wurzel
Im Boden ernährt. –

Das ist gewissermaßen dasjenige, was die Seele erwirbt, indem sie auf den Umkreis hinschaut, den inneren Sinn erweckend für das, was sie umgibt. Der Mensch kann dann antworten:

Ich will mein Seelenwissen
Verbinden dem Feuer
Des Blütenduftes;

Ich will mein Seelenleben
Erregen am glitzernden Tropfen
Des Blättermorgens;

Ich will mein Seelensein
Erstarken an dem Salzerhärtenden
Mit dem die Erde
Sorgsam die Wurzel pflegt. –

Nun, meine lieben Freunde, das, was man sich dadurch erwerben kann, daß man so, wie die Frommen es mit dem Beten machen, dieses immer wieder und wieder in sich belebt, das erregt ja in der Seele erst diejenigen Kräfte, die medizinisch wirken können. Denn die gewöhnlichen Kräfte, die heute in der Schule herangezogen werden, können nicht medizinisches Wissen erwecken. Dieses muß erst aus der Seele herausgeholt werden. Deshalb setze ich immer an die Spitze der esoterischen Betrachtungen, die wir pflegen wollen, dieses: Wie man sich denken muß, daß die Seelenkräfte erst belebt werden, um in der Seele das rege zu machen, was zum medizinischen Wissen führen kann.

FÜNFTER VORTRAG

Dornach, 6. Januar 1924

Meine lieben Freunde!

Im Anschluß an das gestern Gesagte, habe ich nun Ihre Fragen studiert. Diese Fragen, sie sind ja alle so, daß sie natürlich mit Dingen in Zusammenhang stehen, die gestern besprochen worden sind. Nun sind die Fragen, welche gestellt worden sind, ich möchte sagen, die die erste Kategorie umfassen, alle aus einer Art von Herzensbangigkeit heraus gestellt. Einzelne Fragen werden sich im Laufe der Vorträge beantworten. Andere Fragen, die eigentlich im Grunde genommen mehr oder weniger alle gleich sind, werden nicht eine Beantwortung finden können theoretisch, sondern nur durch dasjenige, was aus diesem Kursus hier an Ergebnissen wird entstehen können. Denn eigentlich gehen alle diese Fragen darauf hin, wie im Anschluß an Dornach der medizinische Weg der lieben Teilnehmer an diesem Kursus zu finden sein wird. Und über diese Fragen wird man heute sprechen, ich möchte sagen, gewissermaßen hineingestellt zwischen das, was ich esoterisch gestern gesprochen habe, und dasjenige, was ich morgen esoterisch zu sprechen haben werde über das reale Fortwirken des Impulses, den ich natürlich nur in dürftiger Weise bei so wenigen Vorträgen geben kann. Das reale Fortwirken wird zunächst die Grundlage bilden müssen für das, was wir weiter esoterisch morgen werden besprechen dürfen.

Ich will zuerst im allgemeinen noch einiges im Anschluß an das Gestrige sagen. Es ist wenig damit getan, meine lieben Freunde, daß man im allgemeinen den Menschen hinweist oder daß er sich selber hinweist von dem Sinnlich-Physischen auf das Geistige. Dieser Hinweis im allgemeinen auf das Geistige entspricht natürlich auf jedem Lebensgebiete – und man muß schon sagen, auf dem medizinischen Gebiete und für den seinen Weg suchenden Mediziner heute am allerstärksten –, es entspricht schon dieses allgemeine Hingewiesenwerden auf den Geist auch durch das, was in der Seele lebt, einem innersten Bedürfnis. Aber dieses Bedürfnis ist in vieler Hinsicht ein solches, das wirklich in sich selbst erst eine größere Bestimmtheit finden muß, eine größere innere Klarheit, und auch, was vielleicht sogar die Hauptsache ist, eine größere innere Kraft, als die ist, mit der es gewöhnlich auftritt. Das alles, meine lieben Freunde, ist als Bestreben in Euch. Es muß aber ein Weg festgestellt werden. Zu diesem Wege kann von mir aus zunächst der Impuls gegeben werden, aber Ihr müßt dann mit diesem Impulse ein reales Weiterstreben im Zusammenhange mit Dornach einleiten.

Diejenigen, die sich das als Aufgabe stellen – und aus den Fragen geht die Stellung dieser Aufgabe mit aller Intensität hervor –, müssen wissen: Das allgemeine Streben nach dem Geistigen tut es eben nicht. Es handelt sich darum, daß dieses Streben nach dem Geistigen wirklich in den einzelnen Lebensgebieten ganz konkret auftritt. Und so ist es schon notwendig, daß man sich wiederum einlebt in ein Mitleben mit der ganzen Weltwesenheit, mehr oder weniger mit der ganzen Wesenheit des äußeren Kosmos. Der Mensch erlebt heute den Kosmos nicht, und weil er den Kosmos nicht erlebt, erlebt er die Geistigkeit nicht. Denn die Geistigkeit ist nur zu erringen auf dem Umwege durch den Kosmos.

Irgendein medizinisches Wissen so anzusehen, wie es sich zunächst seiner Gestalt, seinem Werden nach, seiner äußeren Erscheinung nach darbietet, gibt über das Dasein eigentlich keine geistige Erkenntnis. Erst wenn man in die Lage kommt, die Dinge hineinzustellen, die Wesen hineinzustellen in den ganzen kosmischen Zusammenhang, kommt man in die Lage, durch den Schleier der Natur durchzusehen auf die dahinterstehenden geistigen Kräfte.

Nun ist es schon so, daß die Schwierigkeiten, die bei der Verfolgung des Geisteslebens auftreten können, in der anthroposophischen Bewegung seit nun mehr als zwanzig Jahren wirklich genau studiert, genau erfahren werden konnten. Und es sieht vielleicht zunächst sogar etwas trivial aus, wenn man in wenigen Worten sagt, worin diese Schwierigkeiten bestanden haben. Sie haben einfach darin bestanden, daß diejenigen, die zunächst wollten auf irgendeinem Gebiete Esoterisches anstreben, zu gleicher Zeit sich die Sache zu leicht machen wollten, sie zu bequem haben wollten. Der esoterische Weg ist eben entweder ein schwieriger oder er ist gar keiner. Und man kann eine esoterische Entwickelung nicht auf einem bequemen Weg erreichen. Man muß die allgemeine Bemerkung, die so oft gemacht wird, daß es sich dabei um die Überwindung von Schwierigkeiten handelt, daß der Mensch erst über sich hinauskommen muß, in vollem, ich möchte sagen, in heiligem Ernste nehmen. Und es müßte vom gegenwärtigen Zeitpunkte an, von dem Zeitpunkte an, dessen Ausgangspunkt in unserer Dornacher Weihnachtstagung liegt, von diesem Zeitpunkte an müßte in der ganzen Auffassung der anthroposophischen Bewegung auch auf den einzelnen Gebieten eine Art von Umschwung eintreten. Und indem Ihr zunächst Euren medizinischen Weg suchet, müßt Ihr Euch innerlich beteiligen gleich von Anfang an an diesem realen Umschwung so, daß es sich sozusagen nicht handeln kann beim esoterischen Wege um eine Beigabe, sondern daß es sich nur handeln kann um eine völlige Erfüllung des Lebensweges mit den esoterischen Impulsen. Alles was dazu getan werden kann, soll in den Vorträgen getan werden. Aber es muß, wie ich am Ende der heutigen Auseinandersetzung sagen werde, sich etwas anschließen.

Wollen wir noch einmal den Blick werfen auf eine Einzelheit zunächst, denn wenn Ihr nicht den Willen habt, meine lieben Freunde, auf Einzelheiten in geistigen Betrachtungen wirklich einzugehen, werdet Ihr nicht den Weg ins Geistige hinein finden können. Man soll ja nicht glauben, daß man das Geistige wirklich findet als Träumer oder als Mensch, der sich hingibt allerlei verschwommenen Inspirationen und dergleichen. Das Geistige muß man heute real erringen, mit allerernstestem innerem Streben. Und man kann es nur erringen aus den Zusammenhängen heraus, die sich aus der geistigen Welt ergeben.

Und da sei zunächst der Blick auf eine Einzelheit gerichtet. Ich habe schon gesagt, von der Pflanzenwelt können wir viel lernen. Nun aber betrachten wir so eine Pflanze. Der Mensch nimmt sie einfach heute dadurch wahr, daß er die Wurzel betrachtet, den Stamm betrachtet, dann die Blätter, dann die Blüte, den Stempel in der Mitte, die Staubgefäße und den Samen. Der Same entwickelt sich im Fruchtknoten, und man beschreibt dasjenige, was man an der Pflanze in der Weise sieht, ungefähr so, wie man einen Sessel beschreibt, wenn man dazu noch fügt bei der Beschreibung des Sessels, daß man manchmal auch darauf sitzt. So ungefähr beschreibt man die Pflanze. Man beschreibt, wie die Wurzeln im Boden sitzen, wie sie physische Kräfte, chemische Kräfte und Stoffe einziehen, wie durch Kapillaren oder Ähnliches die Säfte hinaufsteigen, man betrachtet es als einen Irrtum, als Verirrung, wenn man redet von einer spiraligen Anordnung der Blätter, jedenfalls weiß man nicht, daß das irgendwie im Zusammenhang mit dem Kosmos steht, man beschreibt weiter die Blüten, denkt höchstens an eine Kraft, wenn man die Farben der bunten Blüten und deren Substanzen erkennen will, oder die Befruchtung. Man beschreibt das alles so, wie man beschreibt, daß sich ein Mensch auf einen Sessel setzt, aus keinem andern Geiste heraus, man beschreibt das ganz äußerlich.

Nun, die Wesenheit desjenigen, was da erfaßt werden muß, wird ja in keiner Weise auf diese Art erfaßt, sondern man muß sich klar sein darüber, daß, wenn man eine solche Pflanze betrachtet, ihr Hineingesenktsein mit der Wurzel in den Boden auf ein wunderbares Geheimnis hinweist; und wiederum auf ein anderes Geheimnis weist der Stamm mit den Blättern, auf ein anderes Geheimnis weist dasjenige, was oben in der Blüte geschieht.

Sehet, meine lieben Freunde, wir betrachten die Wurzel, wie sie sich in den Boden hineinsenkt, sie ist gewissermaßen das Aufhören des Pflanzenseins gegen die Erde, gegen die feste Erde zu. Aber diese Wurzel könnte ja gar nicht etwas vom Erdboden haben, wenn nicht der Erdboden erst den Einfluß erleiden würde von der kosmischen Umgebung. Die kosmische Umgebung, und zwar nicht bloß Sonnenwärme und Sonnenlicht, sondern auch dasjenige, was vom übrigen Planetensystem, das zu unserer Erde gehört, ausgeht, beeinflußt die Erde von der Oberfläche aus ein Stück nach innen. Und diejenigen Kräfte, die erregt werden auf diese Weise in den Substanzen der Erde, die Kräfte geben der Wurzel die Möglichkeit, innerhalb der Erde zu sein.

Nun können wir Umschau halten, wo wir dieselben Kräfte wieder finden. Nun, dieselben Kräfte, die wir umspielend finden die Pflanzenwurzeln, wir finden sie im menschlichen Haupt, aber wir finden sie im menschlichen Haupt in ganz anderer Art als um die Pflanzenwurzeln herum im Erdboden. Und man kommt nicht zurecht mit dem innerlichen Anschauen dessen, was hier vorliegt, wenn man stehenbleibt bei dem, was einem heute die Naturwissenschaft geben kann. Und das ist dasjenige, wovon viele von Euch in ihren Fragen sprechen als dem Chaotischen, das in ihre Seelen hineingelegt worden ist durch die heutige Naturwissenschaft. Es ist schon notwendig, daß man sich wieder einlebt in auch äußere substantielle Agenzien, daß man sich wieder einlebt in das, was einmal genannt worden ist das Erdige, das Flüssig-Wäßrige, das Luftartige, das Feurige. Denn wenn Ihr immer nur redet von Wasserstoff, Sauerstoff, Kohlenstoff, Stickstoff, Schwefel, Phosphor, in dem Sinne wie die Chemie es tut, werden Euch diese Dinge immer etwas Äußerliches bleiben. Ihr könnt niemals etwas anderes darüber denken als so, daß Ihr als Mensch dasteht, und außen ist irgendwo Sauerstoff, Stickstoff. Es ist etwas ganz indirektes, was Ihr durch die heutige Physiologie oder Chemie vom Sauerstoff, Stickstoff aufnehmt. Ihr erfahret durch die Physiologie, daß Stickstoff im menschlichen Organismus ist, aber Ihr erlebt ihn nicht darin. Es handelt sich darum, daß man von dem ausgeht, was erlebt werden kann. Und dasjenige, was erlebt werden kann, muß sich tief mit der ganzen Menschenwesenheit verbinden, wenn man sich in den Dienst der Weltgestaltung stellen will. Und das tut man, wenn man heilen will.

Nun, etwas, was zu den alten Elementen gehört, ist so da, daß jeder Mensch wissen kann: er erlebt es. Das ist zum Beispiel die Wärme, die Wärme als Naturqualität. Man erlebt sie, es wird einem warm, es wird einem kalt. Man steht nicht so äußerlich, wie dem Sauerstoff, wie dem Stickstoff, der Wärme gegenüber. Es ist das Eigenartige für die alte Naturbetrachtung, daß sie zugrunde gelegt hat erlebnismäßig dasjenige, wo man drin sein kann, nicht außer dem man stehen muß. Nun bleiben wir zunächst bei diesem Elemente der Wärme, des Feuers, weil es dasjenige ist, bei dem sozusagen das Erleben am handgreiflichsten ist, wenn ich den paradoxen Ausdruck gebrauchen darf. Man weiß, die Wärme erlebt man als Mensch. Nun ist es so, daß dasselbe, was die Erde, das Erdige für die Pflanzenwurzel ist, für den menschlichen Kopf die Wärme ist. Und wenn Sie sich jetzt wegdenken aus der Ihnen fest erscheinenden Erde – wenn Sie hier die Erde haben (es wird gezeichnet) – das Erdige selber, das Flüssige, das Luftförmige, das darinnen ist, und nun denken, daß zurückbleibt die Wärme, so daß Sie einen Boden von Wärme haben – Sie können sich das ja denken – und Sie nehmen das Ganze (siehe Zeichnung II), wenn hier unten und hier oben ist, und drehen es um, so daß Sie *da* unten und *da* oben haben (I). So haben Sie einen richtigen polarischen Gegensatz. Das eine Mal können Sie sich vorstellen, wenn *da* unten und *da* oben ist (II) und *da* die Wärme frei geworden ist bis zum Erdigen, daß *da* die Pflanzenwurzel drinnen ist. Aber wenn die Wärme drin ist für sich (I), das Luftige, das Flüssige, das Erdige weg ist, und umgekehrt *da* (II) der Boden ist, aus dem die Wärme fort ist, dann ist, wenn hier (II) das Wurzelartige, das Pflanzenartige ist, dann ist da (I) das, was vom menschlichen Kopfe selber ausgeht.

I

II

Und was bedeutet denn dieses? Meine lieben Freunde, es bedeutet dieses, daß Sie sich sagen können, ich betrachte die Pflanzenwurzel, sie ist im erdigen Boden, ich betrachte den menschlichen Kopf, er ist im Wärmeboden, nur ist der Boden umgekehrt. Das ist deshalb, weil dasjenige, was hier (I oben) geschieht, vier Stufen weiter zurückliegt als dieses (II). Nennen Sie das, was mit der Pflanzenwurzel geschieht, ein Erdereignis, dann müssen Sie dasjenige, was heute noch mit dem menschlichen Kopfe geschieht, und zwar aus der Wärme heraus, ein Saturnereignis nennen. Dazwischen liegen Sonnen- und Mondereignis. Und wenn Sie jetzt vom menschlichen Kopf alles, was später hineingezogen ist, das Erdige, das Flüssige, das Luftförmige wegdenken, und Sie denken sich bloß die im menschlichen Kopfe wirksame Wärme, die den übrigen Organismus mit Wärmedifferenzierung versorgt, Sie denken sich nur den im Kopfe vorhandenen Wärmeorganismus, dann haben Sie heute einen kleinen Saturn im menschlichen Haupte.

Gegenwärtig haben Sie im menschlichen Haupte die alte Saturnorganisation. Und verstehen Sie den Zusammenhang, dann sagen Sie sich: im Kosmos war einstmals vor unzähligen Jahren eine Bildung, die alles dasjenige, was heute an Wärmehaftem im menschlichen Haupte ist, vorausgenommen hat. Und die Pflanzenwurzel schafft heute im Erdigen ein Bild desjenigen, was da vorangegangen ist.

Da haben Sie einen Zusammenhang. Sie schauen den alten Saturn in der Wärmeorganisation des menschlichen Kopfes. Aber solch ein Schauen muß, wenn es richtig geschieht, wirklich verbunden werden, nicht bloß mit theoretischen Ideen, sondern es muß verbunden werden mit inneren moralischen Impulsen. Man muß können auf den menschlichen Kopf hinschauen, so daß man sich sagt: Wie wird man ergriffen dadurch, daß man das menschliche Haupt betrachtet und es dasteht wie die lebendige verkörperte Erinnerung an uralte Werdezeit des Kosmos, an die saturnische Zeit! – Durchdringen Sie sich einmal mit dem Gefühl: Ich bin auf der einen Seite ein Mensch, der ein gewisses Alter erreicht hat, meine Kindheit steht vor mir, die Kindheitserinnerungen steigen auf. Als älter gewordener Mensch vertiefe ich mich in meine Kindheitserinnerungen. – Das gibt schon ein gewisses inneres Erlebnis, vor dem man mit moralischer Kraft stehen kann. Und nun dehnen Sie dieses Gefühl, diese Empfindung aus bis dahin, wo Sie sich sagen, ich war als Mensch in der alten Saturnzeit vorhanden; verstehe ich in der Gegenwart mein Haupt richtig, so ist es da wie eine lebendige Erinnerung an die ursprüngliche Werdezeit des Kosmos. Und ich möchte sagen: unendlich vervielfältigt erscheint mir dasjenige, was mir durch die Kindheitserinnerungen sich bilden kann, wenn man durch diese Kindheitserinnerung, durch das lebendige Menschenhaupt kommt bis in die alte Saturnzeit, bis in diese zurück. Alle solche Erkenntnis hat nur Wert, wenn sie sich unmittelbar einsenkt in das moralische Gemüt, wenn man innerlich Schauer erleben kann dadurch, daß man in dieser Weise durch die Betätigung des Menschen sich einsenkt in eine Empfindung für den Kosmos. Und meditieren, namentlich für den Mediziner, besteht nicht darin, daß er lediglich brütet über Gedanken, sondern meditieren besteht schon darin, daß man sich solche Zusammenhänge vor die Seele bringt, und in diesen Zusammenhängen innere differenzierte Gefühle, an denen man innere Erschütterungen aller möglichen Arten erleben kann.

Sehen Sie, ich sehe einen Menschen, den ich vielleicht seit vierzig Jahren nicht mehr gesehen habe. Indem er vor mich hintritt in der Gestalt, in der er jetzt vor mir steht, da steht vor meiner Seele der Blick auf seine Kindheit; ich sehe ihn als Kind vor mir, es gibt eine gewisse innere Erschütterung. Ich wende heute den Blick auf das Pflanzenwurzeltum, indem ich auf das Pflanzenwurzeltum blicke, bekomme ich die Fähigkeit, dieses Pflanzenwurzeltum auf den menschlichen Kopf zu beziehen, und der menschliche Kopf führt mich zurück auf die alte Saturnzeit. In den ganzen seelischen Menschen hinein muß eben das Meditieren gehen, es muß anregen tiefes innerliches Leben.

Damit soll eben eine Richtung gegeben werden: wie, nachdem die Grundlegung geschaffen worden ist durch eine Art exoterischen Kurses, im Esoterischen eigentlich alles auf ein empfindungsgemäßes Erleben des gesamten Kosmos im Zusammenhang mit dem ganzen Menschen gehen muß. Denn ebenso wie Euch das saturnische Dasein aufgehen kann durch die Betrachtung des Zusammenhanges des Menschenhauptes mit dem Wurzelwachstum der Pflanzen, so kann das Sonnendasein aufgehen durch Betrachtung des Zusammenhanges des menschlichen Herzens mit der Stamm- und Blattentwickelung der Pflanze. Und wiederum ist die Stamm- und Blattentwickelung der Pflanze die lebendig gewordene Erinnerung an das alte Sonnendasein.

Und kommen wir herauf bis zur Blüte, in der sich der Same erzeugt bei der Pflanze, dann kommen wir zu dem, was einen Zusammenhang hat mit dem menschlichen Stoffwechselsystem, dem Gliedmaßensystem. Und wenn man diesen Zusammenhang desjenigen, was sich in der Blüte abspielt, mit dem menschlichen Stoffwechsel- oder Gliedmaßensystem betrachtet, erscheint einem dadurch etwas wie eine Erinnerung an die alte Mondenzeit. Und wenn Ihr dieses innere Empfindungserlebnis nehmt, meine lieben Freunde, wenn Ihr wirklich in tiefster Meditierung innerlich empfindet diese Zusammenhänge, dann erlebt Ihr noch mehr.

Dann tritt in Eurer Seele etwas ganz Bedeutsames auf, dann werdet Ihr, indem Ihr mit dieser Empfindungsvertiefung Eure Seele wendet an die Pflanzenwurzel, anfangen zu fühlen, als ob keine Pflanzenwurzel still stünde. Jeder Pflanzenwurzel gegenüber bekommt Ihr die Empfindung, daß sie sich bewegt. Diese Bewegung lernt Ihr erkennen; ich kann das alles nur skizzieren, ich kann diesmal nur hinweisen auf einen Impuls, auf die Art, wie aufgebaut werden muß das innere Erleben, das Werden des Naturwissens zur Weisheit. Ihr werdet diese Bewegung an den Pflanzenwurzeln erleben. Wenn Ihr sie so betrachtet, werdet Ihr Euch fühlen, wie wenn Ihr mit der Pflanzenwurzel durch den kosmischen Raum gehen würdet. Schon gewissermaßen durch dieses Erleben, indem Ihr gewissermaßen eingestiegen seid in den Wagen, der durch den Kosmos mitfährt, und Ihr mitfahret mit der Geschwindigkeit der Pflanzenwurzel, werdet Ihr die Erfahrung machen, daß Ihr ja die Bewegung unseres ganzen Planetensystems durch den Weltenraum erlebt. In der Pflanzenwurzel erlebt Ihr die Bewegung unseres ganzen Planetensystems durch den Weltenraum. Und wenn Ihr dann entlang geht dem Blätterwachstum und dies so erlebt, wie ich es jetzt beschrieben habe, dann erlebt Ihr wiederum eine Mitbewegung. Und das ist die wahre Bewegung, die innerlich erlebte Bewegung der Erde.

Bewegung des Planetensystems: Wurzel.

Bewegung desjenigen, was die Verbindung von Stamm und Blatt ist: Erdbewegung.

All das sind ja Konstruktionen, was das kopernikanische System ergibt von Umdrehung der Erde um die Sonne. Die wahre Erdbewegung nimmt man mit wahr, wenn man sich vertieft, wie Stamm und Blätter miteinander verbunden sind. Mit Stamm und Blatt bewegt Ihr Euch mit der Erde der Sonne nach, so daß die Erde so aussieht, wie sie im kopernikanischen System beschrieben wird. Aber es ist in Wirklichkeit eine viel kompliziertere Bewegung. Wenn Ihr den Blick hinaufrichtet

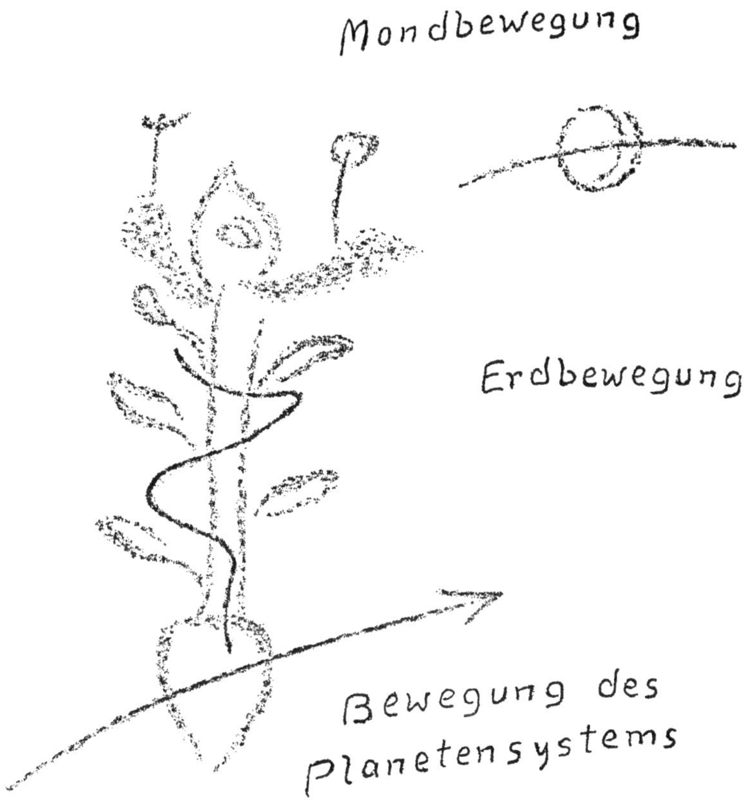

auf das, was in der Blüte – wo rund herum die Staubgefäße und der Stempel sind – vor sich geht, wenn Ihr das miterlebt, dann erlebt Ihr jene Mondbewegung, die der Mond um die Erde herum ausführt, mit in demjenigen, was sich da abspielt in der Blüte: Miterleben also der Mondbewegung, was schon von der Erde getrennt ist. Das ganze Planetensystem, das die Erde mit umfaßt, wird in der Pflanze miterlebt in der Wurzel; die Erdbewegung wird miterlebt in Stamm und Blättern.

Die Mondbewegung, also was schon abgesondert, herausgesondert ist, wird in der Samenerzeugung der Pflanze erlebt.

Ich spreche das zu Ihnen, meine lieben Freunde, aus dem Grunde, damit Ihr einsehen lernt erstens, worauf heute in der gebräuchlichen Wissenschaft überhaupt keine Rücksicht genommen wird, weil man diese Dinge weder wißbar noch wissenswert hält. Aber sie sind dasjenige, was man wissen muß, sonst weiß man überhaupt nichts. Und ich sage es noch aus einem andern Grund. Ich glaube nicht, daß jemanden dasjenige, was er über die Pflanzen lernen kann, erschüttern kann. Es bleibt ihm gleichgültig. Er nimmt es auf wie etwas, was ihm gleichgültig bleibt. Er macht gar nichts durch. Wenn Sie aber im Verlaufe eines zweiten medizinischen Kursus, den Sie ja schon durchmachen können, wenn Ihr da an den Pflanzen – was an den Mineralien sich dann in etwas anderer Weise auch herausstellt – und zu gleicher Zeit an dem Menschen die Planetenbewegung, die Erdbewegung, die Mondbewegung kennenlernt, wird Euch das nicht gleichgültig sein.

Ja, meine lieben Freunde, wir stehen heute vor der Notwendigkeit, in solche Dinge unser Erkenntniswerk hereinzutragen, und das Herz fühlt, daß die Erkenntnisbahnen so laufen müssen. Aber dasjenige, was den Herzen geboten wird, ist ein Lehrhaftes, es enthält nichts von den Realitäten, man glaubt die Realitäten zu haben in demjenigen, was als kleine Stücke zu erfassen ist. Was tut eigentlich die Wissenschaft heute? Die Wissenschaft macht eigentlich das Folgende: sehen Sie, es kommt mir immer so vor, wie wenn einer nach Dresden führe, die Sixtinische Madonna betrachten würde, und ein Naturforscher träte zu ihm und sagte: Ach was, die Sixtinische Madonna ist doch alles nur äußerer Eindruck. – Und er würde nun anfangen, die Madonna aus dem Rahmen zu nehmen, in kleinere und immer kleinere Bröckelchen zu teilen, dann hätte er einen Haufen Bröckelchen, die würden immer kleiner, bis sich atomistische Gestaltungen ergeben. Dann würde er sagen: So, jetzt hast du die wahre Erkenntnis der Madonna. – Das ist nicht wahr, will man die wahre Erkenntnis der Madonna erringen, muß man sich durch das, was einem die Religion bietet, zunächst versetzen in die Intentionen des Religiösen, dann in das, was vom Geistigen des Raffael in die Madonna hineingegangen ist, noch in manches andere, aber das ist das Nächste.

Und so muß man versuchen, sich in die Intentionen der Götter, der göttlich-geistigen Wesenheiten zu versetzen, die hinter dem Physischen stehen. Das muß dann im zweiten Kurs an den Menschen herangebracht werden. Und nur dadurch ist es möglich, daß die Menschen an die Realitäten herangebracht werden.

Nun, wenn Ihr das, von dem ich jetzt gesprochen habe, als eine Anregung nehmt, so werdet Ihr, ich möchte sagen, die zwei meditativen Versenkungen, die in der Art, wie ich sie gestern gesprochen habe, die medizinische Erkenntniskraft in Euch erwecken werden, verstehen. Und diese Meditation kann so verlaufen, daß Ihr zunächst Euch einfach versenkt in die äußere Erscheinung des Feuers, des wärmenden Feuers, und daß Ihr Euch wirklich mit innigem Ernste klarmacht: diese äußere Erscheinung des Feuers, die ist äußerliche Maja, Schein, Illusion. Hinter dem Feuer steckt etwas ganz anderes. Hinter dem Feuer steckt wirkender Wille, wirkender Wille.

Ihr könnt fragen: Ja, wie erkenne ich, daß hinter dem Feuer wirkender Wille steckt? – Es war stets so, daß in esoterischen Schulrichtungen und in dem, was aus diesen Richtungen kommt, appelliert werden soll an die Schüler selber. Wenn Ihr einfach dasjenige, was ich heute gesagt habe, in Euer Gemüt eintreten laßt, so wird Euch aufgehen innerlich, geradeso wie Euch aufgeht, wenn Ihr die Form eines Menschenantlitzes, einer Menschengestalt seht, daß da Geist und Seele ist, so wird Euch aufgehen, daß überall wo Feuer ist, wirkender Wille ist. Wo Ihr auch Feuer findet, beim kleinsten Zündhölzchen, ist wirkender Wille. Von vorne herein ist überall, wo Feuer ist, wirkender Wille. Und Ihr müßt es so weit bringen, damit Ihr in die andern Substanzen der Natur eindringen könnt, daß Euch ein brennendes Zündholz nicht nur die äußere Erscheinung ist, als die es beschrieben wird heute, sondern daß es Euch ist wirkender Wille. Denn wenn Ihr in dieser Weise Euer Gemüt gewissermaßen umgestalten könnt, richtig umgestalten, dann werdet Ihr ja finden, daß Eure Seele ganz anders empfinden lernt, ganz anders sich stellen lernt zu der Umgebung, in der Ihr seid. Dann wird nicht nur ein solches Erleben auftreten, wie man es erreicht, indem man in der Wirklichkeit erlebt. Ihr werdet Euch mit Eurem eigenen wirkenden Willen verbunden fühlen mit dem, was Feuer ist. Ihr werdet Euch einleben von Euerem Menschen aus in die Welt, und werdet das Feuer tatsächlich viel feiner empfinden können als zuvor, weil die Verwandtschaft auftritt zu Euerem eigenen Willen. Wo Feuer auftritt, empfindet Ihr diese Verwandtschaft. Ihr müßt lernen: ich bin ja in diesem Feuer drinnen, denn das ist wirkender Wille, es gehört zu mir wie mein Finger.

Luft werdet Ihr in Euerer Wesenheit nur erleben, wenn Ihr sie erlebt als Mut. Überall wo Wind auftritt, wehender Wind in der Natur, werdet Ihr ihn in Euerer eigenen Seele als Mut empfinden. Also, was Ihr sehet in der äußeren Natur als Luft, das ist Mut. Mut ist Luft. Das sollt Ihr in Euerer Seele miterleben.

Wasser ist die äußere Erscheinung der Empfindung. Wo Empfindung auftritt, ist innerlich dasselbe tätig wie da, wo äußerlich Wasser auftritt. Wasser ist Empfindung.

Und wo Erde ist, feste Erde, das Feste ist dasselbe wie der Gedanke. Im Gedanken erfriert ja das Leben.

Könnt Ihr meditativ diese vier Gedanken erfassen, könnt Ihr lernen denken: Feuer ist wirkender Wille, könnt Ihr die äußere Erscheinung des Feuers nehmen als Offenbarung des wirkenden Willens, könnt Ihr entgegentreten dem Feuer so, daß Ihr darin ebenso wirkenden Willen seht, wie Ihr in einer Menschengestalt Geist und Seele sehet, könnt Ihr empfinden, daß die äußere Gestalt des Feuers Maja ist, könnt Ihr im wehenden Winde, in den Wolken empfinden, daß sie die Erscheinungen sind, die den Mut offenbaren, könnt Ihr dem Wasser so entgegentreten, daß es die überall in der Welt auftretende Empfindung ist, könnt Ihr der Erde so entgegentreten, daß Ihr in der Erde überall etwas seht, was gleich ist Eueren Gedanken, dann werdet Ihr den Weg finden, auch in Euch selber das zu erkennen, wovon wir in den acht Tagen sprechen können, daß der organische Prozeß, der in Euch auftritt als Erdenbildung, die vom Haupte ausgehend sich nach unten erstreckt, daß dieser organische Prozeß eine fortwährende Erdenbildung ist, die Verbindung eines Substantiellen der Erdenbildung, die schwer ist und, daß diese das Wesen des Gedankens ist.

Geht Ihr über zu dem, was das Wesen der Atmung ist, fühlt Ihr, wie in der Atmung das Luftförmige des Menschen in der Zirkulationsströmung ist, dann werdet Ihr alles dasjenige, was im Menschen Aktivität ist, was den Menschen hinleitet in die Außenwelt, um sich in der Außenwelt geltend zu machen, das werdet Ihr erkennen in dem Luftförmigen, in der Aktion des Luftförmigen im Menschen. Und Ihr werdet aus mancherlei Erscheinungen der Natur zu lernen suchen dasjenige, was mit der Luft im Menschen selber vor sich geht.

Und Ihr werdet erkennen, wie alles, was im Wäßrigen spielt, was der Wasserorganismus des Menschen, der flüssige Organismus des Menschen ist mit seinen inneren Beweglichkeiten, dasjenige ist, worin die Empfindung lebt, jene Empfindung, die zentrifugal–zentripetal verläuft. Dasjenige, was die Bewegung der Luft ist, werdet Ihr erkennen, wenn Ihr sozusagen halb eine kreisende Bewegung habt, eine Bewegung von oben nach unten. Ihr werdet erkennen, daß das, was im Flüssigen lebt, als zentripetale und zentrifugale Bewegung im Menschen steckt und versucht, überall das Gleichgewicht zu halten. Ihr werdet lernen aus der Beobachtung desjenigen, was die Natur draußen tut, den Übergang zu dem, was mit diesen Elementen im Menschen geschieht. Aber die Grundbedingung ist die, daß wir nicht stehenbleiben bei einer gewöhnlichen Beobachtung, denn jede gewöhnliche Beobachtung macht uns selber zu Erde, vertrocknet und macht uns fest, wir verlieren in ihr die Beweglichkeit.

Vieles habt Ihr in dem, was ich heute skizziert habe, es sind überall Zwischenglieder ausgelassen. Aber ich kann Euch nicht alle Einzelheiten geben, das würde zu lange dauern. Ich kann Euch nur Anregungen geben. Ihr werdet daraus entnehmen können, daß die ganze Art und Weise, das Studium zu betreiben, eine andere werden muß. Nun sehet Ihr denn, daß das, was ich hier anrege, in Euch wirklich fruchtbar werden kann. Dazu ist notwendig, daß Ihr Euch einen großen Teil der Fragen, die Ihr aus schwerem Herzen gestellt habt, und die ich aus schwerem Herzen gelesen habe, weil sie so tief hinweisen auf das, was der Zeit not tut, daß Ihr einen Teil der Fragen beantwortet dadurch, daß Ihr in dauernder Verbindung mit dem Goetheanum bleibt. Dadurch werdet Ihr, wo immer Ihr Euere medizinischen Studien belegt, eine fortdauernde Befruchtung Eurer Medizinstudien erleben können. Nun ist dazu natürlich notwendig, daß Ihr wirklich das Gefühl habt, es müsse ernsthaft gestrebt und gelernt werden. Es muß ernsthaftig gearbeitet werden. Und Ihr müßt das zweite Gefühl haben, das muß ganz aufrichtig und ehrlich aus Euch selbst kommen, zu dem müßt Ihr Euch entweder entschließen oder nicht entschließen können, Ihr müßt das Gefühl haben: von Dornach aus muß in nächster Zeit die Befruchtung des medizinischen Studiums gehen. Und in Dornach wird die Befruchtung des medizinischen Studiums in der Weise getrieben werden, wie sie heute sein muß, so daß man wirklich in der Medizin den Weg wählen muß, der gegangen werden muß.

Dann wird auf der einen Seite die Frage des Karma stehen. Denn selbstverständlich muß jeder, der heilen will, gerade ein intimes Verhältnis zu dem Karma in der Welt haben. Nun, davon werde ich noch weiter sprechen in den nächsten Stunden. Man kann nicht gegen das Karma heilen. Man kann nur heilen im Sinne des Karma. Aber das Karma ist nicht so, daß man trivial sagen kann: Wenn einer krank ist, soll er krank bleiben, das ist sein Karma, und wenn er wieder gesundet, gibt ihm sein Karma die Gesundung. – So darf nicht geurteilt werden. Wie gerade Karma im menschlichen Leben wirkt, diese Frage bedarf wirklich gründlicher kosmischer Vertiefung. Diese Dinge werden von Dornach aus für den, der sie sucht, besorgt werden.

Ich habe schon gesagt, daß wirklich aus esoterischen Quellen heraus in Zukunft die Impulse gegeben werden. Denn es ist schon notwendig, daß die Dinge berücksichtigt werden, die einfach als Realitäten da sind, und mit denen eben stark gerechnet worden ist bei der Weihnachtstagung, in der Begründung der Allgemeinen Anthroposophischen Gesellschaft. Und das ist für das Gebiet des Medizinischen dieses: es handelt sich darum, nicht wahr, daß in einem noch viel tieferen Sinne als ich gestern gesagt habe, ich in bezug auf die Heilmittel keine Angst habe, wenn andere sie nachbilden. Wenn man nur in Zukunft richtig versteht, daß in einem noch viel tieferen Sinne das medizinische esoterische Studium im Zusammenhange mit Dornach betrieben werden sollte. Dazu wird notwendig sein, daß das medizinische Studium eigentlich ebenso wie die andern Zweige des Dornacher geistigen Lebens getrieben wird in der Zukunft. Sehet Ihr, es war immer so im Leben der Anthroposophischen Gesellschaft, daß von all den Persönlichkeiten, die in der Anthroposophischen Gesellschaft haben Esoteriker werden wollen, die Bedingungen des esoterischen Lebens, einfach die innerlichen Bedingungen des esoterischen Lebens nicht gründlich genug beachtet worden sind. Und so haben wir es innerhalb der anthroposophischen Bewegung eigentlich nur auf zwei Gebieten im Laufe der Jahre zu dem bringen können, was notwendig ist: nämlich auf dem Gebiete der allgemeinen Anthroposophie und auf dem Gebiete der eurythmischen und der Redekunst. Aber dasjenige, was auf diesen Gebieten als innere Betätigung, als selbständige innere Betätigung sich herausgebildet hat, das muß sich für alle Sektionen, die nun eingerichtet werden sollen, wirklich herausbilden. Und dazu ist notwendig, daß man sich den Bedingungen, die von hier aus geschaffen werden, auch wirklich vertrauensvoll unterwirft. Zu diesen Bedingungen gehört diese, daß ich alle diejenigen Dinge, die auf medizinischem Felde liegen, zunächst werde zu besorgen haben im Verein mit Frau Dr. *Wegman*, die sich im Verlauf der ganzen anthroposophischen Bewegung für die Medizin vorbereitet hat, und nun so darinnensteht in dieser medizinischen Strömung, daß sie diese medizinische Strömung mit mir zusammen wird zu leiten haben. Und so wird nur derjenige, der sich im Vertrauen an Frau Dr. Wegman anschließt, seinen Weg von Dornach aus finden können. Daher wird in nächster Zeit die Einrichtung getroffen werden müssen, daß diejenigen, die in nächster Zeit in dauernder Verbindung bleiben wollen mit der Sektion, für das Wiederbeleben der Medizin, sich – in der Form, über die noch weiter gesprochen werden kann – mit ihrem Anliegen an Frau Dr. Wegman, in vollständigem, restlosem Vertrauen wenden. Wir werden periodenweise, etwa von Monat zu Monat, in einem Rundbrief die entsprechenden Fragen für diejenigen beantworten, die sich am Ende dieses Kurses sozusagen dadurch als Schüler ergeben haben vom Dornacher Goetheanum. So wird es in dieser und so auch in andern Sektionen sein. Diese Rundbriefe werden antworten auf die Fragen, die der einzelne stellt, und alle diejenigen, die an der entsprechenden Sektion teilnehmen, werden die Antworten empfangen. Aber ohne innerliches Vertrauen wird es nicht gehen. Dadurch wird ein reales Verhältnis geschaffen, und Ihr werdet alle Eure menschlichen medizinischen Bedürfnisse auch für die nächste Zukunft befriedigt haben. Die Sache soll zunächst so eingerichtet werden, bis wir zu weiteren Einrichtungen schreiten können, daß in dieser Weise ein Zusammenhang geschaffen wird.

Der große Fehler, der bisher im esoterischen Leben geschehen ist, ist der, daß in einer übertriebenen Unbescheidenheit die Personen meinten, von mir immer ihre esoterischen Übungen haben zu sollen. Mit mir wollen alle zu tun haben, mit andern nicht. Daran scheiterte die Esoterik bis jetzt! Es ist nur möglich aus innerer okkulter Grundlage heraus, daß dasjenige, was im Quell der Esoterik lebt, durch die geeigneten Persönlichkeiten weitergeleitet werde. Diese Durchleitung zunächst durch die dazu vom Schicksal bestimmten Persönlichkeiten gehört zur Esoterik dazu. Das ist abgelehnt worden, indem die Leute unbescheiden waren. Wenn nicht das eintritt, kommen wir natürlich auch unter der neubegründeten Anthroposophischen Gesellschaft nicht weiter. Es muß eintreten.

Das ist dasjenige, was ich zunächst skizziert habe. Ich werde noch weiter ausführen dasjenige, was nun die fortwirkende Esoterik sein muß. Ich wollte dies nur vor Euch hinstellen, und dann morgen in der esoterischen Betrachtung weiterfahren. Dann möchte ich wirklich auf den größten Teil der Fragen antworten, die gestellt worden sind, und die immer darauf hinauslaufen: Wie finde ich eine Schulung, die von Dornach ausgeht? – Ihr könnt sie finden, aber Ihr müßt Vertrauen haben. Das ist nicht Autoritätsglaube, sondern sinnvolles Bauen auf einem Grunde, einem inneren Grunde, Hinnehmen der Bedingungen, die vom Schicksal einmal geschaffen sind. Nun, soviel für heute, morgen weiter. Auf einzelne Fragen gehe ich schon noch ein, insofern die Beantwortung in dieser Weise angenommen werden muß.

Feuer – wirkender Wille
Luft – Mut
Wasser – Empfindung
Erde – Gedanke

SECHSTER VORTRAG

Dornach, 7. Januar 1924

Meine lieben Freunde!
Aus Gründen, die ich jetzt nicht erörtern will, werde ich die mehr esoterisch geartete Stunde, die ich heute halten wollte, Ihnen am Ende dieses Kursus halten.

Ich möchte heute zu Ihnen von etwas anderem reden. Wenn man sich erinnert an dasjenige, was gestern gesagt worden ist, wird man vielleicht etwas erstaunt sein können darüber, daß man zu sehen hat hinter den Erscheinungen des Festen, Erdigen Gedankenhaftes, daß man zum Beispiel hinter dem Luftartigen Mut zu sehen hat, wenn man an die Realitäten herankommen will. Nun ist es tatsächlich auch von einer gewissen, ich möchte sagen, medizinisch-geschichtlichen Bedeutung, daß man in gehöriger Weise seine Aufmerksamkeit darauf hinrichtet, wie gerade mit dem Festen, Erdigen, also mit demjenigen, was in Konturen vor unserer Wahrnehmung steht, wie mit dem Festen, Erdigen der Gedanke zu verbinden ist, Gedankenhaftes zu verbinden ist. Denn dadurch kommt man unmittelbar darauf, sich zu sagen: mit dem Flüssigen, also auch mit dem, was als Säftezirkulation oder sonstige Zirkulation im menschlichen Organismus vorhanden ist, ist nicht der Gedanke zu verknüpfen, ist nicht der Gedanke als Kraft dahinter zu sehen. Ebensowenig im Luftartigen, ebensowenig im Wärmeartigen. Wie man es mit dem Luft- und Wärmemäßigen zu halten hat im Kosmos, haben wir ja gesehen. Aber im Menschen ist alles, alles wiederum in einer speziellen Art vorhanden. Im Menschen ist es so, daß wirklich nur dasjenige, was in Konturen auftritt, was also auch, wenn es weich ist, sagen wir grob oder trivial, dennoch durch seine Konturiertheit den Charakter des Festen hat, daß nur das eigentlich eingehen kann in den Gedanken. Und daß das Flüssige, von dem wir gesprochen haben so, daß man zunächst, wenn man einfach dem gewöhnlichen physischen Plan gegenübersteht, und man Geistiges hinter ihm erfassen will, sich klarzuwerden hat, daß man zu sehen hat hinter dem Flüssigen Empfindungsgemäßes.

So muß man das Empfindungsgemäße im menschlichen Organismus noch besonders sehen. Denn im Gewöhnlichen wirkt, wenn man von Empfindungsgemäßem spricht, die subjektive Empfindung, die der Mensch durch seine seelisch-leibliche Konstitution hat. Aber im Menschen ist ja die Empfindung nicht nur dasjenige, was man unmittelbar erlebt, sondern im Menschen ist die Empfindung aufbauend, und indem der Flüssigkeitsleib als Gestaltung des allgemeinen kosmischen Flüssigen schon als sein Wesen das Empfindungsgemäße enthält, muß man sich doch klar darüber sein, daß dieses, was im Flüssigkeitsleib wirksam ist, dieses ätherische Impulsive, auch erfaßt werden muß durch die Erkenntnis, daß es aber nicht erfaßt werden kann durch die Erkenntnis so, wie man irgend etwas außer dem Menschen erfaßt, weil im menschlichen Organismus eben alles, was uns als Substanzen oder Vorgänge entgegentritt, gegenüber der Umgebung des Menschen anders wird. Und so handelt es sich darum, zu erkennen, daß in dem Augenblick, wo der Flüssigkeitsorganismus beginnt, wo man es mit einem Teil der menschlichen Organisation zu tun hat, die in flüssiger Zirkulation ist, wenn auch in den Weg dieser Zirkulation Gefäßorgane oder irgend etwas eingegliedert ist – alle Erkenntniskräfte, die für das gelten, was außer dem Menschen in der physischen Welt ist, nicht mehr taugen, um die Sache zu erkennen.

Deshalb, sehen Sie, ist es gekommen, daß als letztes Glied der menschlichen Organisation die Medizin den Flüssigkeitsmenschen verloren hat. Man kann geradezu sagen, bis in die Mitte der vierziger Jahre des 19. Jahrhunderts herein hatte man wenigstens noch eine Ahnung in der Medizin von dem Flüssigkeitsmenschen. Man redete von den Humores, von der Säftezirkulation, von der Säftemischung und -entmischung. Nicht nur hatte man eine Zellularphysiologie und -pathologie, sondern man hatte wirklich eine Anschauung über Säftemischung und -entmischung. Nur war im 19. Jahrhundert das alles natürlich Tradition. Aber diese Tradition führte noch zurück in Zeiten, die vor dem 16., dem 15. Jahrhundert liegen, in denen man nicht nur Tradition, sondern auch noch Erkenntnis hatte, Erkenntnis von der Art, wie wir sie heute in der Anthroposophie erringen, wiedererringen sollen in der Imagination. Die damalige Zeit hatte einen imaginativen Charakter, aber es waren instinktive Imaginationen. Und man wußte: man kann einfach den menschlichen Organismus nicht nur durch bloßes sinnliches Anschauen und Nachdenken erkennen – Gedanken und sinnliches Anschauen ergeben nur die fest konturierten Partien des Organismus –, alles was in Säftezirkulation, im flüssigen Menschen ist, das muß durch die Imagination erkannt werden. Es ist daher gar nicht zu verwundern, daß die Anschauung dieses flüssigen Menschen verlorengegangen ist, denn die alte instinktive Imagination ist verlorengegangen. Diese Anschauung wird erst wieder da sein, wenn wieder in vollbewußter Weise Imaginationen errungen sein werden. Umfassen wir das einmal, wovon wir gesprochen haben, und was da für die Erkenntnis in Aussicht stehen muß.

Sehen Sie, indem sich das Knochenskelett aufbaut aus der Gesamtheit des menschlichen Organismus heraus, ich möchte sagen, indem der Mensch in das Skelett hinein – es ist kein guter Ausdruck, den ich gebrauchen werde, aber Sie werden ihn verstehen –, indem der Mensch in das Skelett hineinkristallisierte, woben Weltgedanken an ihm. Und die streng begrenzten Organe sind auch nur streng begrenzt, indem sie – wir werden ihre eigentlichen Kräfte gleich kennenlernen – denselben Kräften unterworfen werden, denen der Knochenaufbau unterworfen wird. So daß man sagen kann: nur der Knochenaufbau ist gedankenhaft im physischen Sinne, und die andern Organe, die feste Grenzen haben, sind gedankenhaft aufgebaut aus dem Ätherischen heraus. Aber sie sind, indem sie feste Konturen haben, gedankenhaft aufgebaut, und das, was Sie heute von der Physiologie und Pathologie haben in bezug auf das Gestaltmäßige des menschlichen Organismus, das ist dem Gedankenhaften unterworfen. Aber das ist ja nur ein Glied der menschlichen Organisation, und es muß herausfallen aus der menschlichen Organisation, wenn man nicht hinaufsteigt zur Imagination. Die Imagination leitet dann hinauf zum Flüssigkeitsmenschen, und zu der Art, wie aus der Flüssigkeit der Muskel gebildet wird und der Mensch in den Muskel schießt. Diese eigentümliche Zusammenfügung des fest scheinenden Muskels, der nur fest scheint, und des Blutes, da schon kommt man von dem Knochenmäßigen in das Blutartige, da muß man, um den Menschen zu erkennen, die Imagination anwenden. So daß man also sagen kann: der Gedanke, der natürlich unterstützt ist von der sinnlichen Anschauung, gelangt eigentlich nur an das Knochensystem heran, und alles übrige, was gesagt werden kann über den Menschen durch den Gedanken außer dem Knochensystem, ist Phantasie. Man muß aufsteigen vom Denken zur Imagination. Und wenn man zu der Imagination aufsteigt, kommt man zum Flüssigkeitsmenschen, und dazu, wie der Flüssigkeitsmensch eigentlich schießt in das Muskelsystem. Und Muskeln zu begreifen in ihrer Wesenhaftigkeit, ist nur möglich der Imagination. Warum?

Ja, sehen Sie, wenn Sie Gedanken anwenden, so müssen Sie auch die Gesetzmäßigkeiten anwenden, auf die der Gedanke kommt, das ist die mechanische Gesetzmäßigkeit. Sie müssen Statik und Dynamik anwenden. Das können Sie nur beim Knochensystem. Aber wenden Sie einmal an Statik und Dynamik beim Muskelsystem, versuchen Sie aus irgendeiner Statik heraus zu rechnen, warum Sie einen Kirschkern zu verbeißen vermögen oder gar einen Pfirsichkern. Versuchen Sie das zu errechnen. Versuchen Sie einmal das Experiment anzustellen, wieviel Gewichtsdruck dazu notwendig ist einfach, indem man ein Gewicht auf einen Kirschenstein aufstellt, diesen Kirschenstein zu zerdrücken. Sie zerbeißen ihn, vielleicht nicht alle von uns, aber es gibt manche, die auch Pfirsichkerne zerbeißen können. Rechnen Sie aus, ob nach mechanischen Gesetzen herauskommt, daß ein Muskel das leisten kann, Kirschkerne zu zerdrücken. Sie kommen mit dem, was der Gedanke gibt, niemals an das Muskelsystem heran. Sie können nicht. Mechanik wird in dem Augenblick, wo man an den Muskel herankommt, zum Unsinn, und man muß zu einer Erkenntnis jetzt übergehen können, welche auch hinter sich läßt die mechanischen Gesetze, welche also auffaßt das ganze Muskelbild durch Imagination, worin die gewöhnliche Schwere gar nicht ist. Denn in dem Augenblicke, wo Sie ins Flüssige hineinkommen, haben Sie es ja mit lauter Auftrieben zu tun, und Sie verrichten die Dinge, die Sie verrichten mit Ihrem Ätherleib, gar nicht mit den Gewichtsverhältnissen, sondern mit dem, was die Gewichtsverhältnisse zum großen Teil überwindet. So daß Sie schon aus diesem begreifen werden: in dem Augenblicke, wo man an das Muskelsystem herankommt, muß man eine ganz andere Erkenntnisart anwenden, das ist die Imagination. So daß man also sagen kann – nur repräsentativ, es sind überall Übergänge –, daß durch die Imagination begriffen wird das Muskelsystem. Und niemand begreift überhaupt das Muskelsystem, der es nicht gewissermaßen auffaßt als das nun nicht auf demselben Wege wie das Knochensystem entstandene Bild, das gewissermaßen durch Gerinnung des Blutes sich gebildet hat. Es ist natürlich ein ebensowenig geschickter Ausdruck, als wenn ich sage: ins Knochensystem kristallisiert, aber vergleichsweise ist es doch richtig. Nun bedenken Sie, wenn Sie irgendeinen Knochen haben, etwa die Elle oder Speiche oder den Oberarm, und Sie wenden darauf die Hebelgesetze an: ja, die Knochen lassen sich das in aller Geduld gefallen. Aber betrachten Sie, währenddem Sie ganz gut mit den Hebel- und andern mechanischen Gesetzen dasjenige verstehen können, was mit der Speiche oder dem Oberarm vor sich geht, bedenken Sie, ob Sie auch werden verstehen können, was mit irgendeinem Muskel vor sich geht. Da müssen die Bilder eine weiche Struktur annehmen, müssen sich verwandeln. Das ist gerade das Wesen der Imagination, daß sie überall nachgeben kann, und daß sie das umfaßt, was durch seine Metamorphose seine Substanz bedeutet. Das hat der Muskel, der Muskel lebt in seiner Metamorphose. Der Knochen läßt sich geduldig die mechanischen Gesetze gefallen, der Muskel nicht. Er ist ebenso beweglich wie die metamorphosischen Bilder – Bilder, nicht Gedanken –, die wir in der Imagination haben, um ihnen zu folgen im innerlich Beweglichen. Und sehen Sie, damit stehen wir beim festen Menschen im Knochensystem, beim festen, erdigen Menschen. Wir stehen beim Muskelsystem beim flüssigen Menschen, wäßrigen Menschen.

Wenn wir nun aufsteigen von der Imagination zur Inspiration, dann kommen wir nun schon an den luftförmigen Menschen, an dasjenige, was im Menschen luftförmig ist. Und wir kommen, indem wir an die Inspiration herankommen, an eine Auffassungsweise, die sehr ähnlich ist dem Hören musikalischer Töne, Harmonien, Melodien, sehr ähnlich ist dem musikalischen Hören. Die Inspiration hat nichts mehr mit etwas Begriffsmäßigem zu tun, sondern mit etwas, was auch in der Auffassung eine Art Musikalisches ist. Das Musikalische muß nicht immer gehört werden, es kann auch, indem es geistig ist, empfunden werden. Aber im Grunde genommen hat alle Inspiration etwas Musikalisches. Nun ist das Eigentümliche hier vorhanden, daß die Form der menschlichen inneren Organe, derjenigen Organe, die eigentlich die werdende Organisation während des Lebens besorgen in der Ernährung, in der Atmung und so weiter, also die Organe, die dem zugrunde liegen, daß alle diese Organformen nicht erklärbar sind etwa aus irgendwelchen mechanischen Gesetzen. Aber nicht einmal imaginativ sind sie zu erklären. Es ist einfach ein Unding, ein Nonsens, wenn man die Form des Lungenorganes, des Leberorganes etwa nur erklären wollte aus Lageverhältnissen, wie da die Zellen liegen, oder aus Gewichtsverhältnissen. Versuchen Sie darüber nachzuforschen, ob das schon irgend jemandem gelungen ist, die Leber- oder Lungenform als Form zu erklären. Es ist niemandem gelungen. Denn diese Organe, die das werdende Leben während des Erdendaseins versorgen, die sind in ihren Anlagen trotzdem sehr früh vorhanden, wenn auch sehr stark metamorphosiert. Alle kommen sie heraus aus den Gestaltungskräften des Luftförmigen. Der heutige wissenschaftliche Mensch sagt: Luft ist Sauerstoff, Stickstoff, einiges andere ist darin, und das ist so eine mehr oder weniger gleichmäßige, nur durch innere mechanische Bewegung, die im Winde sich darstellt, differenzierte luftförmige Substanz. Aber solche Luft, wie sie heute der Physiker beschreibt, die gibt es nicht. Sondern es gibt nur die konkrete Luft, die unsere Erde umgibt. Aber, meine lieben Freunde, die Luft, die unsere Erde umgibt, die ist überall durchdrungen von lauter Gestaltungskräften. Diese Gestaltungskräfte atmen wir mit der physischen Substanz der Luft ein. Wenn unsere Organe fertig sind, wenn wir eine fertige Lunge haben, dann geschieht das, daß die Gestaltungskräfte, die wir da einatmen mit der Substanz der Luft, sozusagen zusammenfallen mit der Form der Lunge, daß sie dann, wenn wir geboren sind, keine große Bedeutung mehr haben, nur zum Wachstum. Aber während der Embryonalzeit, während der physischen Absonderung von der Außenluft, da wirken zuerst durch den mütterlichen Leib die Gestaltungskräfte der Luft. Die bauen die Lunge auf, wie alle Organe des Menschen daraus auferbaut werden, mit Ausnahme der Muskeln und der Knochen. Alle inneren Organe, die das werdende Leben erhalten, sind auferbaut aus den gestaltenden Kräften der Luft. Was da geschieht, kann man vergleichen, aber es ist ein grober Vergleich, mit der Entstehung der Chladnischen Klangfiguren. Also Platten, die mit Staub belegt sind, werden an einem Punkt befestigt, mit dem Violinbogen in bestimmter Weise gestrichen, dann gestaltet sich dieser Staub in gewisse Formen, je nachdem man den Bogen ansetzt. Da werden aus den Gestaltungskräften, die man in der Luft hervorruft, die Staubfiguren gebildet. So werden aus den allgemeinen Gestaltungskräften der Luft die inneren Organe des Menschen gebildet. Die sind herausgebildet aus den Gestaltungskräften der Luft. Die Lunge ist tatsächlich aus den Atmungskräften gebildet, aber ebenso die andern Organe. Nur sind es die andern Organe mehr oder weniger auf Umwegen, während die Lunge direkt gebildet ist. Aber dies, was da vorliegt, daß die Organe des Menschen herausgebildet werden aus den sich gestaltenden Schwingungen der Luft, das ist nur durch Inspiration zu begreifen. Das, was sich herausgestaltet aus dem Luftförmigen, eben Geformtes, das ist in der Auffassung gleich dem Musikalischen, wie den Klangfiguren auch ein Musikalisches zugrunde liegt.

Es ist so vieles grundfalsch, was in unserer heutigen Physiologie vorhanden ist, daß man sich manchmal geniert, das Richtige zu sagen, wenn es sich so grotesk unterscheidet von dem, was man behauptet. Wenn der Mensch hört, so sind alle seine Organe in Mitschwingung mit den Schwingungen der Luft, nicht etwa nur die inneren Hörorgane. Der ganze Mensch schwingt mit, wenn auch leise, und das Ohr ist nicht deshalb Hörorgan, weil es schwingt, sondern weil es das, was im übrigen Organismus ist, durch seine innere Organisation zum Bewußtsein bringt. Es ist das ein großer, aber auch ein feiner Unterschied, ob man sagt, der Mensch hört durch das Ohr, oder der Mensch bringt sich durch das Ohr das Gehörte zum Bewußtsein. Denn der Mensch ist aus dem Ton heraus, wenn auch nicht aus dem gehörten Tone, auferbaut, so daß man sagen muß: die Inspiration ergreift die menschlichen Innenorgane. Die Organisation der menschlichen Innenorgane, des luftförmigen Menschen, muß durch Inspiration erkannt werden. Sehen Sie, es ist gar kein Wunder, daß schon im grauen Altertum das eigentliche Begreifen der menschlichen Organe verlorengegangen ist, weil die Inspiration verlorengegangen ist, weil die Inspiration der einzige Weg ist, durch den man die inneren Organe verstehen kann; sonst kann man diese nur von der Leiche abzeichnen, aber verstehen kann man sie nicht.

Nun, so sehen Sie, daß eigentlich der ganze menschliche Organismus im Hintergrunde der physischen Welt lebt. Wenn wir reden in der Form, wie ich es getan habe in meinem Buche «Wie erlangt man Erkenntnisse der höheren Welten?», dann haben die Menschen immer die Vorstellung: hier ist die physische Welt, und dahinter ist die geistige Welt stufenweise. In die nächste geistige Welt kommt man durch Imagination, in eine weitere geistige Welt durch Inspiration, in eine weitere durch Intuition. Aber davon machen sich die Leute keine Vorstellung, daß von all dem, was im Menschen ist, nur das Knochensystem von den Elementargeistern aufgebaut wird, während das Muskelsystem aufgebaut wird von geistigen Wesenheiten einer höheren Hierarchie. Das muß man jetzt erkennen. Man muß mit der Imagination zu diesen Wesenheiten gehen können, wenn man das Muskelsystem ergreifen will. Ebenso muß man mit der Inspiration zu noch höheren geistigen Wesenheiten gehen, wenn man die inneren Organe begreifen will. Dadurch, daß Sie ein Skelett aufrichten, schauen Sie nur so aus, als wenn Sie den Formen angepaßt wären. Ein Skelett aber, seiner inneren Bildung nach, ist durchaus nur auf inspirativem Wege zu erforschen.

Das, was ich sagen will, das müssen Sie so ansehen: nicht wahr, eine Pflanze untersucht der heutige Naturdenker, Naturforscher, indem er dasjenige, was sich ihm darbietet, was er erreichen kann als Substantielles, analysiert, überhaupt nach den gewöhnlichen Methoden untersucht, die man heute hat. Aber sehen Sie, das ist ja gar nicht die Pflanze. Die Pflanze ist so aufgebaut, wie ich es gestern gesagt habe. Sie ist aus dem Kosmos heraus gebaut, und nur die Wurzel ist aus irdischen Kräften aufgebaut. Die ganze Form der Pflanze ist geistige Wirklichkeit, ist übersinnliche Wirklichkeit; nur ist das Übersinnliche ausgefüllt mit Materie. Und derjenige, der diese physische Materie bloß untersucht bei der Pflanze, ja der gleicht einem Menschen, der eine Schrift vor sich hat, die naß ist, die er mit Streusand bedeckt hat, und dann glaubt, daß der Streusand das Wesentliche an der Schrift sei. Man geht heute so vor, indem man die Pflanze untersucht, wie der vorgeht, der eine Schrift vor sich hat, sie als noch zu feucht mit Streusand bedeckt. Der Streusand ist überall drauf, den kratzt er ab und sagt: Ich untersuche den Streusand, ich lese das, was geschrieben steht, aus dem Streusand ab. – So ungefähr will man eine Wurzel erklären, während sie in Wirklichkeit ein geistiges Wesen ist, das nur ausgefüllt ist innerhalb seines Raumes mit physischer Substanz. Und so ist es, daß auch die menschlichen Organsysteme nur mit physischen Substanzen ausgefüllt sind. In Wirklichkeit ist physisch nur das Knochensystem, ätherisch das Muskelsystem, astralisch das Organsystem.

Und steigen wir auf zur wahren Intuition, dann kommen wir zum Wärmemenschen, zu der Organisation, die innerlich differenzierter Wärmeraum ist. Ich habe nun das gesagt, daß man in der Wärme ja wirklich drinnen sich erlebt, daß man nicht ebenso wie dem Kohlenstoff, dem Stickstoff, der Wärme gegenübersteht, sondern die Wärme ist da, die Wärme ist in einem, und man ist in der Wärme, indem man Wärme erlebt. Sie ist gerade dasjenige, was am intensivsten erlebt wird. Deshalb kann der heutige Mensch nicht leugnen, daß er Wärme erlebt, während er keine Ahnung davon hat, daß er Luft, Wasser, Erde erlebt. Er hat keine Ahnung davon, weil er da herausgewachsen ist. Aber das Erleben der Wärme ist eben unmittelbar die Anwendung der Intuition auf den menschlichen Organismus, nur muß man jetzt nicht bloß im Groben, wie man das für den Tagesgebrauch nötig hat, sondern in Differenzierung die Wärme erleben, die sehr fein ausdifferenziert ist in den Formen der Organe selber. Wenn man durch Intuition diesen Wärmeorganismus durch den ganzen Körper betrachten kann, kommt man durch diese Erkenntnisart zum Verstehen, nun nicht der inneren Organe, sondern der Tätigkeit der inneren Organe. Die ganze Tätigkeit der inneren Organe muß begriffen werden durch Verstehen der Organisation im Wärmeäther. Alles übrige ist durchaus ungeeignet, ein Verständnis der Tätigkeit der Organe zu bringen. Die Anschauung, die intuitive Anschauung der Tätigkeit des Wärmeäthers, also der Wärmemensch, der ist es, der durch Intuition erkannt werden muß. Das heißt mit andern Worten, es genügt nicht, daß man bloß die Meinung habe, da ist physische Welt, man eignet sich Imagination, Inspiration, Intuition an, um in andere Welten zu kommen. Die andern Welten sind da.

Die ätherische Welt ist da, dadurch daß der Mensch ein Muskelsystem hat, die astralische Welt ist da, dadurch daß der Mensch ein Organsystem hat, und die devachanische Welt, die Geisteswelt ist da dadurch, daß der Wärmemensch da ist. Das Geistige geht fortwährend unter uns herum. Es ist da. Der Mensch ist ja ein Geist, er ist nur angefüllt mit physischer Substanz, dieser Geist. Daher geben wir uns der Illusion hin, daß der Mensch ein physisches Wesen ist. Der Mensch ist sogar Geist in sich, der durch seine Wärmeorganisation sogar hinaufreicht in die höchste Welt, die noch erreicht werden kann. Daher ist es so komisch, wenn Spiritisten zu acht bis zehn um einen Tisch sitzen und Geister anrufen, die viel, viel untergeordneter sind, als die acht bis zehn, die um den Tisch herumsitzen, die nur nichts wissen davon, daß sie Geist sind. Das ist dasjenige, was man sich tief, tief, meine lieben Freunde, ins Gemüt führen muß, dann kann man aufsteigen.

Sehen Sie: hat man durch Intuition die Tätigkeit, diese wunderbare Tätigkeit innerhalb der gesamten menschlichen Organisation von Organ zu Organ ergriffen, was sich alles abspielt im Wärmeäther, so kommt man eigentlich zu zwei Wärmearten. Nämlich der Wärmeäther ist ein ganz besonderes Element. Wenn Sie irgendeinen Vorgang haben, der im Wärmeäther eine Veränderung hervorruft, so entsteht immer eine Gegenwirkung. Wärmeströmungen sind eigentlich immer so, daß sie einander entgegenströmen, Aktion und Reaktion. Der Wärmeäther ist in sich selber differenziert. Es ist immer eine gröbere Äthersubstanz da, der eine feinere Äthersubstanz entgegensteht. Dadurch aber nur ist es möglich, daß solche Erscheinungen auftreten, die wir uns zunächst an einer groben Erscheinung klarmachen können. Denken Sie sich, Sie seien zunächst in einem wohltemperierten Zimmer, das schön warm ist; es ist angenehm. Sie machen es heißer, so sehr, daß Sie es nicht mehr aushalten können. Das ist nicht bloß ein physischer Zustand, das ist auch ein seelischer Zustand. Die eine Wärme, die feinere Wärme, die erlebt insbesondere die Seele. Wir erleben eigentlich die Wärme immer zweifach: die Wärme, die wir seelisch erleben, und die Wärme, in der wir leben, die außerhalb unserer Seele ist; die Wärme, die in unserem Wärmeorganismus ist, und die Wärme, die draußen ist. Wir können sagen, es gibt eine physische Wärme und eine seelische Wärme.

Gehen wir aber zu den inneren Organen, zum luftförmigen Menschen, der durch Inspiration erkannt wird, da haben wir das Luftförmige in seiner Hauptgestalt zunächst. Aber in diesem Luftförmigen wirkt – nicht wie die feinere Wärme in der Wärme selber noch wirkt –, in der Luftgestaltung wirkt das Licht, so daß Sie sagen können: für die Intuition wird Wärme in Wärme klar, es bleibt Wärme noch Wärme, indem sie in ihrem eigenen Element sich differenziert. Aber so ist es nicht bei der Luft. Die wirkliche Luft ist nicht die phantastische Luft der Physiker, die unsere Erde umgibt wie eine andere Haut; die gibt es nicht. Die wirkliche Luft ist ohne irgendeinen Lichtzustand – denn Finsternis ist auch ein Lichtzustand – nicht denkbar. So daß Luft und Licht eine zusammengehörige Differenzierung sind, daß also in allem Luftorganismus Licht mitorganisierend ist. Jetzt kommen Sie noch mehr ins Seelische hinein. Es gibt nicht nur äußeres Licht, sondern auch metamorphosiertes inneres Licht, das den ganzen Menschen durchdringt, das in ihm lebt. Mit der Luft lebt das Licht in ihm.

Und ebenso lebt mit dem Wasser, mit dem flüssigen Element, der Chemismus in Ihnen. Da leben die chemischen Kräfte. Wasser als physisches Wasser vorgestellt, also das Wasser der Physiker, ist Phantasterei. In dem Augenblick, wo Wasser irgendwo organisierend auftritt, tritt es nicht auf ohne den Chemismus. Das Flüssige im Menschen sich ohne den Chemismus vorstellen, heißt ebenso viel, wie einen menschlichen Organismus ohne Kopf sich vorstellen. Man kann es sogar zeichnen, kann sogar alles Seelische eliminieren, aber es ist keine Realität mehr da. Schneiden Sie von Ihrem Körper den Kopf ab, so kann er nicht mehr leben; er bleibt kein Organismus. Ebenso ist das Flüssige im Menschen nicht dasjenige, was der Physiker phantastisch als Wasser schildert, sondern wie der menschliche Organismus mit dem Kopfe durch und durch ein Ganzes bildet, so ist an dieses Flüssige der Chemismus, ist überall der Chemismus gebunden. Und das Feste oder Erdige im menschlichen Organismus, das ist überhaupt nur im Status nascendi vorhanden. Wie auch Wasser im Menschen nur so vorhanden ist; es verwandelt sich gleich.

Das Erdige ist im Menschen nur vorhanden, indem es zu gleicher Zeit gebunden ist an das Leben.

Physischer Leib	Ätherleib
Erdig	Leben
Wasser	Chemismus
Luft	Licht
Wärme	Wärme

Und jetzt sehen Sie, machen Sie hier einen – senkrechten – Strich, so haben Sie hier den physischen Leib, und hier den dazugehörigen Ätherleib. Aber die sind nun ein Ganzes, sind gewissermaßen nur eines, von zwei Seiten aus gesehen. Sie haben die Ätherzustände: Wärme, Licht, Chemismus, Leben, und haben die physischen Zustände: Wärme, Luft, Wasser, Erde. Nun, wenn wir abstrakt die Ätherzustände schilderten, sähen wir zunächst hin auf den Wärmeäther, wenn wir vom Flüssigen, Festen und so weiter ausgingen, als auf den niedersten Äther; der höchste Äther war der Lebensäther. Wenn wir aber den Menschen schildern, müssen wir so vorgehen, daß die Intuition den Wärmemenschen kennenlernt, die innere Tätigkeit der Organe. Indem wir zum Gröbsten hinuntersteigen, von der Wärme zum Erdigen im physischen Organismus, so steigen wir im Ätherleib von der Wärme in das Leben hinauf. Was heißt das? Denken Sie nur, was darin liegt: der Mensch kehrt eigentlich die Qualitäten des Menschen um. Er wendet den Wärmeäther nur auf den Wärmeorganismus, den Lichtäther auf den Luftorganismus, den chemischen Äther auf den flüssigen Organismus, den Lebensäther auf seine feste Organisation an. Wenn Sie nun so etwas wirklich erfassen, dann können Sie nicht so denken, wie man gewöhnlich denkt. Wenn Sie dabei stehenbleiben wollen, so zu denken, wie man gewöhnlich denkt, können Sie eigentlich nur den Knochenmenschen erfassen, den Erdenmenschen. Sie haben nötig, von dem gewöhnlichen Denken zu einem solchen Erfassen der Welt überzugehen, das Sie innerlich wirklich ergreift, wie ich schon einmal gesagt habe.

Und sehen Sie, damit hängt es dann zusammen, meine lieben Freunde, daß letzten Endes das Arztwissen schon eine gewisse Eigentümlichkeit hat. Nicht wahr, in den alten Mysterien, wo man überhaupt gewisse Einsichten hatte über die Behandlung des Menschen, war das Arztwissen ein hervorragendes Glied des Mysterienwesens. Überhaupt, die Ärzte sind in den Mysterien ausgebildet worden, und waren nicht bloß Ärzte, sondern auch zu gleicher Zeit Weise, die die religiösen Kulte versorgt haben. Da war es verhältnismäßig selbstverständlich, daß der Arzt sein Wissen wie überhaupt das Mysterienwissen, in einem gewissen Sinne sekretiert hat, geheimgehalten hat. Denn sehen Sie, wenn man etwas wissen will, so muß man ja dieses Wissen in Gedanken kleiden, sonst würde man im Unbestimmten schweben. Man muß also auch das Bildwissen in der Imagination, das geistig gehörte wie das intuitiv geschaute Wissen, in Gedanken kleiden. Nun, die Gedanken, sie sind wie die Gedanken der heutigen Anthroposophie so, daß die Leute sagen, man spreche sich in schlechtem Stil aus. – Das war den Leuten klar: man muß das medizinische Wissen in Gedanken verwandeln. Dadurch, daß man das medizinische Wissen in Gedanken verwandelt, dadurch nimmt man ihm, wenn es therapeutisches Wissen wird, etwas von seiner Wirksamkeit. Damit berühre ich etwas, was mit tiefen Dingen zusammenhängt. Es ist nicht zu leugnen, daß das Wissen um Heilmittel den Heilmitteln in einem gewissen Sinne ihre Kraft nimmt, und daß es notwendig ist für den ernst zu nehmenden Arzt, eigentlich für sich selber auf diejenigen therapeutischen Mittel, die er bei seinen Patienten anwendet, in ihrer Wirksamkeit mehr oder weniger zu verzichten, und für sich selber andere Arten der Heilung zu beobachten. Bitte, überlegen Sie sich, was mit diesem Satz gesagt ist, so werden Sie darauf kommen, daß in noch viel tieferem Sinne, als das bisher gesagt worden ist, der Arzt die persönliche Stimmung der Hilfeleistung entwickeln muß. Für diejenigen Dinge, die er bei seinen Patienten anwendet, muß er eigentlich verzichten auf die Heilkräfte bei sich selber. Wenn man nur grob den chemischen Kräften zuschreibt die Wirksamkeit der Heilmittel, wenn man glaubt, die Heilmittel wirken so wie der Dampf in der Lokomotive, dann ist man solchen geistigen Gesetzen nicht unterworfen. Wenn man aber sieht, wie der Mensch in das Geistige hineinragt, wird man keinen Moment zweifeln, daß geistige Gesetze dem zugrunde liegen, was in den verschiedenen Arzneien speziell für den Menschen zugrunde liegt. Medizin ist im höchsten Grade, wenn sie in ihrer eigentlichen Eigenart erfaßt wird, das wunderbarste Mittel der Erziehung zur Selbstlosigkeit. Daher ist es schon in einem gewissen Sinne ein grobes, ein kolossal grobes Mißverständnis, wenn man heute immer verlangt, die gesamte Therapie solle so gelehrt werden wie die Mechanik oder so etwas. Es ist ja schließlich bei der Mechanik auch so, daß wir sie anwenden können auf den Menschen, aber das gilt dann für die ganze Menschheit. Beim Arzt ist alles individuell, und wenn ein wirklich durchdringendes Wissen von irgendeinem Heilmittel vorliegt, so liegt bis zu einem hohen Grade für den Arzt die Notwendigkeit vor, bei sich selbst auf die Heilung durch dieses Mittel zu verzichten. Das ist die große Erziehung zur Selbstlosigkeit. Ich werde noch Andeutungen machen, wie der Arzt sich dennoch helfen kann. Aber was solchen Tatsachen zugrunde liegt, das sollte in Ihrem Herzen aufgehen; wenn Sie solche Dinge ernst nehmen, wie diejenigen sind, die ich heute zuletzt gesagt habe, dann stellt sich einfach durch Weltgesetze die Notwendigkeit ein, in der Medizin nicht den Egoismus, sondern den Altruismus einzuführen. Er liegt schon im Duktus; und Altruismus, Selbstlosigkeit ist das Grundelement der Medizin. Medizinische Moral ist nicht etwas bloß Erfundenes, sondern folgt aus den ureigensten Gesetzen des Himmels, aus Gesetzen, die der Kosmos gebildet hat, um aus seiner Gesetzmäßigkeit heraus Heilmittel zu formen.

Je ernster eine solche Mitteilung stimmt, desto mehr wird sie beitragen können zur Erfassung des eigentlichen Grundnerves der Heilmittel überhaupt.

Gedanken	– Knochensystem	=	fester, erdiger Mensch
Imagination	– Muskelsystem	=	flüssiger, wäßriger Mensch
Inspiration	– Innenorgane	=	luftförmiger Mensch
Intuition	– Tätigkeit der Innenorgane	=	Wärmemensch

SIEBENTER VORTRAG

Dornach, 8. Januar 1924

Meine lieben Freunde!
Wir werden den ersten Teil der heutigen Stunde dazu verwenden, diejenigen Fragen zu beantworten, die nicht in der allgemeinen Frage, die ich schon besprochen habe und die noch besprochen werden wird, darinliegen. Und wir werden dann übergehen heute zu der Besprechung einer Fortsetzung des Gestrigen, um dann morgen esoterisch abzuschließen.

Es sind eigentlich die meisten der Fragen so, daß sie sich hineinfügen in dasjenige, was ich ja überhaupt zu Ihnen zu sagen habe. Es sind nur einzelne Fragen, die eine spezielle Beantwortung erheischen, und wir machen das dann so, daß wir dieses mehr oder weniger ohne besonderes System erledigen.

Frage: Gibt es bestimmte Übungen, um die sogenannten heilmagnetischen Kräfte in sich zu verstärken, und wie sind diese Übungen?

Nun, das erfordert natürlich, daß wir mit einigen Worten über die heilmagnetischen Kräfte überhaupt sprechen. Heilmagnetische Kräfte sind ja Kräfte, welche im wesentlichen spielen zwischen dem Ätherleib des einen Menschen und dem Ätherleib des andern Menschen. Sie müssen sich dann vorstellen, daß die Wirkung des sogenannten Heilmagnetismus auf dem folgenden beruht. Nehmen wir an, jemand ist eine starke Natur, das heißt, er hat die Möglichkeit, seinen Willen stark zu entwickeln, und er kann aus gewissen Voraussetzungen heraus eine Anleitung bekommen. Sagen wir zum Beispiel, ich kann ihm sagen, wenn er an diesem oder jenem leidet: Du sollst jeden Morgen um elf Uhr an die Sonne denken und dir vorstellen, daß die Sonne zuerst dein Haupt erwärmt, daß dann die Wärme deines Hauptes übergeht auf deine Oberarme, deine Unterarme, deine Hände, so daß du dadurch deine wirkliche Kraft verstärkst, und dann versuchst, wenn du deine wirkliche Kraft verstärkt hast, dasjenige, was du empfindest von deinem Krankheitszustande dir ganz klar vorzustellen, um es dann durch die

Kraft deines Willens wegzuschaffen. – Es kann – ich sage, es kann, es muß nicht, diese Dinge haben immer etwas Problematisches –, wenn die Krankheit nicht verknüpft ist mit einer besonderen Organschädigung, wobei die Organschädigung sich natürlich auf alle vier Glieder des elementarischen Leibes, des Festen, des Flüssigen, des Gasförmigen und des Wärmehaften ausdehnen kann, diese Prozedur, die ich beschrieben habe, durchaus helfen. Dann ist das Folgende geschehen: dann hat der Betreffende dadurch, daß ich ihm diese Anweisung gegeben habe, eine Anregung empfangen für seinen astralischen Leib. Meine Anweisung, die er ausgeführt hat, dieses Vorstellen der Sonne, die Wärme in seinem Kopf und so weiter, diese Anweisung, die er ausgeführt hat, die seinen Willen, der verstärkbar ist, etwas verstärkt hat, hat gewirkt auf seinen astralischen Leib; der astralische Leib hat auf seinen Ätherleib gewirkt, und der Ätherleib hat gesundend wiederum auf seinen physischen Leib gewirkt und dessen Schädigung, die nicht eine tiefere organische ist, auszugleichen, zu paralysieren vermocht. Man darf nicht sagen, daß solche Heilungen nur vorkommen können bei dem, was in der heutigen Medizin funktionelle Störungen sind gegenüber organischen Störungen, bei denen eine wirkliche Störung des Organes vorliegt. Dieser Unterschied ist ein ganz unexakter. Man kann gar nicht sagen, wo die funktionellen Schädigungen aufhören und die organischen anfangen. Funktionelle Schädigungen sind immer auch kleine organische Schädigungen, die nur mit den heutigen groben Mitteln der Physiologie und Pathologie nicht nachgewiesen werden können. Sie sehen, in einem solchen Falle wendet man nicht heilmagnetische Kräfte an, man appelliert an die Selbstheilung des Patienten. Das ist wirklich unter allen Umständen, wenn es anwendbar ist, das Bessere. Man verstärkt dadurch den Willen des Patienten, macht den Willen kräftiger, indem man ihn gesund macht.

Man kann auch das Folgende machen: man kann von dem eigenen astralischen Leibe aus, ohne daß der Betreffende seinen Willen anstrengt, den eigenen Ätherleib in der Weise beeinflussen, daß dieser eigene Ätherleib auf den Ätherleib des Patienten so wirkt, wie vorhin der astralische Leib gewirkt hat. Darin besteht der Heilmagnetismus; der Heilmagnetiseur tut das unbewußt, er beeinflußt den eigenen Ätherleib vom Astralleib heraus. Die Kräfte, die er dann entwickelt, die kann er instinktiv dahin lenken, daß sie die Kräfte des Patienten verstärken, indem er diese Kräfte überträgt auf den Patienten. Man muß klar sein darüber, wenn es sich um eine Heilung handelt, muß der Magnetiseur anwenden, was irgend zur Heilung führen kann. Wenn man es mit einem Patienten zu tun hat, der einfach schwach ist, dem man nichts zumuten kann in bezug auf seinen Willen, kann man auch einmal heilmagnetische Kräfte anwenden. Aber ich möchte ausdrücklich bemerken, daß heilmagnetische Kräfte etwas wirklich ziemlich Problematisches sind, die in einem Falle und in einem andern Falle nicht ganz gleich anwendbar sind. Diese instinktive Fähigkeit nämlich, die ich geschildert habe, wo man den eigenen Astralleib in Tätigkeit versetzt, um dadurch den Ätherleib zu beeinflussen, um den Übergang zu finden in den Ätherleib des Patienten, diese instinktive Fähigkeit ist eine individuelle. Es gibt Personen, die sie sehr stark haben, es gibt solche, die sie schwach haben, und solche, die sie gar nicht haben. So daß es also durch ihre Anlagen befähigte Heilmagnetiseure schon gibt. Aber das Bedeutsame ist dieses, daß diese Fähigkeit in der Regel eine zeitlich begrenzte ist. Solch veranlagte Heilmagnetiseure haben diesen Magnetismus, wie man es nennt: Indem sie beginnen ihn anzuwenden, wirkt er sehr gut; nach einiger Zeit läßt er nach, und nachher kommt oftmals gerade bei Heilmagnetiseuren, gerade dadurch, daß die Fähigkeit nachgelassen hat, aber sie so tun, als ob sie sie noch hätten, Scharlatanerie zustande. Das ist das Bedenkliche, jedesmal dann, wenn das Heilmagnetisieren zum Berufe wird. Es kann eigentlich diese Art des Heilens im Grunde doch nicht zum Berufe werden. Das ist dasjenige, was hierauf zu sagen ist. Nämlich unbedingt wirksam ist der heilmagnetische Vorgang – wenn man überhaupt dazu befähigt ist – nur, wenn er verrichtet wird in dem wirklich aufrichtigen und bis in den eigenen Organismus hineingehenden ehrlichen Mitleid mit dem Patienten. Wenn Sie heilmagnetisieren mit wirklicher Liebe zum Patienten, dann kann man es nicht als Beruf ausüben. Wenn wirkliche Liebe da ist, wird es in jedem Falle, wenn nicht eine Schädigung von anderer Seite eintritt, zu etwas Gutem führen. Aber da kann es nur ausgeführt werden gelegentlich, wenn das Karma dazu treibt, daß man zu einem Menschen dazukommt, dem man in liebevoller Weise helfen kann. Da kann das äußerliche Zeichen Handauflegen oder Streichen sein, dann ist das, was wirkt, daß der astralische Leib seine Kraft auf den Ätherleib überträgt, der auf den Ätherleib des andern Menschen wirkt.

Es muß noch von einer andern Seite gesagt werden, was bei einer solchen Sache vorgeht. Es ist so, daß die Heilung immer ausgeht vom astralischen Leib, entweder vom eigenen astralischen Leib oder vom Astralleib des Magnetiseurs letzten Endes. Der umgekehrte Vorgang liegt der medikamentösen Therapie zugrunde. Bei der medikamentösen Therapie machen Sie auch nichts anderes, als daß Sie Substanzen in den physischen Leib bringen, die dann zum Teil inneren Kräften, zum Teil dem Rhythmus des physischen Leibes entsprechend so wirken, daß der Ätherleib des Patienten beeinflußt wird. Die Gesundung geht immer vom Ätherleib aus. Daß Sie das eine Mal beeinflussen den Ätherleib vom astralischen Leib aus, das ist die psychische Heilung, wozu der Heilmagnetismus gehört, der aber dabei etwas Problematisches oder bloß, ich möchte sagen, etwas Humanitäres, etwas Soziales, etwas die Beziehungen von Mensch zu Mensch Einschließendes hat. Oder aber Sie haben die rationelle Therapie, die muß ausgehen von medikamentösen Eingriffen; die gehen zunächst aus dem physischen Leib in den Ätherleib hinunter. Aber immer muß die Gesundung vom Ätherleib ausgehen. Es ist vollständige Phantasie, daß der physische Leib, wenn er krank geworden ist, irgendeine Heilung bewirken soll. Der physische Leib hat eben die Krankheitsursache in sich, die Ursache zur Heilung muß immer vom Ätherleib kommen.

Frage: Welche Beziehungen bestehen zwischen Herz und weiblichem Uterus und seiner Lage, und seelischen Erlebnissen, Schmerz, Freude?

Da bestehen unmittelbar zusammengehörige Erlebnisse. Erstens sind, wenn sie auch nicht in einem unmittelbaren physischen Kontakt sind, Herz und Uterus zwei zusammengehörige Organe, so zusammengehörig wie Sonne und Mond. Sonne und Mond gehören so zusammen, daß sie beide auf irgend etwas dasselbe Licht werfen; das eine Mal wirft die Sonne direkt auf irgendeinen Gegenstand das Licht, das andere Mal auf dem Umweg, indem es zuerst zum Mond geht und von dort zurückgeworfen wird. Das Organ des Herzens hat unmittelbare, direkte Impulse für den menschlichen Organismus. Es ist das Wahrnehmungsorgan für die Blutzirkulation, die im normalen menschlichen Organismus vor sich geht. Der weibliche Uterus ist daraufhin konstituiert, daß er das Wahrnehmungsorgan ist für die Zirkulation, die hervorgerufen wird nach der Befruchtung. Dazu ist er da, das ist gerade so, wie der Mond das Sonnenlicht reflektiert, so reflektiert der weibliche Uterus die Wahrnehmung des Herzens im Blutkreislauf. Er strahlt

sie zurück. Sie gehören stets zusammen wie Sonne und Mond, indem ihre Wahrnehmungen sich verhalten wie direkte und reflektierte Einwirkung. Wenn ein Mensch da ist, braucht er Herzkraft, wenn er entsteht, braucht er reflektierte Herzkraft, die kommt vom weiblichen Uterus.

Nun sind diese Organe mit einigen andern – die Lunge führt das mehr zum ätherisch-physischen Leib hinüber –, diese Organe, Herz und weiblicher Uterus sind nichts anderes, als physisch das, was vom Geistigen aus angesehen das Seelische des Menschen ist. Ich darf das vielleicht in der folgenden Weise sagen: Denken Sie sich, Sie entwickeln die imaginative Erkenntnis. Wenn Sie imaginative Erkenntnis entwickeln, so bekommen Sie, wenn Sie einen Menschen anschauen, wirklich das Bild von Sonne und Mond, wenn Sie auf Herz und Uterus hinschauen. Das ist tatsächlich das entsprechende Geistige, das der Mensch in seiner Seele erlebt, so daß wirklich einander entsprechen diejenigen Dinge, die im Herzen und im Uterus vorgehen, und die allerdings im Halbunbewußten des Seelischen vorgehen, weil das Seelische sonst von Gedanken beeinflußt wird. Und so wird ein feiner Vorgang verdeckt: der innige Zusammenhang von Herz und Uterus. Aber wer nur einigermaßen ein wenig beobachten kann, der kann beobachten, wie ungeheuer viel davon abhängt, wie halb unbewußt, oder halb bewußt, möchte ich sagen, die Herztätigkeit sich entwickeln muß unter der Einwirkung der physischen Umgebung. Wer, sehen Sie, sein Leben so zubringt, daß er fortwährend einen Schock erlebt, durch seinen Beruf meinetwillen, der hat schon in seinem Unterbewußtsein ganz genau ein seelisches Ebenbild der Herztätigkeit, die da entsteht; und das reflektiert sich im Uterus. Wir können sehen, wie das stattfindet, wie das übergeht auf die Konstitution des Embryo.

Nun ist da eine Frage, die schwierig zu beantworten ist, weil sie entweder oberflächlich beantwortet werden muß, also bloß etwas mitgeteilt werden kann, oder man muß gründlich darauf eingehen: Wie wirkt das Tragen von Perlen und Edelsteinen auf einzelne Organe?

Es wirkt schon, aber es wirkt so, daß man die Wirkungsweise eigentlich nur beurteilen kann, wenn man in die geistigen Welten hineinsieht, und daß man die Wirkungsweise nur individuell beurteilen kann. Man kann ganz gut sagen, zum Beispiel: Saphir wirkt auf ein gewisses Temperament, auf einen Choleriker, aber eigentlich immer nur im individuellen Fall. Wirkungen sind schon da, aber wenn man die Frage ganz beantworten wollte, müßte man doch in tiefere Dinge eingehen, als hier heute möglich ist.

Diese Frage, wie man einzelnen Krankheiten gegenüber Einsicht in das Karma bekommen kann, kann ich nur beantworten aus dem, was ich in der Stunde sagte. Es wird schon manches aus dem Gesagten hervorgegangen sein, manches wird noch kommen in dem, was ich noch zu sagen habe.

Nun sind hier eine Anzahl Fragen, und da sind auch die allgemeinen Fragen, die sich ja mit den esoterischen Bemerkungen, die ich gemacht habe, beantworten. Nun aber hier:

Bestehen gültige Parallelbeziehungen zwischen Grad und Zeitdauer der postmortalen Verwesungsvorgänge und dem Schicksal der zugehörigen Individualität in der geistigen Welt?

Beziehungen, die eine Bedeutung hätten, die uns Menschen angeht, bestehen eigentlich nicht. Es ist so, daß allerdings der Verwesungsprozeß nicht der bloß physische Prozeß ist, als den man ihn in der Chemie gewöhnlich ansieht. Es ist damit schon ein tiefes Geistiges verknüpft. Das wurde im alten instinktiven Erkennen gefühlt. Man sagt, das, was der innerste Kern einer Sache ist, ist das Wesen, und die Vorsilbe «ver» bedeutet immer das Sich-Hinbewegen zu etwas. Wenn Sie also zum Beispiel sagen: «zucken», so ist das eine Bewegung, wenn Sie sagen: «verzücken», so ist das eine Hinbewegung zum Zucken. Wenn Sie sagen: verwesen, so ist das eine Hinbewegung zum Wesen, ein Aufgehen im Wesen. Der Mensch ist nicht diese abgeschlossene Wesenheit, es sind da geistige Wesenheiten, die im Menschen schaffen. Wir haben gewisse Wesenheiten im physischen, im ätherischen, im astralischen Leib, nur in der Ich-Organisation sind wir frei. Diese Wesenheiten, die mit dem physischen, dem ätherischen und astralischen Leib verbunden sind, die sind verbunden mit dem, was nach dem Tode mit dem physischen Leibe vor sich geht. Innig damit hängt die Frage der Verwesung oder der Einäscherung zusammen. Aber alle diese Dinge sind innig verknüpft mit dem menschlichen Karma. Man kann nur sagen, für den Menschen als solchen – für den individuellen Menschen – hat die Frage eigentlich nicht eine unbedingt große Bedeutung.

Frage: Ist die Sektion von einem bestimmten Zeitpunkt nach dem Tode an von Einfluß auf das Schicksal des Verstorbenen?

Das ist ganz ohne Einfluß auf das Schicksal des Verstorbenen.

Die meisten Fragen sind eben solche, die mit den allgemeinen Vorträgen beantwortet sind. Ja, da ist noch eine Frage, die eine gewisse Wichtigkeit hat.

Frage: Ich bitte, sind die heilenden Fähigkeiten des Arztes rein persönlicher Natur, oder sind sie bedingt durch gemeinschaftliche Zusammenhänge, das heißt nicht durch gemeinschaftliche Zusammenhänge zwischen Arzt und Patienten, sondern durch Gemeinschaften von Ärzten? Wäre es denkbar, daß den einzelnen Ärzten durch solche Gemeinschaften Kräfte zufließen, die man aus sich vielleicht gar nicht haben kann, wie dies auch in der Priestergemeinschaft der Fall ist?

Das ist schon der Fall, nur ist es bei jeder menschlichen Gemeinschaft der Fall. Es ist bei jeder menschlichen Gemeinschaft so, daß aus der Gemeinschaft heraus dem Menschen Kräfte zufließen, nur muß die Gemeinschaft eine wirkliche Gemeinschaft sein. Man muß sie fühlen, empfinden und erleben. Und dasjenige, was ich Ihnen geschildert habe und morgen noch deutlicher schildern werde, das ist überhaupt so, daß es unter Ihnen mit uns hier zusammen eine Gemeinschaft bilden kann, wenn es auch zunächst nur eine korrespondierende Gemeinschaft sein kann. Ja, es soll Sie so einigen, daß, wenn Sie allein sind, Sie fühlen werden, daß Ihnen durch eine solche Gemeinschaft nicht nur auf intellektuellem, sondern auch auf spirituellem Wege Kräfte zufließen werden.

Ein engerer Kreis stellt sich in den gemeinsamen Mittelpunkt diese Frage:

Die Schulung des Blickes für den Arzt. Haben Irisdiagnose, Graphologie, Chiromantie einen Wert?

Nun, im idealen Falle würde derjenige, der beobachten kann dasjenige, was zusammenhängend ist, zum Beispiel aus einem kleinen Stück Fingernagel, das Sie abschneiden, außerordentlich viel sehen können für den Gesamtzustand des Menschen. Das ist schon durchaus möglich. Ebenso wie Sie aus einem Haar des Menschen außerordentlich viel sehen können, Sie müssen eben nur bedenken, wie individuell, wie verschieden zum Beispiel ein Haar in bezug auf einen Menschen ist. Man braucht da nur zu bedenken, wie die Menschen sich eher grob, ich möchte sagen, in bezug auf ihre Haare unterscheiden. Es gibt hier Blonde unter Ihnen, und es gibt hier Schwarze unter Ihnen. Wovon rührt das her? Diejenigen, die schwarz sind, die haben die Schwärze ihrer Haare von einem Eisenprozeß, der in den Haaren sich abspielt; diejenigen, die blond sind, haben ihre Blondheit von einem Schwefelprozeß, der sich in den Haaren abspielt, einem Schwefelprozeß, der insbesondere stark ist bei denjenigen Leuten, die rote Haare haben. Und es ist zu bemerken, daß die Dinge ein außerordentlich großes Interesse haben. Ich habe wirklich Menschen kennengelernt, bei denen man sagen konnte: es heißt etwas, daß sie feurig waren in ihren funkelnden roten Haaren. Da spielt sich ein außerordentlich starker, wirklicher Schwefelprozeß ab. Während schwarze Haare mehr einen verhältnismäßig starken Eisenprozeß in sich haben. Nun denken Sie doch daran, daß das der Ausfluß der ganzen menschlichen Organisation ist. Das eine Mal ist der Mensch ein solcher, der fortwährend etwas erzeugt, was intensives Brennmaterial ist, Schwefel, so daß er seine Haare damit durchdringt, das andere Mal sondert er etwas ab, was Eisen ist, was eigentlich gar nicht brennt, sondern was etwas anderes ist. Dadurch zeigt sich ein tiefgreifender Unterschied zwischen den beiden Menschen in bezug auf ihre ganze Organisation. Nun, dasjenige, was ganz grob allgemein der Fall ist, das ist der Fall individuell für jeden Menschen in bezug auf seine Haare, so daß Sie den ganzen Menschen aus der Beschaffenheit seines Haares erkennen können. Wie sollte man dann erst den Menschen nicht erkennen können aus der Beschaffenheit seiner Iris? Aber nun müssen Sie bedenken, daß zu diesen Dingen höchste Erkenntnis gehört, nicht jene blödsinnige Erkenntnis, die bezüglich der Iris die Diagnostiker haben. Die ist natürlich Dilettantismus. Gerade zu diesen Dingen, die auf wirklicher Grundlage beruhen, führt der Weg erst am Ende zur wahren Erkenntnis, so wie zur Astrologie der Weg erst am Ende der Geist-Erkenntnis führt, während sie vorher furchtbar dilettantisch ist. Dasselbe ist für die Chiromantie und die Graphologie der Fall.

Graphologie, dazu gehört, daß man eine wirkliche Inspiration hat. Wie ein Mensch schreibt, das ist ganz individuell; darüber kann man höchstens eine Anleitung geben. Aber diese Anleitungen sind dann außerordentlich grob. Also auch da ist es so, wie ich gesagt habe. Da ist schon Inspiration notwendig, um aus der Graphologie beim Menschen auf etwas zu schließen. Nun ist bei der Graphologie das Eigentümliche, daß man aus der Handschrift eines Menschen der Gegenwart seinen Zustand bekommt, wie er vor sieben Jahren ungefähr war. Das kommt dazu, so daß derjenige, der auf die Gegenwart des Menschen schließen will, wiederum einen Umweg machen muß, er muß die ganze Entwickelung wieder durchlaufen. Er kommt an bei den inneren Zuständen vor sieben Jahren, kann dann, wenn er schauen kann, mit dem, was er vor sieben Jahren wahrnimmt, den Weg machen, und bekommt dann eine gründlichere Erkenntnis, als er sonst hat. Also möglich ist schon, auch damit etwas zu leisten.

Etwas Ähnliches, wie es mit den Haaren und der Iris steht, ist auch bei dem, was die Chiromantie ins Auge faßt, aber auch da müssen Sie Inspiration haben, nicht die oberflächlichen Regeln, die gewöhnlich gegeben werden. Es ist da wiederum eine spezielle, eine ganz spezielle Anlage nötig, die diese oder jene Menschen haben können, um die Linien der Hand erforschen zu können; sie hängen schon innig zusammen mit dem, wie die menschliche Entwickelung ist. Sie brauchen nur einmal an Ihren eigenen Händen zu vergleichen, wie die Linien an der linken und an der rechten Hand ausschauen. Nicht wahr, im groben Leben kommt das so zum Vorschein, daß der Mensch nun eben mit der rechten Hand schreibt, mit der linken Hand nicht. Es ist ein Unterschied vorhanden. Mit Bezug auf die Linien der Hand ist das so, daß man in der linken Hand das ganze Karma des Menschen sieht, wenn man dazu inspiriert ist. In der rechten Hand sieht man die persönliche Tüchtigkeit, die sich der Mensch in diesem Leben angeeignet hat. Sein Schicksal hat dieses Erdenleben geschaffen, und seine Tüchtigkeit führt ihn in die Zukunft hinein. Alle diese Dinge sind nicht ohne Untergründe, aber es ist außerordentlich gefährlich, diese Dinge in der Öffentlichkeit zu vertreten, weil wir da Gebiete betreten, wo Ernst und Scharlatanerie im höchsten Maße aneinandergrenzen. Einiges wird noch im naturgemäßen Zusammenhang mit den Betrachtungen sich ergeben, die wir anstellen.

Sehen Sie, meine lieben Freunde, es handelt sich ja nach dem, was ich gestern vorgebracht habe am Ende der Stunde, bei dem Arztsein, schon aus der Natur der Weltvorgänge heraus, um wirklich tiefgehende moralische Seelenzustände. Denn ich habe Ihnen gezeigt, daß ja das wirkliche Wissen um ein Heilmittel dem Wissenden die Kraft dieses Heilmittels selbst nimmt, daß gerade in dem Wissen von dem Heilmittel also etwas liegt, wodurch der Betreffende sich ausschließt von der Heilung durch dieses Mittel. Nun, natürlich, das bloß chemische Wissen schließt nicht aus, weil es kein Wissen ist nämlich. Aber das wirkliche Wissen schließt davon aus.

Dann bedenken Sie das Folgende. Das Muskelsystem des Menschen, es wird ergriffen durch die Imagination, erkenntnismäßig ergriffen, wie ich gestern gezeigt habe, durch Imagination. Man lernt erkennen, was im Muskel wirkt, indem man zur bildhaften imaginativen Erkenntnis übergeht. Will man aber wissen, was in einem muskelartigen Organe heilend wirken kann, muß auch da die therapeutische Erkenntnis imaginativ sein. Die wahren Erkenntnisse eines Innenorganes sind inspirativ, diese sind erst wirkliche Erkenntnisse, nicht die chemischen Erkenntnisse. Aber nehmen Sie nun an, Sie wissen, irgendein Heilmittel wirke auf das menschliche Muskelsystem in irgendeiner Weise, so haben Sie dieses Wissen auf imaginative Art. Ja, aber imaginatives Wissen, das ist nicht so wie dasjenige Wissen, das man sich heute gewöhnlich vorstellt. Das Wissen, das man sich heute gewöhnlich vorstellt, das geht nämlich nicht sehr tief in den Menschen hinein, das ist eigentlich wirklich nur im Kopfe vorhanden, während jedes imaginative Wissen zu gleicher Zeit das Muskelsystem des Menschen angreift. Auch das therapeutische imaginative Wissen, meine lieben Freunde, ist so, daß Sie dieses Wissen in Ihren Muskeln spüren. Sie müssen solche Dinge nur wirklich ernst nehmen.

Ich möchte, um Ihnen ganz verständlich zu sein, über diese Sache sogar etwas Paradoxes sprechen. Aber das Paradoxe ist hierbei die Wahrheit. Meine «Philosophie der Freiheit» ist wenig verstanden worden, weil die Leute nicht verstanden haben, sie zu lesen. Sie haben sie so gelesen, wie man ein anderes Buch liest, aber meine «Philosophie der Freiheit» ist nicht so gemeint wie andere Bücher. Meine «Philosophie der Freiheit» lebt zunächst in Gedanken, aber in richtig erlebten Gedanken. Nichterlebte Gedanken, abstrakte, logische Gedanken, wie man sie heute in der Wissenschaft ganz allgemein hat, die erlebt man im Gehirn. Solche Gedanken, wie ich sie in meiner «Philosophie der Freiheit» ausgesprochen habe – jetzt kommt das Paradoxe –, erlebt man als ganzer Mensch in seinem Knochensystem. Richtig als ganzer Mensch in seinem Knochensystem. Und das noch Paradoxere möchte ich aussprechen – das ist natürlich selbstverständlich geschehen, nur haben Sie es nicht beachtet, weil Sie es nicht in Zusammenhang damit gebracht haben –: wenn die Menschen meine «Philosophie der Freiheit» verstanden haben, haben sie mehrmals im Laufe des Lesens, und besonders wenn sie fertig waren, von Skeletten geträumt. Das hängt zusammen moralisch mit der ganzen Stellung der «Philosophie der Freiheit» gegenüber der Freiheit der Welt. Freiheit besteht schon darin, daß man von den Knochen aus die Muskeln des Menschen in der äußeren Welt fortbewegt. Der Unfreie folgt seinen Trieben und Instinkten. Der Freie richtet sich nach den Forderungen und Erfordernissen der Welt, die er zuerst lieben muß. Er muß ein Verhältnis gewinnen zu dieser Welt. Das drückt sich in der Imagination des Knochensystems aus. Innerlich ist das Knochensystem dasjenige, was die erlebten Gedanken eben erlebt. Also erlebte Gedanken erlebt man mit dem Knochensystem, mit seinem ganzen Menschen, namentlich mit seinem ganzen eigentlich erdenfesten Menschen. Es hat Leute gegeben, die wollten Bilder malen aus meinen Büchern; sie haben mir allerlei Sachen gezeigt. Sie haben die Gedanken der «Philosophie der Freiheit» in Bildform vorführen wollen. Wenn man ihren Inhalt so malen will, muß man dramatische Szenen aufführen, welche von menschlichen Skeletten ausgeführt werden. Geradeso wie die Freiheit selbst etwas ist, wobei man sich alles bloß Instinktiven entledigen muß, so ist dasjenige, was der Mensch erlebt, indem er die Gedanken der Freiheit hat, etwas, wobei er sich seines Fleisches und Blutes entledigen muß. Er muß Skelett werden, muß erdhaft werden, die Gedanken müssen wirklich erdhaft werden. Das bedeutet schon, daß man sich selbst herausarbeiten muß.

Ich führe das an, damit Sie sehen, daß schon bei dem gewöhnlichen Gedanken etwas auftritt, bei dem der ganze Mensch ergriffen wird. Geht man von dem Gedanken zur Imagination über, so erlebt man seine Imagination im Muskelsystem. Die Inspiration erlebt man, indem man innerlich mit seinen eigenen Organen miterlebt. Man muß nur ja nicht da, wo es sich um Inspirationen handelt, den Satz vergessen: «naturalia non sunt turpia.» Denn unter Umständen werden die wunderbarsten Inspirationen mit den Nieren erlebt oder mit andern niederen Organen. Also dasjenige, was höhere Erkenntnis ist, das nimmt wirklich den ganzen Menschen in Anspruch; und derjenige bekommt keinen Eindruck von Imaginationen und Inspirationen, der nicht weiß, daß Imaginieren eine Arbeit ist, die dem physischen Arbeiten ganz gleich kommt, weil sie die Muskeln anstrengt, so daß ein wirkliches Imaginieren ist wie ein wirkliches physisches Arbeiten. Daher gibt es auch eine Korrelation zwischen einer physischen Arbeit und dem Imaginieren. Zum Beispiel, wenn ich da etwas Persönliches erwähnen darf: ich habe immer gefunden, zum Imaginieren hat es ungeheuer viel beigetragen, daß ich als Knabe Holz gehackt habe, Kartoffeln ausgenommen habe, mit dem Erdspaten gearbeitet habe, gesät habe und Ähnliches. Nun ja, ich will nicht mit diesen Dingen renommieren, aber diese Dinge einmal gemacht zu haben, erleichtert das Wiederheraufbringen in die Muskeln, eine Anstrengung, um das Imaginieren leichter zu haben, gerade so, wie wenn Sie sonst etwas gewöhnt sind. So ist es, wenn Sie die Muskeln gerade in der Jugend angestrengt haben, wenn Sie später imaginieren wollen. Aber sehen Sie, da nützen einem nicht Bewegungen, die nicht Arbeit sind. Das Spielen eigentlich nützt einem für das Imaginieren nichts. Ich will nichts gegen das Spielen an sich sagen, Sie brauchen nur an meine pädagogischen Dinge heranzugehen, so werden Sie sehen, daß ich nichts gegen das Spiel habe, aber das Imaginieren bringt den ruhenden Muskel – denn es muß natürlich in der Ruhe vor sich gehen – zu einem ähnlichen Erlebnis wie eine wirkliche physische Arbeit.

Da ersehen Sie aber, wenn Sie also, indem Sie sich auf den Weg des Arztes begeben, hier mit uns im Zusammenhange diese allerdings merkwürdigen Dinge kennenlernen, daraus ersehen Sie, wie die Kenntnis dieser therapeutischen Dinge in Ihr Muskelsystem eingreift, und das wird etwas sein, was in Ihrem Karma eine Bedeutung hat. Nehmen wir zum Beispiel den Fall, Sie lernen kennen – ich will jetzt einen ganz idealischen Fall konstruieren – meinetwillen die wahre Therapie der schwarzen Pocken. Die wirklichen schwarzen Pocken rufen eine sehr starke Inspiration mit Intuition sogar hervor, und das, was Sie auf diese Weise wirklich wissen, meine lieben Freunde, wenn Sie auf diesem Gebiete wirkliche Therapeuten sind, das wirkt stärker auf Sie, wenn es ein wirkliches Wissen ist, als eine Impfung. Es wirkt in einem andern Sinne viel stärker, und Sie werden im Studieren der Pockentherapie als Arzt in sich selber eine Art von Heilung im voraus bewirken, prophylaktisch, und werden sich dadurch geeignet machen, wenn

Sie den Zusammenhang verstehen, ohne Furcht, in völliger Liebe unter Pockenkranke gehen zu können. Aber alle diese Dinge haben ihre umgekehrte Seite wiederum, haben ihre Kehrseite. Denn, sehen Sie, was man erwirbt als das Wissen vom Heilmittel, das ist sogar, wenn es wirkliches imaginatives oder inspiriertes Wissen ist – es braucht nicht einmal eine eigene Imagination zu sein, sondern nur eine, die ein anderer hat, und das kann jeder, wie ich immer wiederholt habe –, das ist ein wirkliches Heilmittel, das hat Heilkräfte in sich. Die Idee zu haben von einem Heilmittel, das wirkt, aber er wirkt nur solange, als Sie furchtlos sind. Furcht ist nämlich der entgegengesetzte Pol der Liebe. Gehen Sie in eine Krankenstube mit Furcht, so hilft die ganze Therapie, die Sie angestellt haben, nichts. Gehen Sie hinein mit Liebe, können Sie von sich absehen, ja können Sie die ganze Seele hinwenden auf diejenigen, die Sie zu heilen haben, können Sie in Liebe leben in Ihrer imaginativen, inspirierten Erkenntnis, dann, sehen Sie, werden Sie sich nicht einfach als diese persönliche Qualität, nicht als diese furchttragende Persönlichkeit des Erkennenden, sondern als die liebetragende Persönlichkeit des Erkennenden hineinstellen in den Heilungsprozeß. So daß also nicht nur von außen die Medizin in das Moralische hineingetrieben wird, sondern auch von innen.

Und so ist gerade auf dem Gebiete der Medizin in hohem Grade das der Fall, was auf allen Gebieten, wo es sich um geistige Erkenntnis handelt, der Fall ist: man muß Mut entwickeln. Sie wissen, Mut ist dasjenige, was uns überall umgibt. Die Luft ist Illusion, Mut ist es, der uns überall umgibt. Wollen wir in der Welt leben, in der wir atmen, brauchen wir Mut. Wenn wir feige sind in irgendeiner Weise, leben wir nicht mit der Welt, schließen wir uns aus; wir atmen nur scheinbar. Dasjenige, was Sie vor allen Dingen für das medizinische Studium brauchen, ist Mut, ist Heilmut. Es ist tatsächlich so, wenn Sie gegenüber einer Krankheit den Mut des Heilens haben, dann ist das schon die richtige Orientierung, die auch in neunzig Prozent der Fälle wohl zum Richtigen führt. Es ist nämlich so, daß einfach mit dem Prozeß des Heilens diese moralischen Qualitäten am innigsten verknüpft sind. Daher sollte es schon so sein: erster Kursus für Medizinstudierende: dasjenige, was ich in den ersten drei Stunden auseinandergesetzt habe,

Schaffung einer Grundlage mehr oder weniger durch Natur- und Menschenerkenntnis, kosmische und Menschenerkenntnis. Dann zweiter Kursus: die esoterische Vertiefung in die Wirkung der medizinischen Kräfte, die Medizin anzusehen in der Weise, wie ich das in der vierten Stunde getan habe und wie ich morgen sprechen werde. Dann muß ein letzter Kursus kommen, der im wesentlichen darauf ausgehen muß, das Therapeutische im Zusammenhang zu betrachten mit der Entwickelung der richtigen ärztlichen moralischen Fähigkeiten. Denn das eine muß das andere tragen. Und gibt es ein solches moralisch Qualifiziertes im letzten medizinischen Kurs, dann werden wirklich die Krankheiten für den Arzt das Gegenteil von dem, was sie für den Patienten sind. Sie werden zu etwas, was er liebt, aber nicht, um sie zu hegen und zu pflegen, damit der Kranke möglichst lang krank bleibt, sondern die er liebt, weil die Krankheit erst dann ihren Sinn erreicht, wenn sie geheilt wird. Was heißt das?

Sehen Sie, meine lieben Freunde, gesund sein heißt, die geistigen Qualitäten, die sogenannten normalen geistig-seelischen Qualitäten in sich zu tragen. Krank sein, irgendeine Krankheit zu haben, heißt aber, tatsächlich von einer geistigen Qualität beeinflußt sein. Ich weiß natürlich, daß, wenn irgendeiner der gescheiten Menschen der Gegenwart das hört, was ich jetzt sage, er sagt: Aha, jetzt kommt die alte Besessenheitslehre. – Nun ja, es ist erst noch die Frage, ob die alte Besessenheitslehre schlimmer ist oder die neue, ob man von Geistern oder Bazillen besessen ist. Das ist etwas, was seinem Werte nach erst untersucht werden muß. Die modernen Mediziner bekennen sich immer in ihrer medizinischen Lehre zu einer Besessenheit, nur ist es ihrem Verständnis mehr angemessen, eine materialistische Besessenheit zu lehren. Aber es ist so, daß, wenn man eine Krankheit in sich hat, hat man eine geistige Qualität in sich, die im gewöhnlichen Lebensverlauf des Menschen nicht da ist. Aber es ist eine geistige Qualität.

Wieder ein Paradoxon muß ich aussprechen. Nehmen Sie an, Sie wollen erkennen den Zusammenhang – es ist eine ganz reale Tatsache, über die ich mich hier ausspreche – zwischen dem, was im Tierkreis ist: Widder, Stier, Zwillinge, Krebs, Löwe, Jungfrau, Waage, Skorpion, Schütze, Steinbock, Wassermann, Fische. Nun ist ein kolossaler Unter-

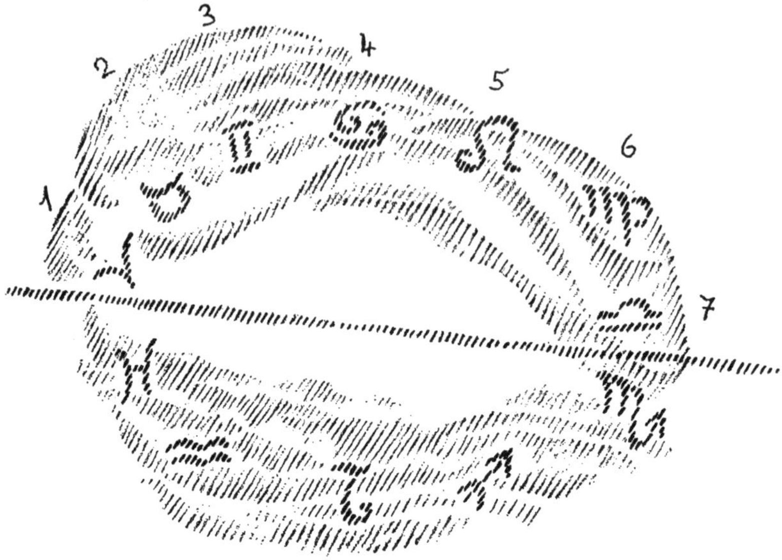

schied zwischen diesen sieben Sternbildern (oben) und diesen fünf Sternbildern (unten). Steigen Sie zur Imagination auf, so bekommen Sie für diese sieben Sternbilder hier im Kosmos eine männlich erscheinende Wesenheit, für diese fünf Sternbilder eine weiblich erscheinende Wesenheit. So daß tatsächlich Männlich-Weiblich in einer geschlossenen Schlangenform über den Tierkreis sich ausbreitet im imaginativen Anschauen. Ja, diese Imagination kann kein Mensch erhalten, ohne daß er das Folgende durchmacht. Denken Sie sich die Pockenkrankheit, sie zeigt sich unter Symptomen des physischen Leibes. Aber denken Sie sich, man wäre zu folgendem imstande. Stellen Sie sich einen pockenkranken Menschen vor. Der würde in seinem Astralleib und seiner Ich-Organisation die Kraft haben, die ganze Pockenkrankheit heute herauszuziehen und sie nur im astralischen Leib und Ich zu erleben, so daß im Moment sein physischer und Ätherleib gesund würden. Nehmen Sie hypothetisch an, das wäre so. Was ich hier dargestellt habe, kann nicht eintreten, aber wenn Sie diese Imagination haben wollen, müssen Sie, ohne daß Ihr physischer Leib und ätherischer Leib die Pockenkrankheit annimmt, dasselbe, was ich hypothetisch darlegte bei der

Pockenkrankheit, durchmachen. Sie müssen im astralischen Leib und in der Ich-Organisation, frei vom physischen und Ätherleib, die Pockenkrankheit durchmachen. Das heißt, Sie müssen geistig erleben, ein geistiges Korrelat von physischer Krankheit. Die Pockenkrankheit, meine lieben Freunde, ist das physische Abbild des Zustandes, in dem Ich-Organisation und Astralleib sind, wenn Sie eine solche Imagination haben. Jetzt werden Sie einsehen, daß bei der Pockenerkrankung einfach im Menschen selber dieser Einfluß geschieht, aus dem in geistiger Erkenntnis die Himmelsimagination wird.

Da aber sehen Sie, wie eng verwandt das Kranksein ist mit dem geistigen Leben, nicht mit dem physischen Leib, eng verwandt ist das Kranksein mit dem geistigen Leben. Das Kranksein ist die physische Imagination vom geistigen Leben. Und weil die physische Imagination zu unrecht da ist, weil sie nicht nachahmen soll gewisse geistige Vorgänge, deshalb ist in der physischen Organisation das, was in der geistigen Welt unter Umständen ein Höchstes ist, unter Umständen in der physischen Organisation Krankheit.

Man muß also die Krankheit so begreifen, daß man sich sagt: Könnten nicht durch gewisse Dinge, die wir morgen einsehen werden, gewisse geistige Wesenheiten heruntergeholt werden, wo sie nicht hingehören, so wären sie auch nicht in der geistigen Welt vorhanden. – Damit aber zeigt sich, wie eng verwandt wirkliches geistiges Erkennen mit der Krankheit ist. Man erkennt eigentlich schon, indem man Geistiges erkennt, die Krankheit. Man kann gar nicht anders: wenn man einmal eine solche Himmelsimagination hat, dann weiß man, was Pockenkrankheit ist, weil sie nur die physische Projektion dessen ist, was man geistig erlebt. So ist es im Grunde genommen mit dem ganzen Krankheitswissen. Man möchte sagen: Wenn der Himmel – oder auch die Hölle natürlich – zu stark ergreifen den Menschen, so wird er krank, wenn sie nur seine Seele und seinen Geist ergreifen, wird er weise oder gescheit oder ein Einsichtiger.

Das sind Dinge, die Sie, meine lieben Freunde, einmal seelisch verdauen müssen. Dann werden Sie sehen, was Anthroposophie gegenüber dem Arztsein für eine Aufgabe hat, da Anthroposophie gerade zeigt, was die richtigen göttlichen Urbilder ihrer dämonischen Abbilder, der

Krankheiten sind. Das aber kann Sie eben immer tiefer und tiefer hineinführen in die Erkenntnis, daß wirklich zu suchen ist auf dem anthroposophischen Boden das, was heute als eine Reform des medizinischen Studiums notwendig ist.

ACHTER VORTRAG

Dornach, 9. Januar 1924

Meine lieben Freunde!

Es ist natürlich nur möglich, manches aphoristisch hier anzudeuten, was ja im Laufe der Zeit in einer ausführlichen Weise auf die eine oder andere Art an Sie herandringen muß, wenn dasjenige, was sich hier für Sie abgespielt hat, eine entsprechende Fortsetzung findet in Ihrem Zusammenhang hier mit der medizinischen Bewegung des Goetheanums.

Es ist ja vor allen Dingen zu betonen, daß selbstverständlich nicht gegen das Karma geheilt werden kann. Daß eben nicht gegen das Karma geheilt werden kann, das muß im wesentlichen des Arztes Gesinnung sein. Des Arztes Gesinnung muß tatsächlich schon bei der allerersten Frage des Heilenwollens nach zwei Richtungen gehen. Die eine ist der unbesiegbare Karmawille. Diesen Karmawillen braucht der Arzt ja vor allen Dingen für sich selbst. Denn Sie haben gesehen, meine lieben Freunde, daß dasjenige, was er für seine Patienten anwendet, in einer gewissen Weise die Wirkung für ihn selbst verliert. Gewiß, es kann wiederum in Wirkung für ihn umgewandelt werden. Aber zunächst für Euer Wissen genügt, was ich darüber gesagt habe. Natürlich bleibt auch der Arzt in bezug auf sein Gesundsein und sein Kranksein dem Karma unterworfen. Aber gerade dann, wenn diese Gesinnung da ist, von der ich gesprochen habe, wenn das therapeutische Wissen eben so tief in die menschliche Seele eindringt, wie ich gesagt habe, dann kann gesagt werden, daß das Karmabewußtsein immer mehr übergeht in die reine Offenbarung des Karma. Karma hat seine zwei Seiten. Ihr müßt das Karma zunächst so ansehen, daß Ihr dasjenige, was für Euer Schicksal vorliegt, bezieht auf das Nächstvorhergehende in den aufeinanderfolgenden Erdenleben. Da ist das Karma der Ausdruck für dasjenige, was die vorhergehenden Erdenleben gebracht haben. Aber direkt liegt doch einmal das vor: Ihr müßt auch an Karma zu denken haben im fünften, sechsten folgenden Erdenleben, in dem Erdenleben, das auf das jetzige Erdenleben folgend, das fünfte, das sechste ist. Dann wird das, was jetzt geschieht, ein Ereignis sein, dann werdet Ihr das Ergebnis zuletzt haben. Wenn Ihr diesen Gedanken richtig zu Ende führt, wird Euch klar sein, daß Karma auch ein Werdendes ist, daß dasjenige, was jetzt geschieht, zum Karma das eine oder andere hinzufügt. Man kann schon sagen, daß das Karma in einer gewissen Weise da- oder dorthin durch unsere Taten gewendet wird. Fatalist kann derjenige, der das Karma versteht, niemals werden.

Die eine Richtung ist die nach dem Karma. Sie gibt Festigkeit und Sicherheit im Leben, sie gibt einen festen Standpunkt. Die andere Richtung ist aber diese, daß unbedingt der Wille zum Heilen da sein muß. Dieser Wille darf niemals eine Beeinträchtigung erfahren. Er muß restlos immer soweit therapeutisch wirken, daß man sagen kann: Man tut alles, selbst wenn man die Meinung hat, daß der Kranke unheilbar ist. – Ihr müßt diese Meinung unterdrücken, müßt alles tun zu seiner Heilung. Das ist nur aphoristisch angedeutet.

Das Wichtigste ist heute dieses, daß wir gewissermaßen dasjenige, was zur Wirkung haben kann die Auferweckung der Seelenkräfte für das medizinische Studium, esoterisch weiter betrachten. Und da müßt Ihr daran denken, daß in der Tat für den Arzt auch der Inhalt des Esoterischen eine spezielle Betätigung, eine besondere Form annehmen muß. Der Arzt wird einfach nicht dabei stehenbleiben, die Dinge so zu betrachten, wie man sie im gewöhnlichen Leben betrachtet. Und das tut man heute auch in der gewöhnlichen Wissenschaft. Die Wissenschaft appelliert nicht an besondere Seelenkräfte, die der Mensch im gewöhnlichen Leben nicht hat, sondern im Gegenteil, sie legt allen Wert darauf, nur ja nicht an solche Seelenkräfte zu appellieren. Aber mit den allgemeinen Anschauungen kommt man nicht dahin, daß irgendeine Substanz oder ein Vorgang der Welt die Heilkräfte verrät. Die Heilkräfte werden erst verraten von den Dingen, wenn man an sie herantritt mit gewissen geweckten Seelenkräften. Es wird nun an Euch liegen, Schritt für Schritt diese Seelenkräfte zu wecken, damit die Dinge zu Euch in ihrer Art so sprechen, wie sie durch Euch, durch Euer ärztliches Wirken den Menschen helfen können. Aber da kommt es darauf an, daß dasjenige, was ich in diesen Tagen immer von der Gesinnung des Arztes gesprochen habe, noch weit, weit mehr in Eurer Seele vertieft werde.

Ich will zunächst nur einmal eine einfache Betrachtung so anstellen, wie sie eigentlich im medizinischen Studium angestellt werden müßte. Hier nimmt sich die Sache aphoristisch aus, wenn man aber dazu Zeit haben wird, wird sie sich nicht aphoristisch ausnehmen, sondern sie wird sich als selbstverständlich entwickeln vor der Seele des Medizinstudierenden.

Seht einmal hin auf dasjenige, was sich Euch der Form nach enthüllt in der knöchernen Schädeldecke. Wir können einfach diese knöcherne Schädeldecke uns schematisch hinzeichnen. Seht auf das, was sich der Form nach in der knöchernen Schädeldecke enthüllt, und stellt es einmal in Gegensatz zu demjenigen, was sich Euch enthüllt, wenn Ihr einen Röhrenknochen, ich will sagen, den Oberschenkelknochen – ich will ihn schematisch andeuten – ins Auge faßt. Nun stehen diese Dinge nicht allein da, sondern die knöcherne Schädeldecke hat die mannigfaltigen physischen Kräfte, die sie umspielen. Ebenso hat der Röhrenknochen die mannigfaltigen Kräfte, die ihn umspielen; aber wenn Ihr auf diesen Röhrenknochen hinschaut, er wird Euch niemals anders seine Wesenheit enthüllen, als wenn Ihr ihn im Zusammenhang mit dem ganzen Weltenall betrachtet. Nun denkt Euch: hier ist der Röhrenknochen; seine Kräfte sind so, daß sie durch seine Länge hindurchgehen, und eigentlich dann, wenn der Mensch die von ihm zu erringende irdische

Lage hat, zum Mittelpunkt der Erde hingehen. Aber das ist nicht sein Wesentliches. Sein Wesentliches ist, daß er diese Kräfte in die Verbindung des Erdmittelpunktes mit dem Monde einreiht. Also dasjenige, was so gelegen ist wie der Röhrenknochen des Oberschenkels oder des Oberarmes, wie auch ein entsprechend in seiner Lage liegender Muskel, das ist eigentlich eingereiht, eingegliedert in die Kräfte, die da verbinden Erde mit Mond. Und Ihr könnt Euch das so vorstellen: Ihr habt hier die Erde, von der Erde lodern Kräfte zum Monde hinauf, und in diese Kräfte ist alles das eingespannt, was die Lage, sagen wir, des Oberschenkels hat, wenn der Mensch steht oder geht. Dagegen ist zusammengegliedert alles dasjenige, was eine solche Lage wie die Schädeldecke hat, mit der Saturnbewegung. Da walten drin die Umdrehungskräfte

des Saturn. So daß man sagen kann: der Mensch wird gebildet von unten nach oben durch den Zusammenhang von Erde und Mond, er wird abgeschlossen durch dasjenige, was in der Umschwungskraft des Saturn liegt, aber beide Kräftearten sind einander entgegengesetzt. Wenn Ihr auf die ersten Kräfte hinschaut, auf diejenigen, die im Zusammenhang zwischen Erde und Mond liegen, so liegt in diesen Kräften alles dasjenige drin, was dem Menschen seine plastische Form gibt, was den Menschen plastisch aufbaut. Man möchte sagen, in diesen Kräften liegt ein geheimer Bildhauer drin, der den Menschen plastisch aufbaut, während in den andern Kräften, die so gehen, fortwährender Abbau liegt. Da wird fortwährend das Materielle, das den Menschen plastisch aufbaut, wieder auseinandergestäubt. Wenn Ihr Euch also einen Nagel abschneidet, so seid Ihr mit der Schere in den Saturnkräften drin. Wenn Ihr eßt, so ist die Komponente – die von der Erde weggehende Richtung gibt diese Komponente – in der Richtung des Mondes. Alle Kräfte in der Richtung der Mondrichtung bauen auf. Alle Kräfte in der Richtung der Saturnrichtung zerstäuben den Menschen, und in dieser Wechselwirkung zwischen Zerstäuben und plastischem Aufbauen liegt des Menschen Seele, liegt des Menschen Geist. Darin offenbaren sie sich.

Nun ist das, was draußen ist, und das, was der Mensch in sich hat, was mit dem Ätherleib verbunden ist, das ist mit diesen peripherischen Kräften verbunden. Verbunden mit den Aufbaukräften erweist sich in gewisser Beziehung das Silber; so daß, wenn Ihr bemerkt im Menschen, daß die Aufbaukräfte überwältigt werden von den Abbaukräften, Ihr in der Regel diese Gestaltung korrigieren könnt mit irgendeiner Arznei, die vom Silber her kommt. Merkt Ihr aber, daß die Aufbaukräfte wuchern, daß sie den Menschen in seiner Gestalt zusammenhalten, sozusagen verhindern das Zerstäuben, so sehen Sie stets, daß man appelliert an die Mittel, die vom Saturn kommen, an Mittel, die vom Blei herkommen. So daß, wenn man erkennt, wie der Mensch aufgebaut ist, man eine Anschauung davon bekommt, wie man sich zu verhalten hat.

Nun handelt es sich darum, daß man in eine solche Betrachtungsweise hineinkommt. Nun, seht Ihr, meine lieben Freunde, die wahre Welt, die Welt des Geistes, die liegt eigentlich so, daß man mit Recht immer gesagt hat, sie liege jenseits einer Schwelle, der Mensch stehe diesseits einer Schwelle. Es ist schon notwendig, daß der Mensch, um zur wahren Erkenntnis, um zur wahren Einsicht in die Weltenkonstitution zu kommen, diese Schwelle übertritt. Nun ist es im allgemeinen gefährlich für den Menschen, diese Schwelle so ohne weiteres zu übertreten. Denn wenn der Mensch seine gewöhnliche Sinnesanschauung mit Gedanken durchsetzt, wie er sie hat im gewöhnlichen Leben und sie mitträgt in die geistige Welt jenseits der Schwelle hinein, dann ruft er vor seinem geistigen Auge dadurch, daß er die Dinge jenseits der Schwelle so beurteilt, wie man die Dinge hier betrachtet, hier beurteilt, ein Blendwerk, ein richtiges Blendwerk hervor. Und deshalb ist jene geistige Wesenheit an der Schwelle, von der wir lernen können, daß wir ganz andere Begriffe brauchen, wenn wir die Schwelle übertreten, daß uns eben Blendwerk lähmt für das Leben, wenn wir mit unseren gewöhnlichen, aus der Sinnenwelt entnommenen Begriffen in die geistige

Welt hinüberkommen. Dieser Hüter der Schwelle ist eigentlich der Mahner, daß wir uns erst die Ideen verschaffen, die wir in der geistigen Welt brauchen. Man glaubt gewöhnlich nicht, daß die Begriffe, die in der geistigen Welt etwas taugen, ja außerordentlich verschieden sind von den Begriffen, die hier in der physischen Welt etwas taugen. In der physischen Welt ist zum Beispiel der Teil immer kleiner als das Ganze. Das gilt als Axiom. So ist es nicht in der geistigen Welt. Da ist der Teil immer größer als das Ganze. Das kann man am Beispiel des Menschen lernen. Wenn man eine Kraft annimmt, die der Mensch hat, wenn er zum Beispiel aus Mineralischem seinen Leib aufbaut, und dann den Kräftezusammenhang, den ein Teil von ihm hat, so ist dem Kosmos gegenüber dasjenige, was die Organe gestaltet, also der Teil des Menschen, wesentlich größer als der ganze Mensch. Ihr könnt Euch nicht so ohne weiteres den Satz vorstellen, der Teil ist größer als das Ganze, weil Ihr die Sinnenwelt gewöhnt seid, aber gegenüber der übersinnlichen Welt ist es durchaus so. Daher muß man dazukommen, die Möglichkeit einzusehen, daß in der geistigen Welt der Teil größer sein kann als das Ganze. Unsere ganze Mechanik und Physik gilt nicht für die übersinnliche Welt, sondern gerade für das Entgegengesetzte. Hier in der sinnlichen Welt ist die Gerade der kürzeste Weg zwischen zwei Punkten. In der geistigen Welt ist sie der längste, weil, wenn man in gerader Richtung vorgeht, man die meisten Hindernisse zu überwinden hat. Jede andere Richtung ist kürzer als die gerade Richtung. Man muß sich durchaus klar sein, daß, wenn man in die geistige Welt hinein will, man entgegengesetzte Begriffe braucht für das, was in der physischen Welt gang und gäbe ist, daß man nicht in Verwirrung gesetzt wird, wenn man in die geistige Welt geht. Dazu gehört Mut. Man muß den Mut haben, über die geistige Schwelle hinüberzugehen, geradezu über den Abgrund hinüberzusetzen. Wenn man das Ganze durchmacht, dieses Hinübergehen zur geistigen Welt, dieses Vorbeigehen an dem Hüter der Schwelle, und dieses Drüben-Ankommen, wenn man das durchmacht in Seele und Geist, in Astralleib und Ich bewußt durchmacht, so ist alles gut. Aber wenn man es nicht reinlich durchmacht in Ich und in Astralleib, so entsteht ein Blendwerk, und wenn dieses Blendwerk zurücksticht auf den Menschen, wird Krankheit daraus. Und immer wenn der Mensch etwas Krankes hat, so hat er eigentlich den Hüter der Schwelle in sich, nur in einer Art dämonischem Abbild.

Ich komme da wieder auf das Dämonische, über das ich schon sprechen mußte. Und worauf beruht das? Das beruht darauf, daß, wenn man mit gewöhnlichen Anschauungen auf den Menschen hinschaut, so kommt alles untereinander in Verwirrung. Auf der einen Seite ist Ich und astralischer Leib des Menschen, auf der andern Seite ist ätherischer Leib und physischer Leib; und das alles wirkt bunt durcheinander, wenn man so hinschaut auf den Menschen. Und vor allen Dingen kommt es darauf an, daß man dasjenige, was seelisch im Menschen ist, unterscheiden lernt von demjenigen im Menschen, was körperlich ist. Wenn die Seele im Körper ist und Sie den Menschen anschauen, erscheint die Seele nicht als das, was sie in Wirklichkeit ist. Die Seele ist in Wirklichkeit, in der Tat Licht. Und Ihr werdet darauf kommen müssen immer mehr und mehr, wie die Menschenseele, wenn man sie in ihrer Abgeschiedenheit vom Leibe anschaut, Licht ist. Sie gehört unter den Dingen, die sie als Element, als ätherisches Element umgeben, eben dem Lichte an. Die Menschenseele gehört durchaus dem Reiche des Lichtes an. Man sieht sie richtig, wenn man sie innerhalb des Lichtes sieht.

Dagegen gehört der Körper der Schwere an. Nun habe ich auseinandergesetzt, wie die Schwere überwunden wird, wie das Gehirn furchtbar viel leichter wird, als es draußen erlebt wird. Aber der physische Körper in seiner Gestaltung, die von uns in seiner Wesenheit wahrgenommen wird, er gehört der Schwere an. Geradeso wie Ihr durch chemische Analyse aus dem Wasser Wasserstoff und Sauerstoff herausbekommt, so müßt Ihr, wenn Ihr den Menschen seiner Wesenheit nach anschauen wollt, ihn gliedern in die Seele mit ihrer Leuchtekraft, und in den Körper mit seiner Schweremacht.

Diese zwei Wesenheiten, die Seele mit ihrer Leuchtekraft, der Körper mit seiner Schweremacht, sind verwirrend ineinandergeschoben, wenn sie mit dem gewöhnlichen Auge betrachtet werden. Weil sie verwirrend ineinandergeschoben sind, kann man dem Körper nicht ansehen, überhaupt dem Menschen nicht ansehen, worin das Wesen der Krankheit besteht. Wenn Ihr Eure Seele so einrichtet, daß sie hinschauen kann auf den Menschen in der Art, daß sich das Wesen der

Krankheit enthüllen kann, und wenn Ihr dadurch darauf kommt, wie das Wesen der Krankheit sich enthüllen kann, dann wird Euch nach und nach, wenn Ihr Blei anschaut, wenn Ihr Silber anschaut, eben aufgehen, welche Heilkräfte in diesen Dingen sind. Aber Ihr müßt ungeheuer ernst das medizinische Leben nehmen, und das meditative Leben wirklich so kraftvoll in Eurer Seele gestalten, daß Ihr durch dieses meditative Leben eben anders sehen, anders die Welt ergreifen lernt. Und das ist es, warum ich Euch hier mitgeben möchte jetzt dasjenige, was, richtig meditiert, meine lieben Freunde, zu dem andern hinzugefügt, Euch nun auch dazu führt, zu speziellen Substanzen dasjenige Verhältnis zu gewinnen, das diese Substanzen nun selber haben zum gesunden und kranken Menschen. Ihr müßt nur das, was ich jetzt als Worte auf die Tafel schreibe, als weckend in Eurer Seele so anschauen, daß dasjenige, was Ihr im gewöhnlichen Leben vom Menschen seht, nicht die Wirklichkeit ist, aber das was Ihr sehen werdet, wenn Ihr Eure Seele belebt mit dem, was in diesen Worten liegt; dann werdet Ihr die Wahrheit des Menschenwesens in seinem Verhältnis des einen zum andern sehen.

Ich habe bisher so gesprochen, daß Ihr den Menschen allgemein in seinem Verhältnis zum Kosmos erfassen könnt. Heute möchte ich in Eure Seelen hineinschreiben, was Euch befähigt, ein kleines Stückchen Gold zu nehmen, und dieses Gold meditativ zu betrachten. Ich schlage es in eine dünne Platte, und bekomme, wenn ich so durchschaue, Grünliches. Es sieht grünlich aus. Es erweckt, indem es so grünlich ausschaut, nicht nur durch eine verworrene Analogie, sondern gerade, wenn ich mit tieferen Seelenkräften an dieses Goldplättchen herangehe, erweckt es dasselbe innere Erlebnis, was die grüne Wiese, die grüne Pflanzendecke der Erde erweckt. Aber dadurch, daß ich mich recht vertiefe mit meinen Seelenkräften in das kleine durchschimmernde Goldplättchen, wird auch die entgegengesetzte Seelenkraft erweckt, und ich bekomme, indem ich das grünlich schimmernde Goldplättchen hier habe, wenn ich überall aufschaue, überall hinschaue, wegschaue, ich bekomme – nicht wie der physiologische Physiker sagt, nur eine Kontrastwirkung, sondern in diesem allem liegt in der Kontrastwirkung eine ganze Welt – den Eindruck einer ganzen in sich schimmernden Welt, einer ganzen in sich schimmernden Welt, die da wie im mattrötlichen, bläulich-rötlichen Lichte um mich herum überall schimmert. Und ich weiß in dem Augenblicke: in dem Stückchen Gold, das so klein ist, liegt die ganze Welt da. Und dieses kleine Stückchen Gold, das ich in der Hand habe, das hier grünlich schimmert, das ist eigentlich eine ganze Sphäre. In dieses kleine atomistische Stückchen, in das ist sie verdichtet: ich kann nicht ein Stückchen Gold haben, ohne daß es eine ganze Sphäre ist, ohne daß es ein Knotenpunkt ist aus einer Sphäre, einer ganzen Sphäre, so daß ich gewissermaßen lerne, in dem Blau-Roten, in dem Blau-Violetten einer Sphäre zu leben. Und wenn Ihr dann andere Eigenschaften des Goldes kennenlernt, dann werdet Ihr lebendig verbinden diese andern Eigenschaften des Goldes mit dem, was Ihr so in einer Art von seelischer Schau erhaltet. Ihr werdet zum Beispiel die Euch bekannte Eigenschaft, daß das Gold nicht duldet eine Verbindung mit dem Sauerstoff, Ihr werdet dies in einer gründlichen, einer grundlegenden, prinzipiellen Weise erleben. Denn Ihr werdet Euch sagen: Der Mensch lebt dadurch, daß er den Sauerstoff hat. Er lebt dadurch, daß er den Sauerstoff hat, daß er den Sauerstoff fortwährend verarbeitet. – Im ätherischen Leib – Ihr habt gesehen – ist alles anders; er ist verwandt mit demjenigen, was nicht im physischen Leib verankert ist. Das Gold ist mit dem ätherischen Leib dadurch verwandt, daß es nicht in sich eine Verbindung mit dem Sauerstoff duldet. So daß gerade durch diese seine Eigenschaft das Gold im ätherischen Leib heilend wirkt für alles dasjenige, was der Sauerstoff zum Beispiel im physischen Leib verursachen kann. Daher ist das Gold gewissermaßen ein Heilmittel, das vom Zentrum des Menschen aus richtig wirken kann. Ihr bekommt durch diesen leuchtenden Eindruck in matt-blau-rotem Lichte eigentlich die innere Wahrheit des Satzes: Das Gold ist Sonne. Es ist ganz Sonne. – Nun, da habt Ihr diesen einen Knoten, der hier einfach anzeigt, daß im Weltenraum Gold Sonne ist. Und daß Gold–Sonne mit dem ätherischen Leibe verwandt ist.

Seht Ihr, durch solche Betrachtungen kommt Ihr zu denjenigen Eigenschaften einer Substanz, die man für die Therapie braucht. Aber Ihr kommt nur dazu, wenn Ihr ernst nehmen wollt, nicht als äußeres Wort, sondern als fortwährende innere Aufforderung der Seele:

Schau in deiner Seele
Leuchtekraft
Fühl in deinem Körper
Schweremacht

Das muß aber wirklich Übung werden. Ihr müßt üben können, wie wenn Eure Seele etwas werden würde, was wirklich strömend in die Weite ist, strömendes Licht, Leuchtekraft, und wie wenn Euer Körper etwas werden könnte, was durch seine eigene innere Schweresehnsucht sich mit dem Inneren der Erde verbindet. Diesen ungeheuren Gegensatz müßt Ihr wirklich innerlich erleben, dann trennt Ihr Seele und Leib, Seele und Körper, die getrennt werden *müssen*. Dann geht es weiter:

In der Leuchtekraft
Strahlet Geistes-Ich

Nur so werdet Ihr das Ganze verstehen. Denn das menschliche Ich geht als inneres Erlebnis in der Seele auf. Daher müßt Ihr auch das Bild verstehen, daß in der in das Weltenall hinausstrahlenden Seele, hinausleuchtenden Seele strahlig das Ich erwächst.

Das andere ist nun dasjenige, was Ihr hinzufügen müßt:

In der Schweremacht
Kraftet Gottes-Geist.

Wahrhaftig nicht bloß als von einem trivialen Bild, meine lieben Freunde, sondern als von etwas, was tief der Wahrheit entspricht, haben die Menschen früherer Zeiten immer davon gesprochen, daß der Mensch, der menschliche Körper ein Tempel der Gottheit ist. Und so wahr als in der Seele das Ich das Herrschende ist, wenn die Seele bewußt ist, so wahr ist im Körper die Gottheit herrschend. Ihr dürft nicht Eueren Körper als das Eurige ansprechen, denn der Körper ist nicht des Menschen, der Körper ist Gottes. Es ist schon so: aus den göttlichen Kräften heraus erwächst des Menschen Körper. Aber sein ist nur die darin befindliche Seele. So daß Ihr wirklich sehen müßt in Eueren körperlichen Werkzeugen Gottes Tempel.

Und das ist von ungeheurer Wichtigkeit zu wissen:

In der Leuchtekraft – der Seele –
Strahlet Geistes-Ich
In der Schweremacht
Kraftet Gottes-Geist

– kraftet in dem menschlichen Körper gerade so, wie das Ich in der menschlichen Seele.

Nun kommt aber das Wichtige:

Doch darf nicht
Leuchtekraft
Ergreifen
Schweremacht

Wenn der Mensch schläft, so wird Euch ohne weiteres klar sein: er hat getrennt sein Seelisches und sein Körperlich-Leibliches. Er hat sie getrennt. Da ergreift die Seele nicht den Körper. Aber auch wenn der Mensch wacht, so muß es so sein, daß zwar das Ich und der astralische Leib untertauchen in den physischen und den ätherischen Leib, daß aber dennoch eine innere Absonderung, ein inneres Getrenntsein der Leuchtekraft und der Schweremacht besteht. Es darf nicht so sein, daß chemisch eine Komponente sich bildet aus der Leuchtekraft und der Schweremacht; die müssen innerlich getrennt sein. Mechanisch dürfen sie sich nicht miteinander vermengen, oder sich gar verbinden innerlich. Sie müssen nebeneinander im gleichen Raume wirken, die Schweremacht des Körpers hinunter, die Leuchtekraft der Seele hinauf. Deshalb ist der Satz wichtig:

Doch darf nicht
Leuchtekraft
Ergreifen
Schweremacht
Und auch nicht
Schweremacht
Durchdringen
Leuchtekraft

Das ist nur der Gegensatz. Also es muß in der Realität, meine lieben Freunde, im Menschen das vorhanden sein, getrennt vorhanden sein, was unsere äußere Sinneserkenntnis fortwährend vermischt. Wenn Sie den Menschen äußerlich anschauen in der Sinneserkenntnis, so ist das alles durcheinander. Und wenn der Mensch das wäre, als was ihn die gewöhnliche Anschauung sieht, so wäre er immer krank. Der Mensch kann gesund sein, aber unsere Anschauung, unsere Sinnesanschauung vom Menschen ist immer die Krankheit. Man sieht den Menschen immer krank, aber das ist natürlich immer Maja, Illusion. Denn in der wahren Wesenheit darf der Mensch nie so sein, wie man ihn sieht. In der wahren Wesenheit darf nicht durcheinandergemischt sein Leuchtekraft und Schweremacht. Die müssen innerlich getrennt sein voneinander. Es darf also etwa nicht so sein wie beim Wasser, wo Wasserstoff und Sauerstoff eine chemische Verbindung miteinander eingehen, und eigentlich für sich verschwinden. Das macht beim Menschen bloß die sinnliche Anschauung; die hat die Abgeschmacktheit zustande gebracht, chemische Vorstellungen in sich hineinzutragen und den Menschen so anzuschauen, als wenn er eine Verbindung von Leuchtekraft und Schweremacht wäre. Die sind getrennt und müssen getrennt bleiben. Wie wenn das Wasser so wäre, als ob Wasserstoff und Sauerstoff immer darin getrennt blieben, trotzdem sie ineinander sind.

Denn fasset Leuchtekraft
Die Schweremacht

– also geht wirklich Leuchtekraft in Schweremacht hinein –

Denn fasset Leuchtekraft
Die Schweremacht
Und dringet Schweremacht
In Leuchtekraft
So binden in Welten-Irre
Seele und Körper
In Verderbnis sich

– die Verderbnis ist die Krankheit.

Wie gesagt, Ihr müßt so etwas wie dieses nur ganz im vollen Ernste nehmen, aber so ernst nehmen, daß es Eueren Leib bildet, daß Ihr wirklich den Menschen anschauen könnt nach Leuchtekraft und Schweremacht, und daß Ihr das Gefühl habt: die sind, wenn sie einander anfassen, einander feind. In der Krankheit fassen sie einander an. Und wenn Leuchtekraft die Schweremacht faßt, entstehen die Krankheiten des Körpers; wenn Schweremacht in Leuchtekraft dringt, entstehen die sogenannten Seelenkrankheiten. Denn bedenkt, was da ist. Bedenkt, daß im Körper Gottes Geist lebt. Wenn nun Leuchtekraft Schweremacht fasset, so eignet sich der Mensch widerrechtlich Gott, Gott in sich, an.

Nun, diese Dinge alle mit dem nötigen moralischen Impuls zu denken, durchzuempfinden, durchzufühlen, und dann mit dem, was Ihr da gefühlt habt, zu wollen, da lernt Ihr allmählich wirklich die Dinge und Vorgänge der Welt so anschauen, daß Ihr darauf kommt, wie man wiederum, wenn Leuchtekraft die Schweremacht erfaßt hat, wegbringt die Leuchtekraft von der Schweremacht durch irgend etwas, was den ätherischen Leib vom astralischen Leib her unterstützt durch irgendeine äußere Substanz oder durch einen Vorgang im Menschen. Sehet Ihr, wenn Ihr so etwas in Eurer Seele richtig durchempfindet, dann werdet Ihr auch einen Blick bekommen für das Heilende der Heileurythmie. Denn das Heilende der Heileurythmie ist im Grunde genommen, ich möchte sagen, dasjenige, was beim Heilen ganz besonders auf die kosmischen Kräfte rechnet. Wenn Ihr konsonantische heileurythmische Übungen macht, so seid Ihr drinnen in den Mondenkräften. Wenn Ihr vokalische heileurythmische Kräfte entwickelt, so seid Ihr in den Saturnkräften drinnen. Und der Mensch fühlt sich direkt durch diese zwei Arten von Kräften beim Heileurythmisieren in den Kosmos ein. Und es ist zum Beispiel so: nehmen wir einmal an, man könnte konstatieren – denn das Wesentliche in der Medizin ist selbstverständlich die Therapie, aber es gibt nicht eine Therapie, wenn nicht eine absolut brauchbare Diagnose vorliegt –, nehmen wir an, man könnte konstatieren, daß beim Menschen vorliegt ein zu starkes Gestalten, daß er also in sich, sagen wir, die Gestaltung hat von Salzen oder Kohlehydraten, die er nicht überwinden kann; es ist zuviel Gestaltung in ihm. Wenn Ihr wirklich die ja feineren Wirkungen auf den

Organismus betrachtet – es können die Symptome nur als leise Symptome auftreten –, da wird die vokalische Heileurythmie, die dem Gestalteten entgegenwirkt, außerordentlich günstig wirken können. Oder man nehme einmal an, daß ein kleines Kind leise die Anlage zum Stottern zeigt. Nun, nicht wahr, ich will ganz gewiß nicht in einer dilettantischen Weise davon sprechen, daß das Stottern dieses oder jenes ist, es können natürlich die mannigfaltigsten Schädigungen da sein. Aber unter allen Umständen wirken diese Schädigungen beim Stottern so, daß eine prädominierende gestaltende Kraft vorhanden ist, und man wird gerade daher beim Stottern vokalisierende heileurythmische Übungen machen, und zwar gerade in der Reihenfolge, wie sie das Vokalische naturgemäß im Menschen, ich möchte sagen, zum richtigen menschlichen Offenbaren bringen, gerade in *der* Form anwenden. So daß man in der Tat bei Kindern, die zum Stottern Anlage haben, heileurythmisch einfach mit der gewöhnlichen Vokalfolge A, E, I, O, U, wenn man die nötige Ausdauer und Liebe hat, außerordentlich viel wird erreichen können.

Wenn Ihr Euch das alles bedenkt, meine lieben Freunde, dann werdet Ihr Euch sagen können, gerade das muß für Euch wichtig sein, daß Ihr die esoterischen Untergründe, die ich Euch vor einigen Tagen und jetzt gegeben habe, betrachtet wie eine Art Moral des medizinischen Studiums. Unter Moral verstehe ich das Verbundenfühlen zu einer Verpflichtung, das Verbundenfühlen, wirklich die Seele durch solche meditativen Kräfte in die nötige fortdauernde Stimmung zu bringen, der Welt in der richtigen Art gegenüberzustehen. Nicht wahr, würde man Euch ein Jahr vortragen können, so würde man schon sehr viel über einzelnes sagen können, was Euch dann auch für die Praxis konkret da hineinstellen kann. Aber da wir ja in diesen Vorträgen alles nur gewissermaßen auf den Weg bringen konnten, meine lieben Freunde, so ist es von ganz besonderer Wichtigkeit, zunächst, ich möchte sagen, von der Entwickelung der medizinischen Kräfte in der Menschenwesenheit zu sprechen, Euch eben diese medizinischen Winke zu geben. Denn wenn Ihr mit diesen esoterischen Winken nun an Eure medizinischen Studien geht: Ihr werdet sehen, es wird anders. Allerdings, es wird vielleicht schwerer sogar. Wenn ein etwas gedankenstumpfer Mensch von heute –

die Menschen werden heute schon durch die Volksschule gedankenstumpf, durch die Gymnasiumausbildung noch mehr, dann kommen sie an die Hochschule heran – wenn ein solcher gedankenstumpfer Mensch an die medizinischen Studien kommt, wird er das erste und zweite Jahr mit einer gewissen inneren Bockigkeit die Dinge überwinden, wenn er vielleicht aus irgendwelchen sozialen Hintergründen herrührend irgendwelche moralische Peitsche hinter sich fühlt. Aber Mediziner, Arzt wird er nicht. Er wird einer, den die Sozietät anstellt als einen, der den Arzt mimt, aber er wird nicht Arzt. Nun werdet Ihr ja natürlich eine verfeinertere Seelenkraft bekommen dadurch, daß Ihr solche Dinge auf Eure Seelenkräfte wirken laßt. Und es wird Euch manchmal die Art, wie heute Psychologie und Physiologie und pathologische Wissenschaft, auf der die medizinische Wissenschaft beruht, auf Euch selber wirkt, es wird Euch manches wehe tun. Es wird wirklich so sein, wie wenn man Euch manchmal statt Brot Steine geben würde. Aber Ihr werdet dann selber aus diesen Steinen, die da sind, doch etwas herausholen können. Und es wird Euch das, was da gegeben wird, in einem gewissen Grade doch zielvoll sein können. Ihr werdet auf einem nicht leichten Wege doch etwas lernen können. Und das muß schon sein, nicht wahr, vorläufig ist eben die Welt mit ihrem Materialismus noch mächtig, und wir müssen uns zunächst in sie hineinstellen auf irgendeine Art. Wir müssen da heraus arbeiten aus der Lage, in die wir kommen, wenn wir uns eben hineinstellen.

Und so müßt Ihr schon so, wie die Welt es verlangt, Ärzte werden, und Euer Arztstudium durchdringen mit demjenigen, was Ihr von hier aus haben könnt. Und deshalb möchte ich noch einmal sagen: Ihr werdet, meine lieben Freunde, durchaus die Gelegenheit haben, Euch hier in der richtigen Weise zusammenzuschließen, anzuschließen auf die Art, wie ich es Euch gesagt habe. Ihr müßt vollständiges Vertrauen haben zu der Art und Weise, wie von mir, zusammen mit Frau Dr. *Wegman* die medizinische Abteilung des Goetheanums verwaltet wird. Gerade diese Medizin, wie man sie hier erforschen kann, kann Euch zeigen, wie man sie hier – verzeiht das paradoxe Wort – wirklich im Menschenleben erleben kann. Ihr werdet das empfangen können, und deshalb macht Ihr es so, daß Ihr, wenn Ihr wiederum draußen seid in der Welt, wenn

Euch das eine oder das andere auftaucht, Ihr Eure Wünsche schreibt, Eure Herzensbedürfnisse. Und dasjenige, was der eine schreibt, wird dann eine Antwort erhalten, welche im monatlichen Rundbrief an alle mitgeteilt wird. Da wird auf die Weise, wie wir es zunächst nur machen können, das äußere Medizinstudium durchdrungen werden können von demjenigen, was nun eben einmal heute gegeben werden kann.

Denn seht Ihr, im Grunde genommen sind es ja noch außerordentlich wenige Menschen – es können ja eigentlich nur junge Menschen sein –, nur wenige Menschen noch, die die Brücke schlagen können zwischen dem, was in Dornach geistig gewollt wird, und demjenigen, was draußen in der Welt materialistisch die Macht hat. Es können ja vorläufig nur wenige Menschen sein, und eigentlich nur diejenigen Menschen, die in ihrem Studium drinnenstehen. Warum? Das, was man von Dornach zunächst hört in den verschiedensten Gebieten, wenn das wahr wäre, wäre es ja eine Narrheit. Als ich einmal in einem Kreise von Studenten vorzutragen hatte über ein besonderes Kapitel der Therapie, waren die Studenten da von der ganzen Fakultät und ein ganzer Professor, ein richtiger Professor. Ja, sehen Sie nun, meine lieben Freunde, ich konnte dem Mann ansehen, der kam in den Vortrag herein, weil er bestätigt finden wollte, das, was er glaubte, daß da eben ein ganz gewöhnliches Geschwätz vorgetragen würde, wie es eben von medizinischen Dilettanten vorgetragen wird. Und da konnte ich wirklich Metamorphosestudien machen, indem er auf der einen Seite immer mehr innerlich unwillig wurde und auf der andern Seite aber eine Überraschung erlebte. Er mußte nämlich übergehen dazu, zu glauben, daß es nicht Geschwätz ist, aber er konnte natürlich nicht ja sagen dazu, denn es widersprach vollständig demjenigen, was er nun schon seit Jahrzehnten als das Wahre und Richtige angesehen hat. Nicht wahr, das Äußerste, was man von diesem Herrn verlangen konnte, war – ich habe nachher mit ihm gesprochen, da stellte es sich heraus –, daß er sich sagte: Ich halte mir das am liebsten vom Leibe! – Nicht wahr, er hätte es nicht vom Leibe zu halten gebraucht, wenn er eingesehen hätte, daß es Unsinn ist. Dann hätte er leicht die üblichen Fußtritte geben können. Er glaubte auch, er könne es leicht, aber er konnte es nicht, und da war das Äußerste, was man von Professorenseite verlangen kann, daß er sich sagte: Ich halte mir das am liebsten vom Leibe. – Man kann nichts anderes verlangen. Aber ganz anders muß sich wirklich der junge Mensch dazu stellen. Der hat noch nicht Antezedentien. Der kann also tatsächlich zum Heile der Menschheit die Dinge aufnehmen. Und wenn das geschieht, meine lieben Freunde, dann wird es schon dahin kommen, daß nach und nach – vielleicht schneller als man denkt – die Goetheanum-Spiritualität in die Medizin hineinkommt.

Aber es muß natürlich zunächst mit der Sache so sein, daß mit vollem Ernst so etwas seine weitere Fortsetzung findet, wie die Art und Weise – wie Frau Dr. Wegman gesagt hat –, wie Ihr zu ihr gekommen seid, um wirklich einzuleiten mit vollem Vertrauen die Verbindung mit demjenigen, was eigentlich ein medizinisches Studium sein soll, das in die allgemeine heutige materialistische Medizin hineinfließen muß. Ihr könnt viel für Euch dazu tun, aber auch viel tun für die Welt und für die kranke Menschheit, wenn Ihr das, was Ihr jetzt gehört habt, nicht als etwas bloß Vorübergehendes betrachtet, sondern als Ausgangspunkt für das, wozu Ihr ja einen so außerordentlich guten Anfang gemacht habt.

In diesem Sinne, meine lieben Freunde, wollen wir vereinigt bleiben, wollen wir so vereinigt bleiben, daß Ihr in Dornach hier im Goetheanum Euren Mittelpunkt behaltet, und an diesen Mittelpunkt Euch wirklich haltet, so daß dieser Mittelpunkt durch Euch in der Welt wirken kann. Das ist dasjenige, was ich wie eine Art von Mahnung, möchte ich sagen, Euch mitgeben möchte, dann wird es gut werden, dann wird noch manches sich anschließen an dasjenige, was wir hier besprochen und durchgemacht haben, wovon Ihr in so schöner Weise ein Gefühlsideal haben könnt, was aber werden kann wirkliche Lebensgestaltung.

Nun, meine lieben Freunde, so wollen wir es halten.

Schau in deiner Seele
Leuchtekraft
Fühl in deinem Körper
Schweremacht
In der Leuchtekraft
Strahlet Geistes-Ich
In der Schweremacht
Kraftet Gottes-Geist
Doch darf nicht
Leuchtekraft
Ergreifen
Schweremacht
Und auch nicht
Schweremacht
Durchdringen
Leuchtekraft
Denn fasset Leuchtekraft
Die Schweremacht
Und dringet Schweremacht
In Leuchtekraft,
So binden in Welten-Irre
Seele und Körper
In Verderbnis sich. –

OSTERKURS

ERSTER VORTRAG

Dornach, 21. April 1924

Meine lieben Freunde!

Wir haben in derjenigen Zusammenkunft, die wir im Anschluß an den Weihnachtskurs hier gehalten haben, sozusagen auf uns wirken lassen dasjenige, was die Medizin esoterisch vertiefen kann. Und natürlich in der Art, wie dies in einer so kurzen Zusammenkunft geschehen kann, haben wir versucht, einen möglichst starken Eingang in das Esoterische der Medizin zu gewinnen, wie es gerade für den jüngeren medizinisch Strebenden heute angemessen erscheint. Wir haben auch in einzelnen Formeln dasjenige in uns aufgenommen zur weiteren Verarbeitung, was hervorrufen kann medizinische Gesinnung, und wir haben ja betont, wie nötig das ist, was medizinische Gesinnung ist. Nun stelle ich mir vor, meine lieben Freunde, daß Ihr eine Zeitlang diese Dinge innerlich verarbeitet habt. Ich stelle mir natürlich diese Arbeit nicht so vor, daß man sitzt und diese Dinge theoretisch bearbeitet, sondern daß man ab und zu, wenn das innere Bedürfnis dazu vorhanden ist, die Dinge auf die Seele wirken läßt, und die Seele sich weiter entwickeln läßt. Nun, gerade in der Art, wie diese Dinge damals an uns herangetreten sind, mußte sich eine ganz bestimmte Tatsache herausstellen, die, wie ich glaube, jetzt für die Zusammenkunft von Bedeutung ist. Es mußte durch die starke Art des Zusammendrängens der damals gegebenen esoterischen Sachen in gewissem Sinne bei dem einen oder dem andern mehr oder weniger das Bedürfnis entstehen, auf gewisse innere Schwierigkeiten hinzuschauen. Es sind die Dinge, die esoterisch gegeben werden, nicht immer dazu da, um uns das Leben möglichst leicht zu machen, sondern es ist schon in gewisser Weise das Gegenteil der Fall. Sie sind schon auch dazu da, um uns das Leben zu erschweren, uns in Schwierigkeiten des Weltauffassens, des Weltempfindens, des Menschenempfindens hineinzutragen, indem wir dann, wenn wir auf diese Schwierigkeiten aufmerksam werden, das Gegenteil von demjenigen Entwickelungsweg machen, der heute so vielfach innerhalb unserer Zivilisation gemacht wird, nämlich das Gegenteil eines oberflächlichen

Entwickelungsweges. Nur wenn man auf die zwischen der Außenwelt und dem Menschen gegebenen Schwierigkeiten aufmerksam wird, kann man in der Seele sich vertiefen, und deshalb meine ich, wird es diesmal der beste Weg sein, den wir durchmachen können, wenn Ihr Euch auf diese inneren Schwierigkeiten besinnt, diese vorbringt in Form von Fragen und wir dann dasjenige, was eigentlich fördernd für die weitere Entwickelung unserer Sache ist, zum Gegenstand der Besprechung machen. Ich würde zunächst bitten, daß mir gesagt würde aus Eurem eigenen Kreis heraus, welche inneren oder äußeren Schwierigkeiten sich ergeben haben. Dem Praktiker werden sich Schwierigkeiten ergeben haben, dem Studierenden werden sich Schwierigkeiten ergeben haben. Es sind eine Anzahl unter uns, die jetzt im Abschluß ihrer Studien stehen, denen werden sich ganz besondere Schwierigkeiten ergeben haben. Das werden wir zur Lösung bringen, indem eben diese Lösung gesucht werden kann. Alle haben auch den ersten Rundbrief bekommen und werden gesehen haben, daß in Anknüpfung an ganz bestimmte Fragen sehr viel doch zu sagen ist. Ich möchte fragen, ob irgendwie doch eine Frage auftaucht, sie kann so bestimmt oder unbestimmt sein, wir werden dann schon an der Frage zu weiterem kommen. Aber wir kommen dadurch mehr aus dem Vortragsmäßigen in das Erlebbare hinein, wenn solche Fragen auftauchen.

Ein Teilnehmer fragt nach dem Jahreslauf, Seelenkalender, bestimmten Konstellationen der Sterne.

Das ist nicht nötig. Sie meinen die Beobachtungen der Konstellationen der Sterne? Ja. Nun nicht wahr, es ist eine Unterstützung, wenn man die beobachtbare Konstellation der Sterne ins Bewußtsein hereinbekommen kann. Aber Sie meinen doch, wenn ich Sie richtig verstanden habe, wie sich die Sache richtig verhält, wenn wir das, was wir als Formeln bekommen haben, auf die Seele wirken lassen. Das wirkt durch seine eigene mantrische Kraft, und das Sich-Orientieren im Äußeren der Sterne kann allerdings eine Unterstützung sein, aber Sie müssen das Folgende bedenken. Nicht wahr, nehmen Sie das allereklatanteste Beispiel eines menschlich-kosmischen Zusammenhanges, der heute noch beobachtet werden kann. Das ist der Verlauf der Menses. Die verlaufen so, daß sie deutlich zeigen, sie sind kosmisch bedingt, aber nicht in der gegenwärtigen Zeit kosmisch bedingt, sondern sie sind kosmisch bedingt in einer viel früheren kosmischen Entwickelung, an der auch unsere Erde teilgenommen hat. Dann haben sie sich im Laufe der Zeit in sich selber abgeschlossen, emanzipiert von dem äußeren Kosmos, so daß jetzt nicht eine unmittelbare Abhängigkeit besteht. So daß man jetzt nicht sagen kann: Mondphasen = Menses. Das kann man nicht sagen. Dagegen kann man wohl sagen: Es war einmal ein Punkt, wo das eine mit dem andern identisch war, dann sind sie auseinandergegangen. Die Mondphasen sind für sich, die Menses sind für sich. Das

ist die eine Gliederung. Das andere ist dieses, was sich nicht nach den größeren Mondphasen richtet, sondern nach den täglichen Mondphasen. Ebbe und Flut waren identisch mit demjenigen, was durch den Mond vorgeht. Wiederum hat es sich getrennt. Der Mond geht für sich, Ebbe und Flut gehen für sich. Diese Dinge sind auch maßgebend für die Wirkung des Mantrischen. Das Mantrische ist durchaus so da, daß dasjenige, was dadurch im Menschen vorgeht, einmal identisch war mit dem Vorgang im Kosmos, und die Spaltung hat nun eben so stattgefunden, so daß man erst die richtige Orientierung haben muß. Wenn man nun diese Unterstützung von außen haben will, dann muß man sich erst sagen: Es ist aufgeschrieben im Kosmos, was im Inneren vorgehen soll. – Aber man muß sich, wenn man sich darauf besinnt, innerlich unabhängig machen und denselben Verlauf innerlich für sich, emanzipiert von dem kosmischen Verlauf, erleben können. Daher ist es nicht unbedingt notwendig, daß bei der Wirkung eines Mantrams die Sternkonstellationen berücksichtigt werden. Ebenso wie es überhaupt nicht in Frage kommen kann, daß die Menses nach der äußeren Mondstellung geregelt werden können, weil sie naturhaft geworden sind. Ebenso ist es heute bereits so, daß unser ganzer innerlicher durch Mantren bedingter Verlauf emanzipiert vom äußeren Kosmos verlaufen muß. Das ist das, was ich schon öfter für andere Gebiete auseinandersetzen mußte als Unterschied zwischen orientaler und okzidentaler Esoterik. Der Orientale steht ganz auf dem Standpunkt: der Mensch ist herausgekommen aus dem Kosmos, er muß wieder zurück, er muß sich wieder anschließen. Nehmen Sie die Buddha-Stellung. Sie ist ein Zurückgehen in frühere Verhältnisse. Durch die ganze Buddha-Stellung geht das hervor, durch das Übereinanderschlagen der Beine, die Ausschließung der Gliedmaßen. Es ist auch die Stellung der Arme so, daß das ganze Verhältnis zur Erde lahmgelegt wird. Was emanzipiert wird vom Kosmos, wird lahmgelegt: Man sieht, wie der Mensch sich wieder zurück eingliedert in den Kosmos. Er geht wieder zurück. Und so ist eigentlich die ganze orientalische Esoterik. Sie ist ein Rückwärtsgehen. Unsere abendländische Esoterik kann nur ein Vorwärtsgehen sein, ein immer mehr Sich-Emanzipieren. Daher ist sie nicht so innerlich bequem, und besonders, wenn sie auf bestimmte Gebiete angewendet werden soll, ist sie nicht so innerlich bequem. Natürlich, wenn Sie, sagen wir, etwas bestimmtes Pathologisches vorliegen haben und Sie sehen sich die Sternkonstellation an, sehen, daß der Fall ausgesprochen eingetreten ist, wenn, sagen wir, Saturn in Opposition zum Mond steht, so hat das natürlich schon eine gewisse Bedeutung. Denn wenn Sie jetzt heilend herankommen mit Saturn–Mond, das heißt, irdisch gesprochen: Blei–Silber – nicht wahr, Saturn = Blei, Mond = Silber –, und sich sagen: Blei verwende ich kosmisch, wie es kosmisch geworden ist in der Erde, das Silber verwende ich irdisch, indem ich versuche, es zu pulverisieren, versuche, es zu lösen, also ich ändere es ins Irdische und rufe dadurch dieselbe Konstellation hervor, die himmlisch ausgedrückt ist durch die Opposition zum Mond: dann können Sie heilen im Sinne der kosmischen Kräfte. Aber zu gleicher Zeit bringen Sie den Menschen in eine Lage hinein, die ihn zurückwirft in frühere menschliche Entwickelungsstadien. Während, wenn Sie einfach direkt ausgehen von demjenigen, was irdisch gegeben ist, der Zusammenhang des Menschen mit dem Blei, mit dem Silber, dann stehen Sie schon in einem sich im Menschen Emanzipierenden drinnen, und Sie schauen nicht in die Vergangenheit, sondern in die Zukunft. In diesem Fall werden Sie durchaus sogar etwas

Ähnliches machen, aber Sie bekommen es von innen dadurch, daß Sie die Natur des Bleies und des Silbers kennenlernen, daß Sie wissen, Blei wirkt substantiell, Silber durch das, was es eigentlich wird, wenn es zertrümmert, gelöst, also in Atome aufgelöst wird. Aber Sie vergleichen es mit der schon emanzipierten Menschennatur, nicht mit dem Kosmos. In dieser Weise muß man schon die Einstellung finden; deshalb kann es schon eine Hilfe sein, sich auf die wirklichen Sternkonstellationen zu besinnen, aber zunächst wird man alle Kraft aufwenden müssen, um die eigene innere Seelenimpulsierung desjenigen, was als mantrische Formeln wir gehabt haben, auf sich wirken zu lassen und mehr alles aus dem Inneren heraus zu suchen.

Ein Teilnehmer: Was muß ich vom Ich aus tun, wenn ich eine Meditation mache?

Sie meinen vom Ich aus. Nun, nicht wahr, die Meditation besteht aus folgendem: Als moderner Mensch haben Sie jedem Satz gegenüber das Gefühl, Sie müssen ihn verstehen. Das ist eine ausgesprochene Tätigkeit des Ich in der gegenwärtigen Inkarnation. Alles dasjenige, was Sie intellektuell tun, ist eine ausgesprochene Betätigung des Ich. Der Intellekt ist in der gegenwärtigen Inkarnation [vorherrschend] und alles übrige ist vom Ich zugedeckt, wirkt höchstens traumhaft hinauf und ist unbewußt. Dagegen heißt nun meditieren: ausschalten dieses intellektuelle Streben und den Meditationsinhalt zunächst so nehmen, wie er gegeben ist, rein, ich möchte sagen, zunächst dem Wortlaute nach. So daß, wenn Sie intellektuell an den Meditationsinhalt herangehen, Sie, bevor Sie den Meditationsinhalt in sich aufnehmen, Ihr Ich in Bewegung bringen, denn Sie denken nach über den Meditationsinhalt, Sie haben ihn außer sich. Wenn Sie den Meditationsinhalt, einfach wie er gegeben ist, in Ihrem Bewußtsein anwesend sein lassen, gar nicht nachdenken, sondern im Bewußtsein anwesend sein lassen, dann arbeitet in Ihnen nicht Ihr Ich aus der gegenwärtigen Inkarnation, sondern das aus der vergangenen. Sie halten stille den Intellekt; Sie versetzen sich einfach in den Wortinhalt, den Sie innerlich, nicht äußerlich hören, als Wortinhalt hören, in das versetzen Sie sich, und indem Sie sich in das versetzen, arbeitet im Meditationsinhalt Ihr innerer Mensch, der nicht derjenige ist der gegenwärtigen Inkarnation. Dadurch aber wird der Meditationsinhalt nicht zu etwas, was Sie verstehen sollen, sondern das real in Ihnen wirkt und so real in Ihnen arbeitet, daß Sie zuletzt gewahr werden, jetzt habe ich etwas erlebt, was ich früher nicht erleben konnte. Nehmen Sie einen einfachen Meditationsinhalt, den ich oftmals gegeben habe: «Weisheit lebt im Licht.» Nun, nicht wahr, wenn man darüber nachdenkt, kann man darüber furchtbar viel Gescheites, aber ebensoviel furchtbar Törichtes herausbekommen. Er ist da, um innerlich gehört zu werden: «Weisheit lebt im Licht.» Da paßt in Ihnen auf, wenn Sie ihn so innerlich hören, dasjenige, was da ist, nicht aus der gegenwärtigen Inkarnation, sondern dasjenige, was Sie sich mitgebracht haben aus früheren Erdenleben. Und das denkt und das empfindet, und es leuchtet auf nach einiger Zeit in Ihnen etwas, was Sie früher nicht gewußt haben, was Sie auch nicht aus Ihrem eigenen Intellekt heraus denken können. Sie sind innerlich viel weiter als Ihr Intellekt ist. Der enthält nur einen kleinen Ausschnitt dessen, was da ist.

Sie müssen schon die Dinge, die sonst in der Anthroposophie gegeben werden, recht konkret, recht gegenständlich nehmen. Bedenken Sie doch das Folgende. Der Mensch erneuert mit dem Zahnwechsel eigentlich seinen ganzen physischen Leib. Diese Tatsache muß als eine fundamentale Tatsache genommen werden. Daß der Mensch zweite Zähne bekommt, ist ja nur das alleräußerste Symptom, nur ein Stück dessen, was vorgeht. So, wie die sogenannten Milchzähne ersetzt werden, wird der ganze menschliche Organismus ersetzt, so daß der Mensch nach dem Zahnwechsel seiner physischen Substanz nach ein ganz neuer ist gegenüber dem, der er war, als er geboren wurde. Die heutige Anschauung, die alles durcheinander muddelt, die denkt nun, der Mensch ist geboren worden, da macht er den Zahnwechsel durch eine Metamorphose durch, dann entwickelt er sich weiter.

So ist es nicht. Die Sache ist so: der Mensch hat einschließlich der sogenannten Milchzähne, wenn er physisch zur Welt kommt, einen Körper, der ein Ergebnis der Vererbungsentwickelung ist. Er hat einen Körper bekommen, der das Ergebnis ist desjenigen, was in der ganzen Reihe der Aszendenten liegt. Daher kommt der physische Körper der ersten sieben Jahre, wenn wir es in Zahlen ausdrücken. Vom siebenten bis vierzehnten Jahre hat der Mensch auch einen Körper, der ist aber nicht hervorgegangen durch eine Umwandlung aus dem ersten: da hat eingegriffen dasjenige, was der Mensch sich mitgebracht hat auf die Erde. Nun müssen Sie sich die Sache so vorstellen. Der Mensch hat seinen Körper gehabt. Dieser Körper, den er aus der Vererbungslinie heraus hat, der ist ein Modell, den hat er als Modell. Nun nimmt er die irdische Substanz in diesen Körper hinein. Diese irdische Substanz, die der Mensch in seinen Körper hineinnimmt in den ersten sieben Jahren, die würde er zu einer ganz andern Form verarbeiten, wenn er nur arbeiten würde nach den Kräften, die er sich mitbringt aus dem vorirdischen Dasein. Er würde eine ganz andere Wesensgestalt hervorrufen. Er kommt nicht hinein, wenn er geboren wird, mit der Tendenz, einen solchen Menschen zu gestalten, mit Augen, Ohren, Nase, wie der ist, der auf der Erde steht. Er kommt hinein mit der Tendenz, den Menschen so zu gestalten, daß er im Grunde genommen sehr wenig durch seine vorirdische Wesenheit vom Kopf aus gestaltet wird. Gerade auf das übrige wird die größte Sorgfalt verwendet. Das, was im Embryonalleben verkümmert ist, wird ausgebildet im Astralischen, in der Ich-Organisation. So daß man, wenn man den physischen Embryo hat, sagen muß: Dieses Physische im Embryo, das ist allerdings wunderbar ausgebildet, aber daran hat der vorirdische Mensch zunächst den wenigsten Anteil. – Dagegen hat der Mensch, der vorirdische Mensch den größten Anteil an alldem, was rund herum ist. Dadrinnen lebt der vorirdische Mensch, in dem, was im Physischen eigentlich abgebaut wird, und als Abgebautes, Chorion, Amnion und so weiter weggeht. Dadrinnen lebt der vorirdische Mensch. Nun können Sie sich, wenn Sie es sich schematisch vorstellen, es sich so vorstellen, daß zunächst Kosmisches nachgebildet wird. Das will eigentlich der Mensch machen, wenn er heruntersteigt aus dem vorirdischen in das irdische Dasein. Warum macht er es nicht? Weil ein Modell gegeben ist. Und nach diesem Modell arbeitet er nun mit den aufgenommenen Substanzen während der ersten sieben Jahre das Vorirdische um. Er möchte eigentlich ein mehr Kugeliges gestalten, und einen kugelig organisierten Menschen hervorrufen: das wird umgearbeitet nach dem Modell. Und so arbeitet das Vorirdische diesen zweiten physischen Menschen, der dann vom siebenten bis vierzehnten Jahre da ist, heraus aus den vorirdischen

Kräften, zunächst aber, indem er sich an das Modell hält, das von den Vererbungskräften herkommt.

Nun sehen Sie, da haben Sie zwei auch wirklich unterscheidbare Kraftentitäten im Menschen. Wie können Sie diese Kraftentitäten verstehen? Nehmen Sie sich jetzt zur Hand mit dem Blick und mit dem Empfinden des Mediziners den Umriß der «Geheimwissenschaft» und da lesen Sie darin da, wo von der Erdentwickelung die Rede ist, wie man es zuerst zu tun hatte mit einer Saturnentwickelung, dann mit einer Sonnenentwickelung, dann mit einer Mondentwickelung, mit einer Erdentwickelung und so weiter. Wenn Sie dort die Beschreibung dieser Entwickelung verfolgen, werden Sie sich sagen müssen: bis zur Sonne herüber ist alles eins; da ist Sonne, Mond und Erde eins, sind zusammen in eins. Eine Trennung von Erde und Sonne, eine Trennung von Erde und Mond kommt erst da. So daß also bis in die Mitte dieser Entwickelung der Mensch im Kosmos lebt. Er lebt in Sonne und Mond sowie in der Erde. Er lebt dann nach der Sonnentrennung außerhalb der Sonne, nach der Mondentrennung außerhalb des Mondes. Nun, auf die menschliche Natur wirkten also bis zur Sonnentrennung die kosmischen Kräfte, auch diejenigen, die heute außerhalb der Erde sind, im Mond, in der Sonne. Sie wirkten im Menschen, weil der Mensch angehörte dieser Welt, in der noch Sonne und Mond darinnen waren. Dann kam eine Entwickelung für den Menschen, die so vor sich ging, daß eben Sonne und Mond draußen sind.

Aber nun ist es so: Nehmen Sie an, hier ist eine Entwickelung, die in sich enthält alles dasjenige, was heute irdisch ist und auch dasjenige, was sonnen- und mondhaft ist; später emanzipiert sich das, was außerirdisch ist, von dem, was irdisch ist. Das, was irdisch ist, ging nun weiter in seiner eigenen Linie; es vertrocknete, es verhärtete, verphysizierte, und das finden Sie heute in der Vererbungsströmung, das ist grob geworden in der Vererbungsströmung. Das, was er angenommen hat nach der Trennung von Sonne und Mond, finden Sie in dem, was er verdankt dem Hereinwirken der Kräfte aus dem Kosmos. Das ist die Sache. So daß Sie also am Modell bekommen für das Erarbeiten Ihres zweiten Menschen ein Modell, das eigentlich ein uraltes Künstlerisches darstellt, was Ihnen Vater und Mutter geben, das entstehen konnte, als noch

Sonne und Mond mit der Erde verbunden waren. Da bildeten sich die Kräfte heraus, die eigentlich dem Menschen seine irdische Konfiguration geben. Denn Sie werden leicht begreifen, diese menschliche Konfiguration ist eine irdische: Denken Sie sich einmal weg von der Erde mit der menschlichen Wesenheit. Was wollen Sie mit ihr dann anfangen? Sie wären höchst unglücklich, wenn Sie nach dem Tode so etwas wie Beine gebrauchen sollten. Beine haben nur einen Sinn, wenn durch sie die Anziehungskräfte der Erde gehen, wenn wir die Beine hineinbringen in die Anziehungskräfte der Erde, Beine haben nur für die Erde eine Bedeutung, ebenso Arme und Hände. Also ein ganzer Teil der Organisation hat nur einen Sinn, so wie er ausgebildet wird, wenn wir Erdenmenschen sind. Was wir sind als Erdenmenschen, hat keinen Sinn gegenüber dem Kosmos. Daher, indem wir ankommen auf der Erde als geistig-seelische Wesen, wollen wir eben eine ganz andere Organisation bilden. Wir wollen einen Umkreis bilden, wir wollen in diesem Umkreis allerlei Konfigurationen hervorrufen, aber wir wollen nicht diesen Menschen, mit dem man im Kosmos nichts anfangen könnte. Der wird uns nun als Modell gegeben und wir richten den zweiten Menschen nach diesem Modell ein.

Daher hat man es zu tun in dieser ersten Lebenszeit des Menschen mit einem fortwährenden Kampf desjenigen, was von uns aus dem vorigen Leben kommt und demjenigen, was aus der Vererbungsentwikkelung kommt. Das kämpft miteinander. Der Ausdruck dieses Kampfes sind die Kinderkrankheiten. Und denken Sie nur, wie innig verbunden das ganze menschliche innere seelisch-geistige Sein während der ersten Kindheit mit der physischen Organisation ist. So wie Sie sehen, wenn die zweiten Zähne herauskommen, wie der zweite Zahn den ersten noch abstößt, wie sie miteinander noch wirtschaften, so wirtschaftet der ganze zweite Mensch mit dem ersten. Nur im zweiten Menschen ist der überirdische Mensch darinnen, im ersten ein fremdartiges irdisches Modell. Die arbeiten ineinander. Und wenn Sie das Ineinanderarbeiten in der richtigen Weise beobachten, sehen Sie dann nur einmal, wie der innere Mensch, der als geistig-seelischer im vorirdischen Dasein da war, wenn der für eine Zeitlang eine zu starke Oberhand hat, wie der besonders stark ins Physische hineinarbeiten, nach dem Modell sich stark richten muß, und wie er dann dieses verletzt, indem er überall anschlägt und sagt: ich will diese Form herauskriegen. Dann stellt sich der Kampf als Scharlach heraus. Ist der innere Mensch zart, daß er fortwährend zurückweicht, daß er die Substanzen, die aufgenommen werden, mehr nach sich formen will, und bekämpft er das Modell, so stellt sich der Kampf als Masern heraus. Und so drückt sich gerade dasjenige, was ein gegenseitiger Kampf ist, in den Kinderkrankheiten aus. Und man versteht auch nur das, was dann später eintritt, in der richtigen Weise, wenn man diese Dinge entsprechend berücksichtigen kann.

Natürlich ist es für den Materialisten furchtbar leicht zu sagen: Ach was, das ist alles dummes Zeug. Denn man sieht ja, daß die Kinder nicht nur ähnlich sind ihren Eltern und Voreltern bis zum Zahnwechsel, sondern später sind sie auch noch ähnlich. Ein Unsinn ist das. Der eine ist eben schwächer, richtet sich mehr nach den Vererbungskräften, macht seinen zweiten Menschen dem Modell ähnlicher, und so sieht das dann natürlich so aus; aber er hat das selber gemacht, indem er sich mehr nach dem Modell richtet. Dagegen haben wir auch Menschen, die nach dem Zahnwechsel sehr unähnlich werden dem, was sie vorher waren. Dann ist das stark, was von dem vorirdischen geistig-seelischen Leben herrührt, und sie halten sich weniger an das Modell. Und so handelt es sich darum, diese Dinge einfach im richtigen Zusammenhang anzuschauen. Man kommt darauf, weil ja alles das, was aufgenommen werden muß, zunächst von dem Kinde so aufgenommen, so innerlich verarbeitet werden muß, daß das Ich und der astralische Leib in einen innigen Kontakt treten mit den Nahrungsmitteln. Das braucht später gar nicht mehr der Fall zu sein. Der Mensch kommt niemals wieder in die Lage, so stark nach einem Modell etwas Selbständiges auszuarbeiten, wie in den ersten sieben Lebensjahren. Da muß er alles, was er aufnimmt, so verarbeiten in seinem Ich und astralischen Leib, daß es dem Modell nachgebildet werden kann. Daher muß man dem entgegenkommen, und die Welt hat es so eingerichtet, indem die Milch möglichst weit bis an die Ätherbildung herantreten kann. Sie ist eine Substantialität, die eigentlich noch einen Ätherleib hat, und weil die Substanz, wenn sie von dem Kinde aufgenommen wird, bis zum Ätherischen hinauf noch organisierend wirkt, da kann der Astralleib die Milch gleich abfangen, da kann die innige Berührung entstehen zwischen dem, was aufgenommen wird und dem, was Astralisches und Ich-Organisation ist. Daher ist eine ganz innige intime Beziehung zwischen den äußeren Nahrungsmitteln und der innerlich geistig-seelischen Organisation beim Kinde vorhanden. Und sehen Sie, jetzt müssen Sie als Mediziner es dahin bringen, das alles, was ich jetzt gesagt habe, dieses Merkwürdige zu verarbeiten. Man sieht es ja an der ganzen Art, wie das Kind die Milch trinkt, sieht, wie sein astralischer Leib und sein Ich die Milch abfangen. Es ist das wirklich zu sehen. Meditieren Sie auf der einen Seite in Mantren, dadurch, daß Sie das Mantram auf sich wirken lassen, daß Sie Ihre seelischen Kräfte losbekommen auf der einen Seite; auf der andern Seite meditieren Sie einfach das Kind. Stellen Sie sich vor, wie das, was geistig-seelisch herunterkommt, mit Ausscheidung des Modells sich zunächst heranmacht an die physischen Nahrungsmittel und dann dasjenige, was da vorgeht zwischen dem Geistig-Seelischen und den Nahrungsmitteln, das nun gerichtet wird nach den Formen des Modells. Wenn Sie sich das recht vorstellen: das zu starke Arbeiten des Geistig-Seelischen, das zieht sich Ihnen in der Scharlachbildung zusammen. Das zu schwache Arbeiten des Geistig-Seelischen, das zurückbebt vor dem Modell, das zieht sich Ihnen in der Masernbildung zusammen. Wenn Sie sich das meditativ vorstellen, treiben Sie hinüber die gewöhnliche Meditation in die medizinische Meditation. Daß die Leute heute alles begreifen wollen mit dem Verstand, ist das Entsetzlichste. Man kann in der Medizin überhaupt nichts begreifen mit dem Verstand. Mit dem Verstand könnte man höchstens begreifen die Krankheiten der Mineralien, und die kuriert man ja nicht. Alles, was Medizinisches ist, muß man mit der unmittelbaren Anschauung ergreifen, dazu muß sie erst ausgebildet sein.

An einem erwachsenen Menschen können Sie das nicht bemerken. Der Verdauungstrakt übernimmt die Nahrungsmittel – das ist ein innerlich vermittelter Vorgang –, während beim Kind der Astralleib und das Ich die Nahrungsmittel übernehmen; da sind noch unfertige Menschenformen zu richten und zu bilden nach dem Modell. Wenn Sie das Kind meditieren, sehen Sie eine mächtige Metamorphose sich abspielen. Sie sehen da, wie gewissermaßen aufleuchtet das Geistig-

Seelische und immer hineindunkelt und hineinschattet das, was als Nahrungsmittel hineinkommt, sehen, wie da aus Licht und Finsternis, gleichsam wie in Farben gebildet wird das, was der zweite Mensch ist. Sie sehen in der Tat, wie in Helligkeit das Vorirdische im Menschen ist, wie Verdunkelung dasjenige ist, was an äußeren Nahrungsmitteln aufgenommen wird. In dem Kind macht sich über die Finsternis her eine Helligkeit, die aus dem Vorirdischen kommt, die Milch geht als Finsternis hinein: das bildet die verschiedensten Farben miteinander. Was im Physischen weiß ist, ist im Geistigen schwarz. Es ist immer das Gegenteil der Fall. Das bringt Sie in die Möglichkeit hinein, nun Ihr Ich ganz anders zu betätigen, als es sich sonst im Leben betätigt. Was ist das für eine Schwachmatikusbetätigung, die wir im gewöhnlichen intellektuellen Denkakt vollbringen! Das ist die größte Schwäche des Menschen, intellektuell tätig zu sein. Da trägt er nur Begriff an Begriff heran. Wenn Sie aber das Kind so beobachten, wie ich es jetzt gesagt habe, da meditieren Sie so, daß Ihre Ich-Organisation ganz mitarbeitet. Das ist es, was im weiteren Verlauf auch in unserer Pädagogik beachtet werden soll. Da hat man in einer Schule wie der Waldorfschule die Kinder zwischen dem siebenten und dem vierzehnten Lebensjahr: Da ändert sich das, da hat der Mensch ausgebildet seinen zweiten Menschen. Da habe ich ein Kind vor mir, das ist aus dem vorirdischen Dasein hereinmodelliert nach dem Modell, das abgeworfen ist, und jetzt sind in dem Kinde natürlich Vererbungskräfte geblieben. Die sind in das Modell, in die Imitation des Modells hineingefügt. Jetzt ist das Kind viel zu unirdisch. Denn jetzt hat das Außerirdische an dem Kind besonders stark gearbeitet, jetzt ist eigentlich der Schwingungsausschlag nach der entgegengesetzten Seite da. Vorher war das auch äußerlich am Menschen sichtbar, er war ganz Vererbungsprodukt, jetzt ist das, was äußerlich sichtbar ist, eigentlich ganz von innen entstanden. Jetzt muß die äußerliche Welt erworben werden. Jetzt muß dasjenige, was rücksichtslos für die Erdenwelt, nur mit Rücksicht auf das eigene menschliche Modell gearbeitet hat, nach der Außenwelt sich richten. Jetzt kommt in Betracht, daß der Astralleib und die Ich-Organisation zwischen sieben und vierzehn Jahren so arbeiten müssen, daß nun wieder dieses überirdische Wesen angepaßt wird den äußeren Erdenverhältnissen. Dieses hat seinen Abschluß mit der Geschlechtsreife. Da ist der Mensch ganz in die Erdenverhältnisse hereingestellt, da geht er seine Beziehungen zu den Erdenverhältnissen ein, da ist das Erdenmäßige hereingegliedert in den Menschen, und so ist eigentlich die Hauptsache beim Entstehen des zweiten Menschen zwischen dem siebenten und vierzehnten Jahr das, was er sich aus dem vorirdischen Dasein mitbringt, daher das eigene Karma erst nach der Geschlechtsreife zu wirken beginnt. Dann wirkt das Irdische herein. Das erreicht einen Abschluß in der Geschlechtsreife und der dritte Mensch wird jetzt ausgebildet.

Der zweite Mensch wird substantiell abgeworfen und der dritte Mensch wird ausgebildet. Der geht nicht bis zur Form hin, der geht nur bis zum Leben hin. Würde er bis zur Form gehen, dann würden wir dritte Zähne bekommen, weil jetzt der Mensch sich nach den äußeren Verhältnissen richtet. In den äußerlichen Verhältnissen liegt es so, daß der Mensch wiederum das Außermenschliche aufnimmt. Als er sich nach dem Modell gerichtet hat, hat er sich ganz nach dem Menschen gerichtet. Solange der Mensch sich nach dem Modell richtet, richtet er sich nach etwas Vererbtem. Da drinnen ruht aber eigentlich dasjenige, was verdorrt ist. Es ist seit der Sonnentrennung heraus, eigentlich von der Wurzel seines Daseins abgebrochen, es ist verdorrt, verödet. In den Vererbungskräften liegen daher die meisten pathologischen Kräfte, so daß in der Tat der Mensch von inneren Krankheitsursachen ungeheuer viel aufnimmt, indem er sich nach dem Modell richtet. Er nimmt aber wenig auf in der Zeit nach der Geschlechtsreife, weil er sich nach der Außenwelt richtet, Klima und so weiter, alles, was in der äußeren Luft liegt, ist weniger schädlich. Der Mensch ist gesund zwischen dem siebenten und vierzehnten Jahr, dann beginnt wieder die Zeit, wo er anfällig wird. Alle diese Verhältnisse müssen so beobachtet werden, daß man das Bild des Menschen im Sinne hat. Haben Sie das Bild des Menschen im Sinne, dann meditieren Sie auch richtig. Dann werden Sie das, was Sie lernen können mit dem, was Sie meditieren, vereinen können. Dann bleibt das Gelernte nicht Theorie, sondern es wird Praxis, weil Sie die Kraft bloßlegen, die Ihnen das zur Anschauung bringt. Das ist dasjenige, was heute so stark gebraucht wird. Man kann gar nicht irgendwie zu etwas kommen in der Medizin, wenn man immer wieder meint, daß da ein solch geradliniger Fortgang in der Entwickelung ist. Der Mensch ist wirklich aus abgerissenen Entwickelungsströmen, die von sieben zu sieben Jahren verlaufen, zusammengesetzt, und es knüpft immer ein Späteres an ein Früheres an; es ist nicht ein einseitiges Fortsetzen, sondern es greifen immer andere Verhältnisse ein. Ein richtiges solches Fortsetzen der Entwickelung, wo immer nur das Frühere die Ursache des Späteren ist, ist nur im Mineralreich zu finden, weniger im Pflanzenreich, am wenigsten im Menschenreich.

Fangen Sie an damit, sich die Pflanzen richtig vorzustellen. Was tut denn heute der Mensch, wenn er sich die Pflanzen richtig vorstellt? Da ist der Erdboden. Jetzt stellt sich der Mensch vor, da wird der Same gelegt und nun wächst die Pflanze heraus. Er hat die Naivität, sich nur vorzustellen: Nun ja, Wasserstoff ist ein sehr einfaches Molekül, besteht aus zwei Atomen. Er phantasiert sich alles mögliche zusammen. Alkohol ist schon ein komplizierteres Molekül. Da ist der Kohlenstoff verbunden mit Wasserstoff und Sauerstoff, da hat man etwas Komplizierteres. Nun kommen also die kompliziertesten Substanzen mit den kompliziertesten Molekülen. Es gab eine Zeit in den achtziger, neunziger Jahren, wo die Dissertationen mit dem komplizierten Titel gemacht wurden, die über zwei bis drei Zeilen gingen. Da ist das Molekül ungeheuer kompliziert. Jetzt wird es noch komplizierter. Dann wird es ein Same, eine ganz komplizierte Verbindung. Dann wächst aus dem Samen die Pflanze heraus. – Das ist ein Unsinn. Die Samenbildung beruht darauf, daß die irdische Materie sich im Samen aus jeder Struktur herausreißt und übergeht ins Chaos, chaotisch wird, daß sie gar nicht mehr Kräfte der Materie in sich schließt. Dann kann das, was aus dem Kosmos heraus wirkt, ganz sich geltend machen, wenn keine irdische Struktur mehr da ist. Er erklärt sich bereit, das Kosmische, die kosmische Struktur im Kleinwinzigen abzubilden, so daß in der Samenbildung das Nichts gegenüber dem Irdischen sich geltend macht und ins Nichts hineinwirkt das Kosmische. Sehen Sie, da könnte Ihnen ja Frau Dr. *Kolisko* eine hübsche Sache erzählen, die das recht bestätigt. Bei den Untersuchungen über die Milzfunktion mußten wir Kaninchen nehmen und ihnen die Milz exstirpieren. Die Kaninchen fühlten sich trotzdem ganz wohl. Sie sind auch nicht an der Operation gestorben, sondern längere Zeit nachher an einer Erkältung. Man konnte durchaus wahrnehmen, wie es nun ohne Milz geht beim Kaninchen. Als das eine Kaninchen starb, konnte nun nachgeschaut werden, was mit der Milz geschehen ist. Siehe da, an der Stelle der Milz konnte man finden ein richtiges kugeliges Gewebe. Was ist da geschehen? Wir haben die physische Milz herausexstirpiert aus dem Kaninchen; dadurch haben wir künstlich das Irdisch-Substantielle ins Chaos hineingetrieben, haben es zugänglich gemacht den kosmischen Kräften und es entstand etwas, was ähnlich war der Samenbildung. Es entstand etwas, was im höchst Primitiven der Samenbildung ähnlich ist: das ist ein Abbild des Kosmos. Da ist durch diese ganz unschuldige Vivisektion ein Wichtiges bestätigt worden, denn durch geisteswissenschaftliche Beobachtung ergibt sich das so.

Nehmen Sie einen Quarzkristall. Ja, das ist ein irdisches Ding. Ja warum ist das ein irdisches Ding? Ein pedantisch seine Form festhaltendes Ding, der Quarzkristall. Der Quarz hat seine Form durch innere Kraft; und wenn Sie ihn mit dem Hammer zerhauen, behalten die einzelnen Teile noch immer die Tendenz, sechseckig-prismatische, geschlossene, doch sechseckige Pyramiden zu sein. Diese Tendenz ist da. Sie kriegen diese Tendenz ebensowenig aus dem Quarz heraus, wie aus manchem Menschen, der pedantisch ist, Sie die Pedanterie herauskriegen. Sie können einen pedantischen Menschen auch atomisieren, er wird noch immer pedantisch sein. Der Quarz läßt sich nicht so weit bringen, daß der Kosmos etwas machen kann aus seinen Kräften. Daher lebt er nicht. Würde man den Quarz so weit pulverisieren, daß er in den Teilen nicht mehr die Tendenz hätte, sich in dem Teil nach den eigenen Kräften zu richten, würde ein Lebendig-Kosmisches aus dem Quarz herauswachsen. Das ist der Fall bei der Samenbildung. Da wird die Materie so weit herausgetrieben, daß der Kosmos mit seinen Ätherkräften eingreifen kann. Man muß die Welt anschauen als ein fortwährendes Hineinkommen ins Chaos und wieder Herauskommen aus dem Chaos. Das, was im Quarz ist, ist auch einmal aus dem Kosmos hervorgegangen, aber es ist geblieben, es ist ahrimanisch geworden. Es exponiert sich nicht mehr den kosmischen Kräften. Sobald es ins Lebendige hineingeht, muß immer wieder durch das Chaos hindurchgegangen werden.

So bekommen Sie wieder einen Anhaltspunkt, medizinisch zu meditieren. Sie bekommen einen Anhaltspunkt, so daß Sie sich die ausgebildete Pflanze vorstellen, wie sie da wächst von Blatt zu Blatt und so weiter. Jetzt kommt sie zur Samenbildung in der Frucht, da stellen Sie sich vor, während Sie sich sonst die Samenpflanzen hell vorstellen, da wird es ganz dunkel, ganz finster. Dann kommt wieder die Helligkeit, indem das wieder von außen ergriffen wird. So können Sie sich wieder imaginativ aus dem Pflanzenleben ein Bild machen; wenn Sie das Bewußtsein haben: Das ist die Pflanze –, dann ist das ein Imaginativ-Meditatives. Sie dürfen nicht intellektuell, sondern müssen im Konkret-Vorstellungshaften bleiben. Das Intellektuelle ist nur dazu da, um in Gedanken darzustellen, was man weiß.

Nicht wahr, Sie können, sagen wir, das Wort aufschreiben: Menschenkind. – Nun, das ist nachgebildet einer Anschauung. Gut. Es wird, wenn Sie das Wort «Menschenkind» erinnern, werden Sie erinnert an ein Menschenkind. Aber wenn Sie jetzt hergehen und sagen: Das I gefällt mir, ich nehme es jetzt an die Spitze, das M gefällt mir, ich setze es da her, das Sch gefällt mir und so weiter –, so können Sie das Wort in anderer Weise zusammensetzen, es wird doch nichts anderes herauskommen, woraus Sie etwas machen können. Das machen aber die Menschen fortwährend mit den Begriffen. Der Begriff ist nur das geistige Wort für die Anschauung. Die Menschen trennen und setzen zusammen Begriffe und denken im Denken. Das tun die Menschen auch, wenn sie äußerlich beobachten. Sie stülpen über die Beobachtung das Denken darüber, und so lebt der Mensch heute außerhalb der Wirklichkeit. Das kann man, solange man mit der Wissenschaft arbeitet, die außerhalb der Wirklichkeit steht, mit der Geometrie und Arithmetik. Aber wenn man Medizin treiben will, kann man nicht außerhalb der Wirklichkeit stehen, sonst steht man auch mit der medizinischen Praxis außerhalb der Wirklichkeit.

ZWEITER VORTRAG

Dornach, 22. April 1924

Meine lieben Freunde!
Heute wäre es mir lieb, wenn dasjenige, was auf der Seele von den Freunden liegt, sich wirklich aussprechen würde, damit wir auf das hingeordnet die Besprechung führen können.

Ein Teilnehmer: Eine Frage, die uns allen am Herzen liegt, ist die, wie wir zurechtkommen sollen mit allen Meditationen, die wir haben. Zu welcher Zeit wir sie machen sollen, ob wir einen richtigen Rhythmus hineinbringen sollen, wie wir das machen sollen. Ob wir es so machen sollen, daß wir die, die wir zu Weihnachten bekommen haben, alle zu gleicher Zeit machen sollen? Bis jetzt erscheint es uns so, daß die meisten von uns wenigstens noch erdrückt sozusagen sich fühlen von dem ganzen Stoff von Meditation, und noch nicht richtig mit ihm zu leben wissen.

Nicht wahr, in bezug auf diese Dinge handelt es sich wirklich darum, daß nicht in einer solchen Art strikte Anweisungen gegeben werden sollen, denn es ist ein zu starkes Eingreifen in die menschliche Freiheit. Es wird auch, wenn man die Dinge richtig ansieht, nicht gut eine Bedrückung der Seele dabei herauskommen können. Es sind die Meditationen, die zu Weihnachten hier gegeben worden sind, eigentlich immer so gegeben worden, daß zu ihnen dazu gesagt worden ist, nach welcher Richtung hin sie die Seele bewegen. Das ist gesagt worden bei allen solchen Meditationen, wie diese sind. Dabei handelt es sich ja auch um solche Meditationen, wie sie jetzt in der ersten Klasse gegeben werden. Bei allen diesen Meditationen ist es etwas anderes, als wenn jemand kommt und wünscht, eine persönlich wirkende Meditation zu bekommen. Wenn jemand eine persönlich wirkende Meditation haben will, so muß man ihm natürlich bedeuten, ob er die betreffende Meditation des Morgens oder des Abends machen soll, wie er sich im Sinne dieser Meditation auch sonst zu verhalten hat und dergleichen. Das sind Meditationen, die eben in das esoterische Leben des einzelnen nach Maßgabe seiner Fähigkeiten und seines Karmas eingreifen sollen. Sie führen dann von selbst dazu, daß dieser einzelne Mensch nicht ein einzelner bleibt, sondern den Trieb in sich entwickeln wird, zu erkennen diejenigen, die mit ihm gleichen Strebens sind. Diese Meditation müssen wir als persönliche Meditation betrachten. Alles dasjenige, was sonst gegeben wird – wenn nicht etwa, was bis jetzt nicht vorgekommen ist, gesagt wird, es wäre gut, daß eine solche Meditation zu einer bestimmten Zeit oder unter besonderen Umständen oder mit besonderen Begleiterscheinungen zu machen ist –, alle solchen Meditationen, die gegeben werden wie die Meditation der esoterischen Unterweisung zu Weihnachten, die werden eigentlich so gegeben, daß man sich ganz genau vor Augen hält, was mit den Meditationen für eine Wirkung erzielt wird. Und dann handelt es sich darum, daß man die Lebensumstände, also dasjenige, was man hat als die besondere Situation seines Lebens, dazu benützt, um solche Meditationen zu machen. Nicht wahr, solche Meditationen werden einfach gemacht dann, wenn man die Muße für sie findet. Je öfter, desto besser. Sie werden immer die entsprechende Wirkung haben. Es sollte gerade bei solchen Meditationen sich wirklich darum handeln, persönliche Entwickelung anzustreben. Man sollte aus dem, was sich da dem Geiste ergibt, dann den Zusammenschluß suchen und findet ihn auch. So daß eigentlich am bedrückendsten sein müßte, wenn in ganz bestimmter Weise Maßregeln gegeben würden, um diese Meditationen, sei es von einzelnen oder von einer ganzen Gruppe, wie Sie sagen, gleichzeitig machen zu lassen. Das alles führt ja auch dazu, daß die Meditation etwas verliert, was sie eigentlich haben soll. Sehen Sie, jede Meditation wird beeinträchtigt dadurch, daß man von der Verpflichtung ausgeht, sie zu machen. Das müssen Sie sehr genau ins Auge fassen. Jede Meditation wird dadurch beeinträchtigt, daß man von der Verpflichtung ausgeht, sie machen zu müssen. Deshalb ist es bei den persönlichen Meditationen durchaus notwendig, daß diese persönliche Meditation allmählich übergeht in etwas im Menschen, was er seelisch empfindet wie einen Durst nach der Meditation. Und diejenigen Menschen machen eigentlich ihre Morgen- und Abendmeditation, die sie zu machen haben, am richtigsten, denen dürstet nach der Meditation, so wie der Mensch ißt, wenn ihn hungert. Wenn die Meditation etwas wird, ohne das man nicht sein kann, daß man der Seele gegenüber fühlt, als ob es zum ganzen Leben der Seele gehörte, dann ist die Meditation richtig empfunden.

Bei den andern Meditationen wird es sich darum handeln, daß man wirklich will, innerlich will Mediziner werden, daß man sich sagt: Das ist der Weg; und nun gehe ich so oft an die Meditation heran, als ich nur kann. Ich bin mir bewußt, wenn ich die eine oder die andere mache, hat sie diese oder jene Absicht. – Es muß also immer aus dem freien wollenden Innern des Menschen der Drang da sein nach einer solchen Meditation, dem Verrichten einer solchen Meditation. Und es ist eigentlich unvorstellbar, wie man sich bedrückt fühlen kann. Denn warum sollte dasjenige, nach dem man innerlich dürstet, zu gleicher Zeit bedrücken? Da ist es schon hinübergeleitet in eine Art pflichtgemäße Sache, und das sollte sie eigentlich niemals sein, niemals eine pflichtgemäße Sache. Gerade wenn es sich um das Arztwerden handelt, so sollte man im allertiefsten Sinne des Wortes bedenken: Arzt werden sollte nicht so aufgefaßt werden, wie man es heute auffaßt, in einen Beruf hineinzukommen. Sondern Arzt werden sollte man eigentlich durch innere Berufung, durch innere Hingabe an das Heilen und so weiter. Und wenn man diesen Trieb, zu heilen, im allgemeinen empfindet, dann wird man die Wegleitung haben an dieser Meditation und wird dann dem Ziele zugeführt. Es ist vielleicht bei wenigen Berufen so schädlich, wenn man den Beruf als äußere Verpflichtung auffaßt, wie gerade beim Arztberuf. Es gehört eben durchaus zum Arztberuf Liebe zur Menschheit und ein wirkliches selbstverständliches Sich-Hineinfinden in das Arztsein. Nun, wenn schon bei der heutigen Medizin, bei dem heutigen Medizinstudium es nicht gerade von großem Vorteil ist für das wirkliche Heilen, wenn Leute, die Arzt werden, weil sie nun etwas werden müssen, und weil das aus irgendeinem Zusammenhang heraus ihnen wünschenswert erscheint, Arzt zu werden, wenn das schon nicht besonders wünschenswert ist, ist noch weniger wünschenswert, daß jemand künstlich durch Meditieren Arzt werden will, wenn er nicht diesen Durst empfindet, von dem ich gesprochen habe. Denn die uralten Mittel, die esoterischen Mittel, vorwärtszukommen, fördern, wenn die Absicht eine richtige ist; sie fördern unendlich viel mehr als irgendein äußerer Entschluß, während sie, wenn sie nicht aus der richtigen Seelenstimmung heraus entsprießen, viel mehr schaden als die äußeren Lebensumstände. Nun müssen Sie aber das, was ich hier als

Seelenstimmung bezeichne, auch im richtigen Sinne auffassen. Gewöhnlich wird im menschlichen Leben das, was man Karma nennt, nicht sehr ernst genommen. Man muß natürlich auch eine innere Berufung, sagen wir, vorgezeichnet erhalten dadurch, daß einen das Karma an einen bestimmten Platz hingestellt hat, und man muß sich dann klar sein darüber: Einer Verpflichtung zu folgen, ist von Schaden; aber dem Karma zu folgen ist das, was durchaus in der Richtung der menschlichen Entwickelung liegt. Es hat Sie alle Ihr Karma hingestellt, medizinisch zu wirken; nun müssen Sie nur tief genug in sich hineinschauen und Sie werden schon finden, daß Sie den Durst wirklich empfinden. Und Sie werden die Augenblicke finden, die Stunden, in denen Sie solche Meditationen machen wollen.

Sehen Sie, wenn man ernsthaft einen so ernsten Beruf ergreift, so darf folgendes nicht sein, was gerade seit der Weihnachtstagung vielfach vorgekommen ist. Es bezieht sich nicht direkt auf das Ärztliche oder Medizinische, aber sehr stark auf das allgemein Menschliche, insoferne es in der allgemeinen anthroposophischen Bewegung liegt, so daß es auch für Sie wichtig ist. Ich werde es schon an einem andern Ort erwähnen, aber weil es für Sie besonders intensiv gilt, will ich es auch hier sagen. Da ist gesagt worden zur Weihnachtstagung, daß ein neuer Zug kommen soll in die anthroposophische Bewegung, daß innerlicher gewirkt werden soll. Nun haben manche eine sonderbare Konsequenz daraus gezogen. Es gibt Leute, die sind gerade innerhalb der anthroposophischen Bewegung an bestimmten Plätzen, sie haben ihre Ämter. Und es gibt nun solche Leute, die Ämter haben, die schreiben: Ja nun kommt ein neuer Zug – das verstehe ich vollständig –, in die anthroposophische Bewegung hinein. Ich stelle mich vollständig diesem neuen Zug zur Verfügung, ich möchte nicht drinnen bleiben im alten Amt und stelle mich zur Verfügung. – Das kann niemals zu irgend etwas führen. Zu irgend etwas kann nur führen, wenn der Betreffende nun weiß, er muß an dem Platz, an dem in Wirklichkeit er steht, seine menschliche Entfaltung vollziehen, auch hinsichtlich der Kräfte, die er anwendet. Und das ist natürlich gerade bei Ihnen der Fall, die Sie den medizinischen Beruf begonnen haben. Sie müssen es als ein Karma betrachten und müssen sich klar sein, daß Sie in der Zukunft ungeheuer viel wirken werden. Zweitens aber, daß der Durst, von dem ich Ihnen gesprochen habe, auf dem Wege des Meditierens sich zu nähern der eigentlichen Bereitschaft zum Arzt, sich immer wird finden lassen im menschlichen Gemüt.

Das habe ich über den Gebrauch der Meditationen sagen wollen. Es soll das so wirken, daß das eine das andere aufhellt und unterstützt, daß das eine an dem andern beleuchtet wird. Es kann durchaus so sein: Eine Meditation, die Sie machen, hat stark gewirkt; jetzt müssen Sie eine andere Meditation machen, damit Sie diese Wirkung noch stärker beleuchtet. Eine Meditation machen Sie ein-, zweimal, eine andere zwölfmal. Das ist etwas, was sich ergibt, wenn Sie richtig sich zu Gemüt führen, was als Meditation gegeben ist, es innerlich erleben und auch das sich zu Gemüt führen, was in bezug auf das Ziel der Meditation gesagt worden ist. Wir müssen diese Gelegenheit dazu benützen, manches auszubauen, was zu Weihnachten berührt worden ist.

Derselbe Teilnehmer: Ich hatte es auch nicht so aufgefaßt, als sollte man es zu bestimmten Zeiten machen; habe aber trotzdem eine gewisse Bedrückung empfunden, weil ich es als Pflicht aufgefaßt habe, diese Meditation zu machen, und manchesmal nicht die richtige Frische hatte, sie als Bedürfnis zu empfinden. Und nun kommt es ja vielleicht daher, jedenfalls bei mir, daß ich bis jetzt eben nicht so eingestellt war, wie man als Arzt eingestellt sein müßte, nämlich mit dem Willen zum Heilen. Ich glaube, daß es einigen von uns so gegangen ist. Man ist nicht Mediziner geworden, um zu heilen, wenigstens mancher von uns, sondern des großen Interesses wegen, das man hatte, den Menschen kennenzulernen – die kranken Zustände und die normalen Zustände –, und eigentlich ganz von der Erkenntnisseite aus an die Medizin heranzukommen. Es war mir auch bis Weihnachten etwas völlig Fremdes, der Wille zum Heilen, und so durch meine jetzige Arbeit war ich zuerst sehr unglücklich, weil ich viel zu tun hatte und im Anfang zu müde war, um Meditationen zu machen. Nun kam ich durch diese Arbeit mehr mit Patienten zusammen, so daß ich jetzt eine Ahnung habe von dem Willen zum Heilen; und so glaube ich, daß ich jetzt eher die Meditationen werde machen können, weil es dann aus dem wirklichen Bedürfnis heraus entspringt und die Meditation dann wirklich als ein Weg zum Ziel angesehen wird. Gerade diese Hingabe an das Menschheitsschicksal, dieses Mitgefühl, das man an allem hat als Arzt und der Wille zum Heilen, das ist, weil man durch das Studium nicht darauf hingewiesen wurde und viel mehr von der Erkenntnisseite hinkommt an die Medizin, sicher etwas, was vielen von uns bis vor kurzem noch Schwierigkeiten gemacht hat.

Sie müssen dabei das Folgende bedenken, wenn Sie auf medizinischem Gebiete diese beiden Dinge trennen: die Erkenntnisseite und den Willen zum Heilen, so sprechen Sie eigentlich im Grunde vor der Realität, vor der Wirklichkeit in einem Widerspruch. Das ist gerade wichtig, sich klarzumachen, was hier auf diesem Gebiete vorliegt. Sehen Sie, von der Notwendigkeit, den Menschen zu erkennen, muß man ja auf den verschiedensten Gebieten des menschlichen Wirkens reden. Man muß zum Beispiel in der Pädagogik sehr stark reden von dem Ausgangspunkt der Menschenerkenntnis. Das geschieht auch bei uns. Man muß auch auf andern Gebieten, wenn man auf die Realitäten hinsieht, von Menschenerkenntnis reden. Menschenerkenntnis wäre notwendig für jeden, der über das bloß Handlangerische hinauskommen will. Für jeden ist Menschenerkenntnis notwendig. Daß solch eine Menschenerkenntnis nicht gesucht wird auf den verschiedenen Gebieten, das ist eine Folge des Irrtümlichen, in das die moderne Zivilisation verfallen ist. Sehen Sie, in einem gewissen Sinne wird ja Menschenerkenntnis gesucht, wenn auch eine solche nicht zustande kommen kann, weil sie heute wirklich nur auf anthroposophischem Wege zustande kommen kann. Sie wird gesucht von den Theologen, ich meine von den äußeren Theologen. Auch von den äußeren Pädagogen wird sie gesucht. Sie wird von den verschiedensten Leuten gesucht, diese Menschenerkenntnis. Die einzigen, die sie nicht suchen, sind die Juristen, weil Jurisprudenz heute etwas ist, von dem man überhaupt gar nicht sprechen kann als von etwas, das überhaupt etwas ist, was in die Welt in Wirklichkeit eingreift.

Nun sehen Sie, das Wesentliche ist nun, daß Menschenerkenntnis für die verschiedensten Gebiete des Lebens etwas spezialisiert werden muß. Der Arzt braucht eine etwas andere Menschenerkenntnis als der Pädagoge; nur eine etwas andere. Es wäre notwendig, daß die Pädagogik so viel als nur möglich von Medizin durchzogen würde, wieder daß die Medizin so viel als nur möglich von Pädagogik durchzogen würde. Diese Fäden sollten durchaus gebildet werden, das Hinundhergehen von der einen und der andern auf Menschenerkenntnis beruhenden Betätigung. Wenn wir nun auf das Konkrete einer Menschenerkenntnis eingehen, dann müssen wir uns ja das Folgende fragen: Sehen Sie, Sie sagen: die Krankheitszustände des Menschen erkennen. – Das ist ein Vorurteil, das aus dem Materialismus vorliegt. Das ist schon ein materialistisches Vorurteil. Was heißt denn: die Krankheitszustände eines

Menschen erkennen im Konkreten? Wie erkenne ich die Krankheit, die, sagen wir, in der Leber, in der Milz, in der Lunge, im Herzen lokalisiert ist? Wie erkenne ich sie? Wenn ich weiß, welcher Heilungsprozeß zugrunde liegen könnte, um den Krankheitsprozeß zu besiegen. In Wirklichkeit ist der Krankheitsprozeß die Frage, und man bleibt bei der Frage stehen, wenn man nur die Krankheitszustände erkennen will. Die Antwort ist der Heilungsprozeß. Man weiß gar nichts über einen Krankheitsprozeß, wenn man nicht weiß, wie er geheilt werden kann. Die Erkenntnis besteht in dem Wissen, wie der Krankheitsprozeß weggeschafft werden kann, so daß ein medizinisches Studium ohne den Willen zum Heilen gar nicht da sein kann. Es heißt nichts: Krankheitszustände erkennen. So wie man, ohne gleich überzugehen von der Pathologie zur Therapie, Pathologie treiben würde, um angeblich den Menschen zu erkennen, so würde man auch ein krankes Organ beschreiben. Aber eine solche Beschreibung taugt gar nichts, hat nicht den geringsten Wert. Denn für die bloße Beschreibung, für die abstrakte Erkenntnis, für das, was man jetzt als Naturerkenntnis betrachtet, ist es heute ganz einerlei, ob es sich um eine gesunde oder kranke Leber handelt. Es ist gar nicht zu unterscheiden naturwissenschaftlich, was eine gesunde und was eine kranke Leber ist, höchstens durch den Umstand, daß eine gesunde öfter vorkommt als die kranke. Das ist aber ein äußerlicher Umstand. Wollen Sie die kranke Leber erkennen, müssen Sie eingehen auf das, was die kranke Leber heilen kann. Und dann sehen Sie, handelt es sich um folgendes.

Worauf beruht die Heilung? Daß ich weiß, welche Substanzen, welche Kräfte ich anwenden muß auf den Menschen, damit der Prozeß der Krankheit übergeht in den Prozeß der Gesundheit. Da wird vermittelt eine solche Erkenntnis dadurch, daß ich zum Beispiel weiß, sagen wir, Equisetum übernimmt im Menschen, im menschlichen Organismus die Tätigkeit der Niere. Wenn also die Tätigkeit der Niere vom astralischen Leibe aus nicht genügend besorgt wird, so lasse ich sie durch Equisetum besorgen. Ich unterstütze den astralischen Leib durch Equisetum arvense. Nun damit ist aber erst die Antwort gegeben darauf, was da eigentlich vorliegt. Derselbe Prozeß äußerlich, der zum Equisetum führt, der geht auch in der menschlichen Niere vor sich, und ich muß den Equisetumprozeß im Zusammenhang mit der menschlichen Niere betrachten: dann aber stehe ich schon auf dem Boden der Heilung. So also kann es sich nie darum handeln, in einer bloß abstrakten Weise Pathologie zu treiben, Beschreibung von Krankheitszuständen zu treiben, denn das ist eigentlich in Wirklichkeit nichts. Der Krankheitszustand soll eigentlich nur angesehen werden vom Menschen, indem er weiß, so und so wirkt ein gesundendes Heilmittel. Es soll das Gefühl, das man gegenüber der Erkenntnis hat, überall, auf allen Gebieten des Lebens, zur Realität hin drängen, nicht zu formalem Auffassen. So war es ja, als das Wissen überall ein Mysterienwissen war. Da mußte man denjenigen, die bloß erkennen wollten, das Wissen vorenthalten und gab es nur denen, die den Willen hatten, dieses Wissen in Realität überzuführen.

Ja, ist das eine Antwort auf Ihre Frage?

Derselbe Teilnehmer: Vielleicht habe ich mich etwas übertrieben ausgedrückt, wenn ich nur von der Gesundheit und der Krankheit gesprochen habe. Eigentlich rechne ich das, wie die Menschen geheilt werden sollen, auch noch zum Erkenntnismäßigen. Ich meine etwas anderes. Daß man, trotzdem man wissen kann, wie der Mensch geheilt werden kann, nicht den Willen haben kann, ihn zu heilen. Bis jetzt hatte ich innerlich nicht den Impuls, nur deshalb den Menschen zu erkennen und zu erfahren, wie man heilt, um eben Menschen zu heilen. Ich hatte nicht diesen Impuls, daß ich meine ganze Arbeit, mein ganzes Studium und alles, was ich aufnehme an Wissen, innerlich durchpulst sein lasse davon: ich muß den Menschen heilen können.

Das ist Hypertrophie der Erkenntnis.

Derselbe Teilnehmer: Das ist aber bei mir so, und es ist eine Tatsache, die ich hinstellen wollte, weil sie eben existiert, und es wird vielleicht sehr eigenartig vorkommen –

Sehen Sie, es ist nur gut, daß – es wird Ihnen furchtbar trivial und einfach erscheinen –, es ist nur gut, daß das die Uhren nicht machen können, sonst würden Uhren entstehen, die richtig aufgezogen sind nach allen Richtungen der Uhrmacherkunst, aber sie würden nicht gehen wollen. Der Mensch kann dadurch, daß er seinen Willen nach der einen Seite oder nach der andern hin hypertrophieren läßt, das eine oder das andere ausbilden, aber es ist dann etwas, was nicht in der gesunden Entwickelung der Menschennatur liegt. Das Wissen vom Heilen sollte eigentlich gar nicht da sein ohne den Willen zum Heilen, und Sie sollten eigentlich heute von etwas ganz anderem sprechen. Sie sollten nicht davon sprechen, sondern Sie sollten eigentlich sagen: Ja, ich habe erst kurze Zeit Medizin studiert, nun steckt in mir ein unbändiger Wille zum Heilen. Ich muß mich zurückhalten, daß dieser Wille, der vom Wissen kommt, daß der nicht ausbricht und ich nun anfangen will, alle Gesunden zu heilen. – Es ist nicht spaßhaft, daß ich das sage. Es sollte eigentlich die Stimme der Zurückhaltung sein, die sich ausspricht. Es sollte gar nicht möglich sein zu sagen: Ich habe angestrebt das Wissen vom Heilen, aber nicht den Willen zum Heilen. – Denn ein Wissen, das also real ist, kann sich gar nicht vom Willen trennen, das ist ganz unmöglich.

Ein andrer Teilnehmer: Ich glaube, das, was Fräulein X gesagt hat, ist vielmehr etwas, ein Zustand, der geradezu herangezogen wird durch das Studium, wie es auf den Universitäten ist. Es scheint mir das ein Ergebnis zu sein, welches man durch zehn bis zwölf Semester vorfindet als Endergebnis des Studiums. Die ganze Einstellung der medizinischen Wissenschaft ist tatsächlich auf das Erkenntnismäßige gerichtet, ohne hinüberzuführen zum Therapeutischen. Man lernt in den Hörsälen, in den klinischen Semestern, da hört man während der ganzen Vorlesung nur etwas von Diagnose und ganz zum Schluß, wenn eigentlich schon das Krankenbett hinausgefahren ist, und der Professor nicht weiß, was er tun soll, bis der neue Patient kommt, da werden ein paar Worte hingeworfen von Therapie, mit denen man gar nichts anfangen kann. Das hat auch einmal ein Privatdozent zum Ausdruck gebracht. Es war in einem gynäkologischen Kurs und der Oberarzt, der sprach von der Tätigkeit des Arztes in der Praxis: «Ist es Ihnen nicht aufgefallen, meine Herren, daß im Grunde genommen so wenig von Therapie gesprochen worden ist? Sie werden das erst dann verspüren, wenn Sie in die Praxis hineingestellt sein werden. Mir ist es so ergangen: ich hatte einen Kopf voll Wissen und da fiel es mir erst ein, daß ich das nie gehört hatte...» Er schilderte das auch, daß nur fünf Minuten von der Therapie und vierzig von der Diagnose gesprochen wird. Und es war keinem Mediziner aufgefallen, daß sie nichts gehört hatten von der Therapie während ihres ganzen Studiums. Das führt mich auch auf eine Frage, da sich mir aus dieser Grundeinstellung der heutigen Wissenschaft Konflikte ergeben als junger Mensch, der als Mediziner etwas anderes gesucht hat in wissenschaftlicher Medizin. Durch diese ganz oberflächliche Einstellung, die sich in allem möglichen äußert, ergeben sich bei der Diagnose gerade oft Dinge, die einem in der Seele zuwider sind und ungeheuerlich erscheinen. So möchte ich das an einem Beispiel klarmachen. Eine Patientin kam einmal zu mir und fragte, ob ich ihr nicht helfen könne. Sie litt an einer rezidivierenden Entzündung der Stirnhöhle, und sie war nun öfter zu einem Spezialisten gegangen. Es wurde von der Nase her eine Perforation gemacht und so weiter. Und sie sagte, sie könne es nicht länger mehr ertragen, sie fühle sich zu physisch interpretiert und sie könne das nicht mehr mitmachen, ob ich ihr nicht anders weiterhelfen könne. Diese Einstellung, die von der

Patientin so fein empfunden wurde, das ist die, die einem überall begegnet, die ganz an der Oberfläche herumtasten und suchen will, was doch zu nichts führt. Eine Einstellung, die man nur als Zynismus bezeichnen kann. Das, was sich ergibt, ist auch nur etwas, was an der Oberfläche bleiben kann und nicht zu dem führt, was vorliegt, und so habe ich mich oft gefragt: ist es eigentlich gut oder überhaupt nötig, daß man auf diese Methoden soweit eingeht, wie sie einem doch einmal gegeben werden, wie man sie durchmachen muß im Studium, die sich zu einer Ungeheuerlichkeit steigert bei den gynäkologischen Untersuchungsmethoden, die in gar keinem Verhältnis stehen zu dem, was dabei herauskommt. Ist es notwendig, daß man alle diese Methoden durchmacht? Ich habe das Gefühl, als ob das, was an Heilinstinkten in einem Menschen vorhanden ist, ganz unterdrückt wird dadurch, daß man das alles mitmacht. Ich möchte erzählen, was mir ein alter Kollege gesagt hat. Er sprach nicht von einem Arzt, sondern von einem Bauerndoktor im Bayrischen Hochgebirge. Der machte allerlei orthopädische Sachen mit einer großen Leichtigkeit, so daß er berühmt wurde. Seine Kunst war bekanntgeworden einem Orthopäden in München, der hatte davon gehört, suchte ihn auf und sagte ihm, er solle einmal zu ihm kommen in die Klinik. Dieser Mann sah die Einrichtungen in der Klinik, der Professor sagte ihm, er solle ihm zeigen, wie er das mache. Der Bauerndoktor sah sich das an, und von dem Tage an konnte er nicht mehr heilen. – Sollen wir das mitmachen, was uns von der wissenschaftlichen Medizin vorgelegt wird an Methoden, an wissenschaftlichen Methoden, oder sollen wir es möglichst nicht mitmachen?

Von dieser Seite gefaßt, hat die Frage eine außerordentlich große Wichtigkeit. Sie haben schon recht, und ich wollte auch nicht von persönlichen Eigentümlichkeiten von Fräulein X sprechen, sondern ich wollte nur dasjenige charakterisieren, was ganz notwendigerweise als eine Gesinnung vorlag aus dem heutigen Studium. Aus dem naturgemäßen Medizinstudium würde man gar nicht daraufkommen, daß man den Menschen seinen Krankheitszuständen nach kennen will, oder von Heilprozessen wissen will, ohne den Willen zum Heilen zu haben. Das würde aus einem naturgemäßen Studium gar nicht herauskommen; das kommt nur heraus aus der Einrichtung des heutigen Medizinstudiums. Auf der einen Seite muß gesagt werden, daß eigentlich das weitaus meiste, was heute der Medizinstudierende in seinen Semestern studieren muß, überhaupt mit Heilen nichts zu tun hat, daher im Grunde genommen nur eine Belastung der menschlichen Seele ist mit unmöglichen Dingen. Sehen Sie, das heutige Medizinstudium ist ungefähr so, wie wenn Sie, sagen wir, einen Bildhauer veranlassen wollten, vor allen Dingen zuerst Marmor und Holz ihren naturwissenschaftlichen Eigenschaften nach kennenzulernen. Es geht ihn ja eigentlich gar nichts an. Dieses und vieles von dem, was heute entweder in den Lehrbüchern steht oder auf der Klinik getrieben wird, geht die Medizin nichts an. In dem Augenblick, wo Sie übergehen von dem physischen Beschreiben, was da die Dame empfunden hat, als sie sich zu leiblich interpretiert fand, in dem Augenblick, wo Sie übergehen zum Ätherleib, da verlieren die meisten Dinge, die in den medizinischen Büchern drinnenstehen, ihre Bedeutung. Weil in dem Augenblick, wo Sie zum Ätherleib übergehen, Sie eine ganz andere Orientierung zu den Organen bekommen. In dem Augenblick, wo sie übergehen vom physischen Leib zum Ätherleib, können Sie überhaupt nicht mehr mit der intellektuellen Erkenntnis allein auskommen. Sie lernen viel mehr, wenn Sie etwas bildhauen lernen, die Handgriffe lernen, das Raumgefühl, das der Bildhauer braucht. Für die Erkenntnis des astralischen Leibes lernen Sie viel mehr, wenn Sie das Musikalische anwenden können. Ungeheuer viel lernen Sie für die Formung des menschlichen Organismus, wie sich diese Formung herausbildet aus dem astralischen Leibe. Indem der Mensch in Betätigung übergeht, ist er eigentlich aufgebaut wie eine musikalische Skala. Nach einer Richtung beginnt hier hinten die Prim, geht über in die Sekund, geht über in die Terz im Unterarm; wo es zwei Terzen gibt, hat der Mensch auch zwei Knochen, und da kommen Sie auf ganz andere Dinge, als die sind, die heute angewendet werden zu einer wirklichen Menschenerkenntnis, und es wäre ein ganz anderer Lehrgang notwendig für den angehenden Mediziner, als er heute da ist. Der heutige Lehrgang ist ja gerade durch das entstanden, was jetzt durch Fräulein X herausgekommen ist, daß die Therapie in den Nihilismus hineingekommen ist. Nicht nur von der Wiener Medizinerschule, sondern überall ist etwas Nihilistisches hineingekommen. Und ich muß sagen, unter den Medizinern, den Professoren und Dozenten, die wissenschaftliche Fächer vertreten, da waren wenigstens ernste Leute, die aus ihrer Kurzsichtigkeit heraus wissenschaftlich sind. Es war wenigstens ein gewisser Ernst da. Aber wenn man an diejenigen herankommt, die Arzneimittellehre dozieren, da hört der Ernst auf. Da glaubt der Dozent selber nicht mehr an das, was er doziert. Wo der Ernst beginnen sollte im Lehrgang, wo das Therapeutische beginnt, da hört der Ernst auf. Woher soll der Heilwille kommen? Aus dem Studiengang der

Mediziner, wenn der so ist, daß man sagen muß, es müßten so ähnlich, wie ich das skizziert habe im Anschluß an den Weihnachtskurs, die medizinischen Studien hintereinander folgen eigentlich. Und das ist natürlich etwas ganz anderes, als was heute überhaupt getrieben wird, denn das führt nicht zur Arzneikunst. Es muß sich der praktische Arzt meistens mit großer Mühe einiges aneignen, wenn er weggekommen ist von der Universität. Das ist manchmal nicht so ganz leicht, weil alle die Dinge ihm nicht nur nutzlos sind, sondern sogar oftmals schädlich. Er kann den eigentlichen Krankheitsprozeß nicht sehen, weil er alle möglichen Dinge im Kopf, in Erinnerung hat, und den eigentlichen Krankheitsprozeß kann er nicht sehen. Das ist die eine Seite.

Nun aber sehen Sie, die andere Seite, die ist doch die: Sie sind hier eine Gruppe von jungen Medizinern. Sie wollen nicht nur geistig wirkliche Ärzte werden, was man ja natürlich am besten dadurch erreichen würde, daß man sagen würde: Laßt das ganze Medizinstudium, Ihr findet heute keine medizinische Fakultät, wo Ihr Medizin studieren könnt. Kommt hierher und lernt hier das Nötige. – Das wäre das, was man ganz radikal sagen könnte. Aber was würde denn der junge Arzt machen? Die Welt würde Sie zurückschicken, weil sie Sie nicht als Arzt anerkennen würde. Es bleibt für die jungen Mediziner nichts übrig, als das Ganze durchzumachen, um durch das, was am Goetheanum erfahren werden kann von der Medizin, geheilt zu werden. Aber Sie müssen eben dazukommen, wenn auch mit allem Widerwillen das regelmäßige richtige Studium durchzumachen; das geht nicht anders. Das ist notwendig. Dies ist die andere Seite. Dann aber werden, wenn recht viele solche da sind, die das Studium kennengelernt haben und von dem, was sie kennengelernt haben, nun wissen, wie es nicht sein soll – nicht wahr, Magnetopathen und Laienärzte schimpfen auch über die Universität, doch hat das keinen Wert – die werden aus dem Erleben heraus zum Erkennen kommen, und die werden die rechten Pioniere sein, um ein vernünftiges Medizinstudium in der Welt zu haben. Das soll durch Sie angestrebt werden, möglichst ein allgemeines öffentliches Urteil hervorzurufen über das, was da vorliegt.

Sehen Sie, im Grunde ist es ja so: Sie wissen ja, nicht Sie allein reden so, wie Sie gesprochen haben. Es gibt viele Ärzte, die so reden, aber diejenigen, die so reden, brauchen eben gerade noch dasjenige, was hier geboten wird. Warum? Man kann natürlich heute, wenn man ein vernünftiger Mensch ist und Arzt wird und das Universitätsstudium durchgemacht hat, die offizielle Medizin kritisieren. Man hat sie durchgemacht, man weiß, was man nicht hat. Aber wirksam kann das doch erst werden, wenn man etwas an die Stelle zu setzen hat. Dann wird die Sache erst wirksam sein. Das ist natürlich die andere Seite. Deshalb fassen Sie ja alles dasjenige, was ich hier sage, nicht so auf, daß ich irgend jemand von den jungen Medizinern abhalten wollte, sein Studium zu vollenden. So schlimm das auch sein mag, aber es muß heute noch in den sauren Apfel gebissen werden. Wenn man auf der Grundlage dessen, was nicht sein soll, reden kann, wird erst allmählich eine Verbesserung eintreten.

Sehen Sie, in dieser Beziehung ist noch recht viel zu tun. Ich glaube, ich habe es schon einmal erzählt: ich wurde einmal aufgefordert, einiges Medizinische in einer Gruppe von Medizinern in Zürich zu sprechen, und da war auch mitgekommen ein Professor der Gynäkologie. Nun, ich sah ihm das an, er war gekommen mit der innerlichen Meinung: Nun wollen wir uns einmal diesen Kohl anhören, damit wir wenigstens schimpfen können und sagen können, wir waren dabei. Er kam wirklich ganz fidel in Ulkstimmung, um sich diesen Kohl anzuhören. Dann wurde er immer sonderbarer und sonderbarer und hörte in einer sonderbaren Weise zu. Es war ihm höchst unangenehm, daß es kein Kohl war, daß es so etwas war, von dem man nicht sagen konnte: das ist der reine Unsinn. Das machte mir ganz besonderen Spaß. Ich sprach ihn an: Herr Professor, Sie haben einen sonderbaren Eindruck gehabt. – Er sagte dann: Ja, darüber kann man nicht reden, das ist halt ein anderer Standpunkt. – Das ist ein Fortschritt, wenn man so weit kommt, daß die Leute überhaupt meinen: das ist ein anderer Standpunkt. Was ist denn aufgetreten neben der wissenschaftlichen Medizin, die doch noch turmhoch überragt das, was von der Laienmedizin erreicht worden ist? Ich weiß, daß wichtige Fortschritte gemacht worden sind von den Laien; das tut aber nichts. Die Steuerung bei der Dampfmaschine ist von einem kleinen Jungen gemacht worden, weil er sich langweilte. Man wird von ihm nicht sagen können, daß er Maschinenbauer sein konnte, weil er das gefunden hatte. Das, was heute dasteht und hauptsächlich über die wissenschaftliche Medizin schimpft, das ist wirklich nicht berechtigt dazu, über die Medizin zu schimpfen, und es redet über etwas, was es nicht kennt. Das muß erst errungen werden, daß man nicht verwechselt das Anthroposophische in der Medizin mit dem, was sonst da ist. Wird das einmal errungen, daß man die Sache ernst nimmt, weil die Menschen, die das vertreten, eben zeigen, daß es ihnen ernst ist, dann wäre schon ein bedeutender Fortschritt gemacht.

Das möchte ich besonders Euch jungen Freunden ans Herz legen, alles das, was Ihr aufnehmt an Esoterischem, dahin gipfeln zu lassen, daß Ihr auch vor der Welt wirken könnt, daß sich tatsächlich ein sachgemäßer Heilwille entwickelt. Es kann sich nicht darum handeln, sich egoistisch in seinem Herzenskämmerchen abzuschließen, sondern sich einzusetzen dafür, daß das Medizinische weiterkommt und so weiter, so wie sich die Pädagogen einsetzen dafür, daß die Pädagogik weiterkommt.

Es ist mir nicht möglich, im einzelnen auseinanderzusetzen, wie die Mehrzahl der Dinge, die heute getrieben werden im medizinischen Studium, eigentlich unnötig sind zum Begreifen des gesunden und kranken Menschen in seinem wechselseitigen Verhältnis, aber wenn Sie eingehen auf das, was von mir in den verschiedenen Kursen und Zyklen geboten ist, werden Sie schon darauf kommen. Es ist so, wie wenn ein Kind geboren würde und man vor der Frage steht, wie soll man das Kind ernähren, und man fragte sich: Ist es denn möglich, das Kind zu ernähren, bevor man ihm erst eine Ansicht über die Nahrungsmittel beigebracht hat? – Mit vielen Dingen ist es so. Ich meine es nicht physisch, sondern geistig, daß man die Intuition hat, den Prozeß zu begreifen. Da ist es oft bei der Diagnose auch manchmal viel nötiger, statt von der landläufigen Diagnose auszugehen, auf die erste Ursache zurückzugehen, die irgendwie in einer bestimmten Zeit weit zurückliegen kann beim Patienten. Nicht wahr, den Zustand des kranken oder gesunden Organismus im Moment, wo der Patient kommt, zu erkennen, das wird heute gelehrt, dafür gibt es Methoden. Aber die Denkweise, wodurch man daraufkommt, dem Patienten sagen zu können: Du hast vor fünfzig Jahren das und das durchgemacht, das ist die erste Ursache der

Erkrankung – die hat man nicht, da verläßt man sich auf das, was der Patient sagt, und das ist anfechtbar. Gerade diese erste Ursache ist die äußere Ursache, die von außen herankommt. Von einem Arzt in Kristiania wurde mir ein Mann vorgeführt, der sechzig Jahre alt war. Er hatte allerlei Ausschläge, die leicht zu diagnostizieren waren. Aber es half nichts, was angewendet wurde. Nun brachte ihn der Arzt zu mir – ich erwähne ein Beispiel von Hunderten –, und es war vor allen Dingen klar, will man überhaupt eingreifen, so muß man wissen, wovon die Geschichte ausgeht. Es war nicht sehr schwer. Sehr bald hatte ich heraus, der Mann hatte vor dreißig oder fünfunddreißig Jahren einen starken Vergiftungsprozeß durchgemacht. Das lag in ihm. Ich sagte ihm, er solle sich erinnern, was er durchgemacht habe vor fünfunddreißig Jahren. Er sagte mir: Darnach hat mich noch niemand gefragt! Ich war in der Schule. Neben unserem Klassenzimmer war ein chemisches Laboratorium, da sah ich ein Glas mit Flüssigkeit stehen. Ich war durstig und trank. Da war ich furchtbar vergiftet, denn das war Salzsäure. – Das zu wissen, ist ungeheuer wichtig. Das hebt heraus von dem augenblicklichen Bestand. So ist es zuweilen wichtig, sagen wir, bei irgendwelchen hysterischen Nervenzuständen zu wissen, ob die betreffende Person den Schock des fast Ertrinkens durchgemacht hat. Man muß durchaus auf diese Dinge eingehen. Aber man geht selbstverständlich darauf ein, wenn man Anteil nimmt an dem Menschen, den man heilen will. Es muß alles Medizinische ausgehen vom Anteil am Menschen. Hat man diesen Anteil nicht, dann wird man die bedeutsamsten Dinge vergessen. Das ist dasjenige, was nach dieser Richtung hin zu betrachten ist.

Haben Sie alle vor, morgen noch da zu sein? Dann werden wir morgen die Betrachtungsweise fortsetzen. Ich möchte Ihnen nur, ohne daß dies natürlich jetzt erklärt werden kann – ich will aber morgen eine Erklärung vorausschicken –, zur weiteren Betrachtung eine Anzahl von Zeilen geben, die gerade eine Art zentrale Meditation werden können, nach der Richtung hin, die gestern hier angeschlagen worden ist. Sie werden so daraufkommen, was in den Menschen hereingebaut ist aus dem Kosmos, aus dem Umkreis der Erde, von irdischen Kräften, wenn Sie immer weiter darauf die Aufmerksamkeit richten. Wenn Sie sich fragen bei der Gestaltung eines Auges: Wie ist das aus dem Kosmos herausgestaltet? – bei der Lunge: Wie ist diese aus den Kräften des Umkreises herausgestaltet, aus dem, was sich planetarisch bewegt auch in den Elementen der Luft und des Wassers? – wie ist dasjenige, was im Menschen Stoffwechselorgane gestaltet, mit dem Irdischen zusammenhängend? – Wenn Sie sich diese Fragen durchwegs überall stellen und nach folgender Anweisung meditieren, dann werden Sie lernen, in den Menschen hineinzuschauen.

Schau, was kosmisch sich fügt:
Du empfindest Menschengestaltung.

– das im Zusammenhang mit dem Mond –

Schau, was luftig dich bewegt:

– zum Beispiel im Atem oder in der Blutzirkulation –

Du erlebest Menschenbeseelung.

– das ist im Zusammenhang mit der Sonne –

Schau, was irdisch sich wandelt:

– vorzugsweise das, was den Menschen auch den Tod bringt –

Du erfassest Menschendurchgeistung.

– das im Zusammenhang mit Saturn.

*

Schau, was kosmisch sich fügt: ☾
Du empfindest Menschengestaltung.

Schau, was luftig dich bewegt: ☉
Du erlebest Menschenbeseelung.

Schau, was irdisch sich wandelt: ♄
Du erfassest Menschendurchgeistung.

DRITTER VORTRAG

Dornach, 23. April 1924

Nun, meine lieben Freunde, ich möchte einige Worte voraus sagen über jenen Spruch, den ich gestern am Ende der Stunde an die Tafel geschrieben habe. Er beginnt damit, daß gesagt werden die Worte:

Schau, was kosmisch sich fügt:
Du empfindest Menschengestaltung

und es wird dabei verwiesen darauf, daß das Mondeszeichen danebengesetzt worden ist. Nun müssen wir in der Tat, wenn wir den Menschen durchgreifend verstehen wollen, namentlich ihn verstehen wollen für eine Heilbehandlung, uns durchaus klar darüber sein, daß wir nicht bloß auf das hinschauen können, was den Menschen mit der Erde verbindet. Denn das ist eigentlich dasjenige, was für die wirkliche Entwickelung des Menschen, wie Sie gesehen haben aus der ersten Stunde, nur in den allerersten Kindesjahren bis zum Zahnwechsel in Betracht kommt. Dann schon nicht mehr. Es kommen dann diejenigen Kräfte in Betracht, welche den Menschen eigentlich organisieren, von der Erde wegorganisieren. Er hat dazu seinen Ätherleib, und der Ätherleib unterscheidet sich ja wesentlich vom physischen Leib. Der physische Leib ist schwer, der Ätherleib ist nicht schwer. Der physische Leib strebt zur Erde, der Ätherleib nach allen Seiten hin weg nach den Weiten des Weltenalls. Sie erschöpfen schon das Weltenall in Ihrer Betrachtung, wenn Sie den physischen Leib und den Ätherleib des Menschen in Betracht ziehen. Der physische Leib steht in innigem Zusammenhang mit der Erde, der Ätherleib in innigem Zusammenhang mit alledem, was im Bereich des Wahrnehmbaren um die Erde herum liegt. So daß Sie alle Kräfte, welche auf den physischen Leib wirken, als Kräfte auffassen können, die den Menschen zur Erde hinziehen, und alle diejenigen Kräfte, welche auf den Ätherleib wirken, sind diejenigen, welche den Menschen von der Erde wegziehen. Die sind da und die sind wirksam im Menschen, und man kann daher den Menschen nicht so betrachten, daß man sagt, er nimmt irgendeinen Stoff auf, der war erst draußen und ist dann drinnen. So ist es nicht. Er wird dadurch, daß im Menschen diese zentrifugalen Kräfte wirksam sind, sofort eingereiht in den Bereich des ganzen Weltenalls, des ganzen sichtbaren Weltenalls.

Dann, wenn Sie an das Astrale des Menschen gehen, müssen Sie sich vorstellen, daß das eigentlich aus dem Raumlosen kommt; es nimmt nur die Gestalt des räumlichen Wirkens an.

Und wenn Sie an das Ich herankommen, dann können Sie überhaupt nicht mehr eine Zeichnung machen. Das wirkt weder von oben noch von unten; es wirkt überhaupt nicht in dem Sinne, daß man eine Zeichnung davon machen kann, sondern das wirkt nur durch den Zeitenfortlauf, durch die Zeitenkontinuität. Dasjenige, was von der Ich-Organisation des Menschen ausgeht, kann man im Grunde genommen nicht zeichnen, sondern man muß sich klar darüber sein, daß das in jedem Punkte real ist; es wirkt aber weder einstrahlend noch ausstrahlend, es wirkt rein qualitativ.

Wenn Sie hinausschauen in die Welten des Äthers, können wir sagen: Das ist so, wie wenn wir uns mit unserem Ätherleib immer verlören in den Welten des Äthers; es strahlt uns immer entgegen das Astrale, das auch nicht räumlich ist, aber es wirkt, als ob es aus dem Umfang des Weltenalls an uns herankäme. Nun, sehen Sie, nehmen wir an, Sie hätten es in der Ernährung, sagen wir, mit pflanzlichem Eiweiß zu tun. Pflanzliches Eiweiß ist erstens schwer, zweitens hat es auch als Eiweiß das Streben nach dem Kosmos hin. Wenn Sie das pflanzliche Eiweiß in den menschlichen Organismus einführen, dann kommen gleich die beiden andern Kräfte über dieses pflanzliche Eiweiß, die Kräfte, die von allen Seiten hereinwirken, und diejenigen Kräfte, die nun wieder als die Kräfte der Ich-Organisation eigentlich raumlos auf dieses Eiweiß wirken. Nun nehmen Sie an, alles dasjenige, was in dieser Art auf den Menschen wirken könnte, würde ihn, so grotesk das klingt, nur machen können zu einem runden, kugelförmigen Körper. Sie finden die Form, welche entsteht durch das Zusammenwirken dieser Kräfte – die aus der Erde ausstrahlenden Kräfte und die wieder einstrahlenden Kräfte –, eigentlich im Ei des Vogels; in der Form finden Sie diese Kräfte gestaltet. Daß nun aus dem Ei des Vogels nicht bloß die Eigestalt herauskommt, sondern eine bestimmt konfigurierte Gestalt, woher rührt das?

Also sehen Sie, wenn nur dasjenige da wäre, was ich Ihnen jetzt aufgezeichnet habe (es wird gezeichnet), dann würde es überhaupt niemals weiterkommen mit der Eibildung, als eben bis zum Abschluß der Eibildung. Der Vogel wäre fertig, wenn das Ei da ist. Die Sache ist doch so, daß der Vogel ein ganz bestimmt konfiguriertes Wesen ist und – das, was ich jetzt für den Vogel auseinandersetze, ist auch für den Menschen der Fall – er wird es dadurch, daß zunächst um die Erde herum der Mond kreist. Es kreist der Mond herum. Nun, würde aber bloß der Mond herumkreisen, so würde noch immer nicht ein Vogel entstehen, sondern es würde das geschehen, daß zwar die Eischale weich würde, abfallen würde, aber daß doch ein kugelförmiges Wesen entstehen würde, ein kugelförmiges, im wesentlichen aus Eiweiß bestehendes Wesen entstehen würde. Nun ist das aber nicht der Fall, daß einzig und allein der Mond um die Erde kreist, sondern in der mannigfaltigsten Gestaltung stehen Sternbilder da im Raum und der Mond zieht immer an diesen Sternbildern vorbei, dadurch modifiziert er die Kraft, die von diesen Sternbildern kommt. Denken Sie sich also, der Mond zieht hier bei den Plejaden vorbei. Das Ei ist ausgesetzt den Kräften, die als Resultierende entstehen durch das Hereinstrahlen der Plejaden, dadurch, daß der Mond zum Teil dieses Hereinstrahlen der Plejaden zudeckt, also modifiziert. Es strömt also herein von den Plejaden eine Kraft, die modifiziert wird durch den Mond, der davorsteht, der seine Wirkung ausübt, und dadurch wird, wenn ich es schematisch zeichne, aus der Eibildung auf der einen Seite die Kopfbildung des Vogels. Also, man kann sagen, die Kopfbildung des Vogels rührt davon her, daß sie aus dem Kosmos hereingestaltet wird durch das Zusammenwirken des Mondes, des Wandelsterns, mit den Fixsternen, die nur durch ihre besondere Anordnung wirken in den Plejaden. Nun geht der Mond weiter und, sagen wir, er steht hier in Opposition zu seiner früheren Gestalt der Waage gegenüber, dann werden wieder die Kräfte der Waage modifiziert durch das Davorstehen des Mondes. Da gibt es einen andern Kräftezusammenhang, und der Mond ist ja außerdem mittlerweile, wenn er hier vor den Plejaden Vollmond war, hier bei der Waage Neumond geworden. Der Mond im Zusammenhang mit dem Sternbild der Waage wirkt anders, als wenn er von den Plejaden her wirkt, und die Wirkung auf das Ei ist diese, daß die Schwanzbildung entsteht. Die andern Dinge liegen dazwischen. So daß Sie, wenn Sie die Gestalt des Vogels studieren wollen, studieren müssen, wie vorbeigeht der Mond vor dem, was da kosmisch im Weltenall herum verteilt ist. Was kann derjenige sagen, der bloß bei irdischen Verhältnissen stehenbleibt, über die Gestaltung des Menschen oder überhaupt eines Lebewesens? – Er kann nur sagen: Ja, gewiß, der Adler hat eine bestimmte Gestalt, der Geier hat eine bestimmte Gestalt, das Känguruh hat eine bestimmte Gestalt und so weiter. Warum haben sie diese Gestalt? Sie finden wirklich, wenn Sie im Irdischen stehenbleiben, wie das die Wissenschaft tut, nur eine einzige Antwort: das Tier hat seine Gestalt von seinen Vorfahren ererbt. Es gibt keine andere Antwort im Umfange des Denkens: das Tier hat seine Gestalt von den Vorfahren ererbt. Ganz genau nach dem Schema: die Armut kommt von der Pauvreté. Aber damit ist nicht das Geringste erklärt. Sie müssen immer weiter hinauf. Die Vorfahren haben es wieder von den Vorfahren und Sie kommen zum Schluß zu dem, wovon Sie ausgegangen sind. Man muß an die kosmischen Kräfte, die Sternkonstellationen herantreten, wenn man die Gestaltung verstehen will.

Nun aber, das ist noch immer nicht alles, was ich Ihnen gesagt habe. Es würden, wenn nur das der Fall wäre, gewiß sehr gut ausgestaltete wunderschöne Wesen entstehen, aber sie wären eigentlich alle Quallen, so wie der Mensch sogar in verflossenen Erdperioden war. In der atlantischen Zeit war er eine Art Qualle. Das kam davon her, weil er nur dasjenige aufnehmen konnte, was in plastisch-flüssigem Zustande war, als Stoff, als Substanz, daraus er seinen physischen Körper bilden konnte. Daß er sich eingliederte Kalium, Natrium und die andern Stoffe; das rührt davon her, daß nicht nur der Mond an Waage, Widder, Stier vorbeikreist, sondern daß auch die andern Planeten unseres Planetensystems vorbeikreisen, und die gliedern uns ein dasjenige, was zum Beispiel macht, daß wir wirklich die Menschengestaltung bekommen. Also dem Mond zum Beispiel – ich habe Ihnen den Vogel beschrieben – ist zu gleicher Zeit eingegliedert – ich habe Ihnen nur Mond, Sonne, Saturn aufgezeichnet – für den Menschen bei der Kopfbildung dasjenige, was ausgeht auch noch von der Merkurkonstellation zu den

Planeten und den Venuskonstellationen zu den Planeten. Wenn diese nicht mit zusammenwirken würden mit den Mondenkonstellationen, würden wir alle als Hydrozephalen geboren werden. Dadurch wird uns die organische Metallität einverleibt, daß mit der Mondenkonstellation zusammenwirkt die Merkur- und Venuskonstellation. Und wir würden schauderhaft rachitisch werden, nicht nur O-Beine haben, sondern solche, die sich elastisch biegen würden, unsere Arme würden quallenförmige Bildungen sein, wenn nicht auf der andern Seite zusammenwirken würden mit der Mondenkonstellation diejenigen Planeten, die mehr gegen den Saturn hingerichtet sind, und der Saturn selber nicht zusammenwirken würde mit Jupiter und Mars. Die Sonne bewirkt den rhythmischen Ausgleich zwischen diesen beiden Parteien.

Also diese zwei ersten Zeilen des Spruches sollen Sie dahin führen, zu begreifen, wie eigentlich der Mensch sich aus dem Kosmos heraus gestaltet. Und ehe nicht wiederum eingeführt wird in unsere medizinische Wissenschaft Astronomie, aber in dem Sinne, wie ich es jetzt auseinandergesetzt habe, werden wir nicht weiterkommen. Eigentlich sagen die meisten Dinge, die da ausgesprochen werden, auch nichts Besonderes. Man jongliert von einem zum andern, nicht wahr, dadurch, daß man die Dinge, die auftreten im Menschen, entweder den äußeren irdischen Verhältnissen zuschreibt oder der Vererbung. Aber wenn Sie das im einzelnen anschauen, kommt dabei gar nichts heraus, weil vergessen wird, daß die Menschengestaltung durchaus hergeleitet werden muß aus demjenigen, was die Erkenntnis des Sternenhimmels, aber qualitativ angesehen, seinem inneren Wesen nach angesehen, gibt. Aber das Wichtigste bei dieser Menschengestaltung ist der Mond. Der muß überall mitwirken, die andern modifizieren seinen Einfluß. Das Wichtigste bei der Menschengestaltung ist der Mond.

Die zweite Zeile heißt:

Schau, was luftig dich bewegt,
Du erlebest Menschenbeseelung.

Sehen Sie, alles dasjenige, was im menschlichen Ätherleib wirkt, das gestaltet den Menschen. Aber der Mensch würde ein belebter Automat werden, auch wenn er so gestaltet wäre wie heute, wenn nur auf ihn wirken würde dasjenige, was ich Ihnen bis jetzt beschrieben habe. Aber es wirkt nicht allein das auf ihn, sondern es wirkt der Umkreis, es wirkt dasjenige, was da webt und lebt im Elemente der Luft, die wir um uns haben. Und im Elemente der Luft webt auch der Äther drinnen, auch das Astralische des Weltenalls. Und so wie wir gestaltet werden, äußerlich räumlich geformt werden unter dem Einfluß des Mondes im Zusammenhang mit dem Himmel, so nehmen wir auf in diese Gestaltung die innerliche Beseelung dadurch, daß die Sonne so zusammenwirkt mit dem Himmel wie für die Gestaltung der Mond. So daß man also sagen kann: Wenn die Sonne die kosmischen Kräfte so beeinflußt, daß sie sich stellt vor den Löwen, dann wirkt sie – jetzt kommen nicht die eigenen Kräfte in Betracht, merken Sie da gut auf – erst im Luftkreis auf das, was durch unseren Atem, durch unsere Blutzirkulation auf uns wirkt, was sich fortwährend verändert. Indem die Sonne weiterzieht, ändert sich die Luft. Dieses im Umkreis-Wirken verinnerlicht die Gestalt zur Beseelung, so daß wir wirklich sagen können, Sonnenkonstellationen im Kosmos haben ihre Wirkung im Umkreis der Erde im Luftigen und das liefert unsere Beseelung. Das ist also das Zweite.

Das Dritte heißt:

> Schau, was irdisch sich wandelt:
> Du erfassest Menschendurchgeistung.

Mit diesem Wandeln ist gemeint das allmähliche Hinuntersinken des menschlichen physischen Körpers in den Leichnam. «Schau, was irdisch sich wandelt, Du erfassest Menschendurchgeistung.» Aber es ist da der Saturn hinzuzuschreiben. Warum? Ja sehen Sie, die Saturnkräfte sind nicht bloß da oben, wo der Saturn steht. Der Saturn in bezug auf seine Raumesverhältnisse ist weit von der Erde, und das, was er eigentlich außen bewirkt, das ist nicht besonders viel. Das, was er von außen bewirkt auf den Menschen ist nicht viel; auch seine Konstellationen zu andern Sternen wirken nicht besonders stark auf den Menschen. Aber er hat Kräfte, die sich furchtbar stark in die Erde hineinsaugen. Die Saturnkräfte saugen sich furchtbar stark in die Erde hinein, und wenn wir hinausschauen, finden wir eigentlich nicht viel von den Saturnkräften. Aber wenn wir auf die Erde selber schauen, auf dasjenige, was auf der Oberfläche gegen das Innere der Erde zu ist, finden wir, daß das eigentlich so ist, ich möchte sagen, wie wenn Sie eine Schnecke über den Boden ziehen sehen. Da haben Sie erstens die Schnecke, die geht vorüber, die wandelt da, Sie müssen ihr nachschauen, aber sie läßt ihren Schleim zurück. Der ist da, Sie können den ganzen Weg verfolgen. So ist es mit dem Saturn. Er wandelt herum, aber er läßt überall, wo er die Erde beschienen hat, seine Spuren zurück. Das sind sehr, sehr deutliche Spuren. Wären diese Spuren in viel früheren Zeiten der Erdenentwikkelung nicht geblieben als Kräfte, die in der Erde wohnen, so hätten wir im ganzen Bereich der Erde kein Blei. Das Blei entsteht aus der Ursubstanz, aus den in der Erde selbst wirksamen Saturnkräften, die sich eingesogen haben. In älteren Zeiten, wo die Verhältnisse noch andere waren, sind die Bleikräfte in der Erde entstanden. Heute wirken die Saturnkräfte durchaus im Menschen noch nach, und die haben eine ganz andere Wirkung als die beiden andern Kräfte. Sehen Sie, wir wären nicht Menschen mit Geist, sondern Wesen mit Körper und Seele, wenn diese Saturnkräfte nicht da wären. Das kann Ihnen ein Anhaltspunkt sein, meine lieben Freunde. Im Weltenall ist in Wirklichkeit nichts ohne Gründe. Fragen Sie sich einmal: in welcher Zeit hat denn eigentlich der Saturn Gelegenheit gehabt, von allen Seiten die Erde zu imprägnieren mit seinem Kräftewesen? Er hat im Laufe von dreißig Jahren, in denen er sie umkreist – die Sonne und damit die Erde – dies getan. Diese dreißig Jahre sind zugleich diejenigen dreißig Jahre, die der Mensch vollbringt von seinem Geborenwerden bis zu dem Zeitpunkt, wo eine gewisse Entwickelung seines Lebens abgeschlossen ist. Wenn der Mensch dreißig Jahre auf der Erde gelebt hat, dann ist er gerade auf dem Punkt, wo er auf der Erde steht – das fällt natürlich vielleicht nicht gerade zusammen mit der geraden Linie des Saturns vom Himmel herein –, wo der Saturn die Erde imprägniert hat; wenn der Mensch dreißig Jahre alt geworden ist, imprägniert er diese Stelle zum zweiten Male. Und so hängt der ganze Einfluß des Saturn auf der Erde mit dem Menschen zusammen, und das ist nun, was in letzter Linie bewirkt, daß wir einen Körper haben, der Abbau hat, wie wir immer konstatieren. Wir haben im menschlichen Organismus nicht nur aufbauende Kräfte, denn dann würden wir ohnmächtig sein; es muß unsere

Vitalität zurückgehen in einer gewissen Weise. Die Abbaukräfte müssen immer da sein. Unser Organismus wird nicht nur vorwärts gebildet, er wird auch rückgebildet, und in dieser Rückbildung hat die geistige Entwickelung Platz, die geht da hinein. Die geistige Entwickelung geht nicht hervor aus der Vitalität, sondern indem diese zurückgeht in der Entfaltung, bekommt die geistige Entwickelung Platz in dem Leergelassenen, bildlich gesprochen. Das kommt von den Kräften her, die in der Erde entstehen durch die Imprägnierung der Erde mit den Saturnkräften. Daher mußte ich das Saturnzeichen zu dem dritten Spruch setzen.

Nun aber, wir würden als Menschen mit dreißig Jahren gerade wegen dieser Saturnkräfte alte Mütterchen und alte Väterchen sein. Wir würden mit dreißig Jahren anfangen, auf Krücken zu gehen. Nicht wahr, es hat *Fichte* einmal gefallen, den Menschen anzuerkennen bis zu seinem dreißigsten Lebensjahr. Da hat er den Ausspruch getan, man solle alle Dreißigjährigen totschlagen, denn dann taugen sie nichts mehr für die Welt, sie werden schwache Krüppel. Dasjenige, was Fichte da gemeint hat, es würde unweigerlich eintreten, wenn nur der Saturn seine Kräfte entfalten könnte in der Erde. Aber die Saturnkräfte werden auch modifiziert durch die Jupiter- und Marskräfte. Die machen, daß wir nicht so stark abbauen bis zum dreißigsten Lebensjahr, sondern in dem Maße abbauen, daß da noch etwas darüber hinausgeht, und wir verdanken in der Tat dem Mars und Jupiter, daß wir nicht mit dreißig Jahren Greise sind. Will man den Menschen verstehen, daß er als fünfundvierzigjähriger noch möglich ist als Mensch, so muß man ins kosmische Weltenall hinausschauen. Und so sind Mond, Sonne, Saturn, die uns am nächsten stehenden Himmelskörper und die uns am fernsten stehenden im Planetensystem. Wie es heute aufgebaut ist, ist es unorganisch aufgebaut, weil bis zum Jupiter hinauf es aus einer früheren Einheit hervorgegangen ist, während Uranus und Neptun zugeflogen sind und sich nur angeschlossen haben. Es ist so, daß man sagen kann, es waren Uranus und Neptun von den Alten nicht entdeckt, deshalb haben die Alten den Saturn als den äußersten Planeten angenommen. Es ist noch immer die Berechtigung, bis zum Saturn hinaufzugehen. Die Astrologen haben noch ein Bewußtsein davon, indem sie den Uranus und Neptun eigentlich nur für jene menschlichen Eigenschaften heranziehen, welche über das Persönliche hinausgehen, wo der Mensch genial wird, oder über das Einzelpersönliche hinausstrebt, wo man es zu tun hat mit Dingen, die nicht mehr mit seiner persönlichen Entwickelung zu tun haben. Alle Ansätze in der Astrologie werden so gemacht. Nur wenn der Mensch genial wird, oder über das Menschliche hinausstrebt, sagen wir, wenn seine Organisation sich ausweitet, oder überstark zerfällt, alles das, was eben über das Menschliche hinausgeht, kommt hierfür in Betracht. Es sind diejenigen Planeten, die sich als Weltenbummler benommen haben und dann eingefangen wurden von dem Planetensystem, das zu unserer Erde gehört. Der uns nächststehende Himmelskörper, der uns fernststehende Himmelskörper, die regeln, was im Menschen ist: Der Mond die Gestalt, der Saturn von der Erde aus das gestaltenlose Geistige, indem er abbaut die Gestalt, sie immer auflöst nach innen, und die Sonne bewirkt den Rhythmus zwischen beiden. Damit haben Sie dasjenige gegeben, was eigentlich gewußt werden muß. Aus uralten Erfahrungen heraus konnte eben gewußt werden, daß es dieselben Kräfte, welche unserer dritten Zeile entsprechen: «Schau, was irdisch sich wandelt, Du erfassest Menschendurchgeistung», daß das derselbe Kräftekomplex ist, der sich geäußert hat einstmals in der Bleibildung.

So daß wir sagen können: Was uns zerklüftet als physischer Organismus, damit das Geistige Platz haben kann, das muß auch im Blei auftreten: es sind Zerklüftungskräfte, die das Blei zustande gebracht haben. Bringen wir Blei in den menschlichen Organismus, entstehen Zerklüftungen. Brauchen wir die Zerklüftung, weil der Mensch zuwenig abbaut, müssen wir ihm Blei geben in irgendeiner Form. Liegt dagegen umgekehrt die Sache so, daß der Mensch es nicht zur Gestaltung bringen kann, daß er gewissermaßen schwammig wird, dann muß die uralte Erfahrung gelten: es wirke die vom Monde in uralten Zeiten einstrahlende Kraft, wo es sich bloß um mineralische Bildungen gehandelt hat, die Silbersubstanz, das heißt, der Kräftekomplex des Mondes ist da wirksam. So daß die Silberkräfte diejenigen Kräfte sind, welche das Schwammige in das Gestaltende hineinbringen. Die Silbersubstanz kann die Mondenkraft unterstützen. Es hängt das ganze Planetensystem zusammen mit denjenigen Mitteln, die vorzugsweise als Heilmittel in Betracht kommen: Saturn = Blei, Jupiter = Zinn, Mars = Eisen, Sonne = Gold, Venus = Kupfer, Merkur = Quecksilber und der Mond mit Silber. Diese Konkordanzen werden in einer unglaublich oberflächlichen Weise behandelt, während sie auf den minuziösesten Untersuchungen, die in den alten Mysterien gepflogen worden sind, beruhen. Tatsächlich sind die Dinge damals viel besser und konkreter ausgeprobt worden. Denn diese Feststellungen beruhen auf etwas gut Ausprobiertem: man probte ganz genau aus, wie die Konstellation des Saturn ist, wenn bei irgendeinem Menschen eintritt eine unselbständige Verfassung seines ganzen Organismus, so daß die Zerklüftungskräfte zu wenig wirken; daß die Vitalität, die Zusammenhangskräfte zu stark werden, so daß er organisch konstitutionell benommen wird; es braucht nicht gerade das Sensorium sein, das benommen wird. Man sah nun, daß das bei ihm eintritt, nachdem eine besondere Saturnkonstellation da war, so daß früher Saturn stark auf den Menschen gewirkt hat. Sah man, daß der Mensch gerade in einen solchen Zustand verfällt bei Untergang des Saturns, wenn er nicht seine vollen Kräfte entfalten konnte, dann wendete man Blei an als Heilmittel. Die Angaben, die heute darüber noch in dilettantischen Büchern zu finden sind, sind wirklich aus dem Grunde wahr, weil sie die Menschen nicht verderben konnten, weil sie nicht wissen, woher sie kommen, sonst würden die Menschen spekulieren darüber, und dann würden wir ganz sicher schlechte Angaben haben. Die bleiben richtig, weil die Menschen die Wissenschaft verloren haben, aus der sie stammen. Sie bleiben durch Tradition. Die Menschen können nicht durch Denken diese Wahrheit verderben. Selbst das, was von der Erde aus auf den Menschen wirkt, ist in Wahrheit Saturnwirkung, die nur festgehalten wird, eingesogen wird von der Erde.

Bedenken Sie nur, was das Ganze für eine großartige Folge für das menschliche Erkennen hat. Mit dem Menschen, den heute die Naturwissenschaft anschaut, können Sie das Moralische überhaupt gar nicht verbinden; da bleibt das Moralische schweben irgendwo oben im Abstrakten, daher ist es ja auch so, daß insbesondere im Protestantismus, der am stärksten verloren hat den Zusammenhang mit dem Geistigen, mit dem Kosmos, alles Moralische einfach abgetrennt wird vom Weltenzusammenhang. Es bleibt ein bloßer Glaube. Und wenn Sie zu der Wirklichkeit gehen, dann ist der Mensch ein Geschöpf durchaus versorgt und gepflegt aus dem Kosmos, und dann strahlen mit seiner Astralität zugleich auch die moralischen Kräfte ein. Dann haben Sie die Möglichkeit, den Menschen mit der moralischen Welt auch wirklich innerlich in Verbindung zu denken. So kommen Sie wieder zurück, wenn Sie wahre Medizin treiben, zu dem, was den Menschen erst zu einem moralischen Wesen macht, zu einem solchen Menschen, der wirklich organisch erleben kann das Moralische, nicht mehr bloß aufpassen braucht auf sie als auf äußere Gebote.

Das ist das, was ich Ihnen sagen wollte, und was ich meine, daß Sie mitnehmen können, denn es wird Ihnen für vieles Geleit sein können. Die Einzelheiten können Sie ja natürlich von ganz woanders her bekommen. Aber wie sich diese Einzelheiten im menschlichen Organismus verhalten, das ist dasjenige, was Sie doch nur aus einer solchen Auseinandersetzung, wie sie eben gepflogen worden ist, bekommen können. Also, Sie können irgendwo in einem medizinischen Vademekum lesen, daß das Blei das oder jenes bewirkt. Warum es das tut, das werden Sie wissen, wenn Sie hier diese Auseinandersetzungen wirklich aufnehmen. Alle diese Auseinandersetzungen haben das Eigentümliche, daß sie, weil sie aus der geistigen Welt herausgeholt werden, viel weniger das Gedächtnis in Anspruch nehmen als dasjenige, was der Mensch physisch aufnimmt. Was er lernt – nun ja, das ist so –, das liegt etwas in seiner Willkür; aber was er sonst erfährt und was sich von selbst seinem Gedächtnis einprägt, das ist das, was Sie auf diese Weise aufnehmen. Von dem werden Sie etwas Eigentümliches bemerken: Wenn Sie es nicht immer wieder meditativ erleben, werden Sie es sehr bald verschwitzen. Die geistigen Wahrheiten haben das Eigentümliche, daß sie nicht richtige Gedächtniswahrheiten werden können. Sie können auch nicht in Ihrem eigenen Organismus das, was Sie vor einer Woche gegessen haben, aufbewahren. Der Wiederkäuer kann es, allerdings nur für eine kurze Zeit, aufbewahren. Beim Wiederkäuer ist es eben eine organische Nachbildung, ein Rudiment im physischen Leibe für das, was sonst nur im Ätherleib als Gedächtnis vorhanden ist. Was aber gegenüber den geistigen Wahrheiten werden muß, das ist, daß man sie immer wieder und wieder erlebt und sie einem dann zur Gewohnheit werden, nicht gedächtnismäßig, bildmäßig behalten werden, sondern zur Gewohnheit werden. Das ist der Sinn, der durchgreifende Sinn des Meditierens, daß man an das appelliert, was im Grunde genommen nur in der ersten Kindheit vorhanden ist. Da hat man auch kein Bildgedächtnis, daher wird das vom kleinen Kinde vergessen, was es erst erlebt hat. Es lebt im gewohnheitsmäßigen Gedächtnis. An dieses müssen wir zurückgehen, wenn wir geistige Wahrheiten in uns verarbeiten wollen, sonst verschwitzen wir sie sehr schnell.

Deshalb muß, weil Sie das Bedürfnis hatten, Esoterisches hier zu empfangen, appelliert werden an Ihr meditatives, an Ihr innerliches Aneignen, sonst werden Ihnen die Dinge nicht nützen können. Dann werden Sie die feine Empfänglichkeit bekommen, die Sie jetzt nicht instinktiv, sondern intuitiv hinleitet zu demjenigen, wieder etwas Ähnliches zu empfinden, was sich noch abstrakt erhalten hat in der sogenannten Signaturenlehre: das heißt der Pflanze, dem Stein ansehen, wie sie wirken können im Organismus. Sie haben auch dieses, daß Sie nicht nur Ihren physischen Leib, sondern auch Ihren Ätherleib ausbilden und daß Ihnen das gewohnheitsmäßige Gedächtnis eine verfeinerte Wahrnehmungsfähigkeit für die Inhalte der physischen Umgebung geben wird und die Fähigkeit, so die Welt im Sinne eines Menschen anzusehen, der die Frage aus dem menschlichen Organismus bekommt von der kranken Lunge, vom kranken Herzen, und die Antworten aus der Umgebung von den heilenden Pflanzen, heilenden Mineralien und so weiter.

Frage: Herr Doktor, es kommt vielen von uns darauf an, zu einer orientierenden, möglichst überschauenden Gesamterkenntnis der ganzen Situation zu kommen, in der wir uns im Grunde genommen eigentlich befinden. Man fühlt ganz im Innern, daß es sich bei den anthroposophischen Wahrheiten um Radikales handelt und daß von ihrer Verwirklichung unendlich viel abhängt. In dem Rundbrief, den wir nach der Weihnachtstagung zugeschickt bekamen, fiel mir auf, wie stark die dort gegebene Meditation einen nach dem allgemeinen Pädagogischen hingehenden Wink enthält. Wie könnte das verwirklicht werden, wozu wir eine so tiefe Aufforderung in uns verspüren, und wie kommen wir zu einer wegweisenden Erkenntnis des eigenen Schicksals und unserer Aufgaben für die Zukunft? Man fühlt, man wird nur dann richtig handeln können, wenn man das eigene Karma im großen Zusammenhang erkennen lernt und zugleich den Mut aufbringt, ihm nicht entgehen zu wollen, sondern es in richtiger Art zu verwirklichen.

Nun glaube ich aus dem, was Sie gesagt haben, etwas herauszuhören, nach welcher Richtung hin Ihre Empfindungen gehen. Nur müssen Sie die Fragen ergänzen, wenn das nicht das Richtige trifft. Die Frage, die Sie gestellt haben, berührt allerdings etwas, was eigentlich heute gewußt werden müßte. Denn nicht wahr, es wurde insbesondere in der letzten Zeit in anthroposophischen Jugendkreisen, in Kreisen junger Menschen viel gesprochen, mehr als bei den Alten, von dem Ablauf des Kali Yuga. Das ist aus dem Grunde, weil ja tatsächlich mit dem Ablauf des 19. Jahrhunderts ein neues Zeitalter in der Menschheit schon angebrochen ist. Die Menschen leben zunächst fort. Wenn Sie eine Kugel haben und sie mit der Hand weiterschieben, so rollt sie; aber wenn Sie die Hand wegtun, so rollt sie weiter. Und so rollt das, was die Menschen bis zum Ende des 19. Jahrhunderts erlebt haben, vorläufig weiter, wenn auch die Kräfte nicht mehr dahinter sind, nimmt sogar viel üblere Gestalten an, als es in der abgelaufenen Zeit hatte. Aber daneben, neben dem Fortlaufen der alten Zeit geht wirklich schon im Verborgenen in der Welt ein lichtes Zeitalter auf. Es leuchtet herein in die Welt ein lichtes Zeitalter und es ist schon so, daß die ersten Strahlen des lichten Zeitalters von der Anthroposophie aufgefangen werden müssen. Nun, sehen Sie, rede ich natürlich jetzt in einer viel radikaleren Weise, als das vor der Weihnachtstagung der Fall war, von gewissen Zusammenhängen. Sie werden das auch aus den Vorträgen entnehmen, die ich sonst halte. Diejenigen, die heute Abend noch da sein können, werden sehen, daß gewisse menschliche Zusammenhänge schon berührt werden in den Vorträgen. Aber es ist mir doch noch nicht möglich, geradezu mit solchen Betrachtungen ganz konkret zu solchen Dingen herunterzugehen, die namentlich die Sensationslust am allerliebsten hätte. Nicht wahr, in diesen Dingen sind durchaus strikte Gesetze zu beobachten, und ich weiß schon, daß ein gewisser Drang natürlich nicht wieder bloß von der Sensationslust herzukommen braucht, der da sein kann, der eben befriedigt werden kann, wenn man jedem einzelnen seine vorigen Erdenleben enthüllen könnte. So weit kann die Sache nicht gehen. Dagegen können doch gewisse Gesichtspunkte gegeben werden, die wichtig werden können.

Nun, sehen Sie, die Sache ist durchaus so, daß wir heute im allgemeinen Menschenleben, wenn ich mich so ausdrücken darf, zwei Menschensorten haben. Diese zwei Menschensorten kommen davon her, daß zu gewissen Zeiten die geistige Entwickelung der Erdenmenschheit anders war als zu andern Zeiten, wo gewissermaßen eine wellenartige Bewegung da war. Aber die Wellen liefen nicht bloß nacheinander, sondern auch nebeneinander. Sehen Sie, da war zum Beispiel zu einer gewissen Zeit die abendländische Entwickelung des Christentums wieder einmal veroberflächlicht, veräußerlicht. Die Menschen hatten keine Möglichkeit, aus dem, was ihnen das Christentum bot, zu Inhalten zu kommen. Da gab es eine Reaktion bei den Katharern. So lebten da nebeneinander Menschen, die sehr im Äußerlichen lebten, und Menschen, die sich stark verinnerlichen wollten. Etwas Ähnliches war der Fall, als unter Comenius' Einfluß und früher schon die mährischen Brüdergemeinden bis tief nach Ungarn und Polen hinein begründet wurden. So daß immer zusammenlebten in der Welt Menschen, die in ihrer Seele stark nach Geistigkeit strebten, und solche Menschen, die einfach durch das Zivilisationskarma zur Veräußerlichung gezwungen waren. Das hängt zusammen mit früheren karmischen Zuständen, daß der eine in die eine, der andere in die andere Gruppe hineinkommt. Nun kommt für die heutige Menschheit sehr stark in Betracht, inwiefern der Mensch in seiner früheren Inkarnation der einen oder der andern eben geschilderten Gruppe von Menschen angehörte. Sehen Sie, nehmen wir also an, ein Mensch wird heute geboren, der gelebt hat innerhalb einer christlichen Entwickelung, die ganz veräußerlicht war: so trägt der eine ganz andere menschliche Konfiguration an sich als ein Mensch, der meinetwillen den böhmisch-mährischen Brüdern angehört hat. Und worin besteht der Unterschied? – Sehen Sie, das Eigentliche des Kali Yuga-Ablaufes findet man erst heraus, wenn man auf die konkreten Verhältnisse eingeht, sonst bleibt es eine Geschichtskonstruktion. Bis zum Jahre 1899 geht das finstere Zeitalter, dann beginnt das helle. Von diesem Bewußtsein hat man nicht viel. Man muß auf das konkrete Geistige eingehen. Die Menschen, die so geboren sind um die Wende des Ablaufes des Kali Yuga, die so sind, daß in ihnen ein starkes geistiges Streben ist – Sie müssen dadurch nicht unbescheiden werden und das nur in Ihre lebendige Erkenntnis aufnehmen –, diese Menschen sind im weitesten Umfange solche Menschen, die eigentlich aus den Ketzern herausgeboren sind, aus diesen, die sich verinnerlichen wollten. Um die Wende des 19., 20. Jahrhunderts herum wurden Menschen heruntergeholt, die nicht in dem allgemeinen Strom des sich veräußerlichenden Christentums lebten, sondern in solchen sich hineinschiebenden, sich verinnerlichenden Sekten lebten. Was ist die Folge davon?

Sehen Sie, wenn man durchgeht durch die Zeit zwischen Tod und neuer Geburt, da lernt man ja auf geistige Art sehr genau kennen, so wie wir hier auf der Erde die außermenschliche Welt, das Weltenall kennenlernen, studieren können, das Menschenall studieren. Das ist ebenso groß und ausführlich, denn der Mensch enthält ebensoviel in sich als der Kosmos. Das studieren wir mit unseren umgewandelten Willenskräften. Da lernen wir den Menschen ganz genau kennen. Nun ist ein Unterschied zwischen den beiden Menschengruppen, von denen ich Ihnen eben gesprochen habe. Die, die sich mehr veräußerlicht hatten, die konnten beim Durchgang zwischen Tod und neuer Geburt nicht richtig hineinkommen in die geistige Welt. Die gingen gedankenlos in der geistigen Welt vor der Eigentümlichkeit des Menschen vorbei, wurden wieder geboren; und namentlich diejenigen Menschen, die im zweiten Drittel des 19. Jahrhunderts geboren wurden, waren Menschen solcher Sorte, die im vorigen Leben so veräußerlicht waren. Die brachten sich dann ins Erdenleben keinen Sinn für den Menschen mit herein. Sie verhielten sich dem Menschen gegenüber so, daß sie den Körper benützten zum Essen, Trinken, Gehen, Stehen, Sitzen, aber sie interessierten sich nicht dafür, weil sie das Interesse dafür zwischen Tod und neuer Geburt nicht aufgenommen hatten. Das waren die Menschen, die vorzugsweise befriedigt waren mit dem Materialismus, weil sie nicht das Bedürfnis hatten, den Menschen kennenzulernen. Der Materialist, der immer nur den Stoff kennenlernen will, kennt ihn am allerwenigsten. Man kann mit ruhigem Gewissen sagen: diejenigen Menschen, die hiersitzen, sind lauter wiedergeborene Ketzerseelen. Das müssen Sie sich nun nicht als ein Verdienst zuschreiben. Ketzerseelen, die durchaus einen starken Drang erlebt haben zwischen dem Tod und einer neuen Geburt, überall in den Menschen hineinzukriechen und unterbewußt sich daher den Menschen zu einem ungeheuer großen Rätsel machen.

Das tritt dann hervor eben in dem Drange, mehr kennenzulernen als die materialistische Medizin bieten kann, und so ist schon eine innerliche Rechtfertigung des Karmas da, von dem Sie gesprochen haben. Es ist so, daß Sie die Dinge nicht leicht nehmen dürfen, weil, wenn Sie sie leicht nehmen würden, Sie sich selber verkennen würden. Sie würden nicht an dasjenige herankommen, an das Sie eigentlich gerne kommen wollen dadurch, daß Sie bestimmte Erlebnisse zwischen Tod und neuer Geburt durchgemacht haben, und was dabei herauskommt, wenn man im Erdenleben das nicht findet, was man durch Jahrhunderte angestrebt hat, es ist nicht nur so, daß es den Menschen dann veroberflächlicht. Wir sind aus dem Zeitalter herausgekommen, wo Menschen, die Wahrheiten aufgenommen haben von Menschen zwischen Tod und neuer Geburt, ungestraft sich veroberflächlichen können. Gegenwärtig ist die Jugend gar nicht in der Lage, sich ungestraft veroberflächlichen zu dürfen, weil sie sich innerlich ruiniert bis ins Organische hinein. Das Schlimme ist nicht, daß die Menschen heute in Gedanken materialistisch sind, über Monismus schwätzen und so weiter, das ist nicht das Schlimme, darüber würde man leicht hinwegkommen. Das, was der Mensch redet, ist nicht von einer so großen Bedeutung, aber das, was dann zurückgeht auch in die Gefühls- und Willensnatur des Menschen, das webt in seinen Organen, und die Menschen, wenn sie sich nicht geistig vertiefen, werden überhaupt nicht richtig schlafen können. Das ist das, was wesentlich ist. Lassen Sie die Menschen heute ohne eine solche Vertiefung, was wird die Folge sein? Die Folge wird sein, daß kaum das Jahr 1940 bis 1950 herangekommen zu sein braucht, und Sie werden über immer größere Strecken weit ausgebreitete Epidemien der Schlaflosigkeit erleben: Solche Menschen werden überhaupt nicht mehr für die menschliche Zivilisation wirken können. So haben Sie keine Wahl durch Ihr Karma in bezug auf Ihr-Karma-unberücksichtigt-sein-Lassen, wie man es noch konnte vor dem Ablauf des Kali Yuga und jetzt. Sie müssen schon in allem Ernst das, was ich Ihnen jetzt gesagt habe über die Konfiguration Ihres Karmas, ins Auge fassen. Natürlich bleibt das in der allgemeinen Charakteristik, aber Sie können schon das allgemeine Karma auch nützlich für sich finden, wenn Sie sich in die Lage versetzen würden, öfter über die besonderen Umstände Ihres

Lebens nachzudenken. Sie würden mehr oder weniger in die Lage kommen können, gerade dann etwas Merkwürdiges zu finden, wenn Sie über die besonderen Umstände Ihres Lebens nachdenken würden. Die Jugendbewegung theoretisiert zuviel, man hört daher zuviel dieselben Theorien. Würden Sie dabei stehenbleiben, wirklich an sich zu beobachten, was die Jugend heute Besonderes erlebt, was wirklich unterschieden ist von dem, was die frühere Generation erlebt hat, dann würde die Jugendbewegung mit einem Schlage eine ganz andere Gestalt bekommen. Das streben wir mit unserer Jugendbewegung an, daß sie eine konkrete Gestalt bekommt und nicht in Abstraktionen stecken bleibt.

Ein teilnehmender Arzt: Wir hatten in der Besprechung, die wir gestern hatten, uns nicht nur die Frage gestellt: wie kommt es, daß uns unsere Führung gerade zu Weihnachten nach Dornach geführt hat, sondern wir sagten uns, wir wissen mit unserem bewußten Menschen gar nicht, warum wir hierhergekommen sind und daß uns die Möglichkeit gegeben war, so Großes in uns aufzunehmen, was wir mit dem, was wir sind, gar nicht begreifen können und verdient haben. Gerade aus dieser Tatsache heraus war in vielen von uns das lebendig geworden, daß da eine ganz bestimmte Aufgabe vor uns liegt, und daß es sich eben für uns darum handelt, bereit zu sein, dieses Karma und diese Aufgabe in Angriff zu nehmen, so wie es gerade auch in dem Thema, das uns in dem Rundbrief angegeben war, an uns gestellt war.

Nun, Sie werden ja, wenn Sie insbesondere die, wie ich glaube, ernste Auseinandersetzung, die wir eben gepflogen haben, auf Ihre Seele wirken lassen, aus diesem allzukurzen Zusammensein schon etwas mitnehmen können.

VIERTER VORTRAG

Dornach, 24. April 1924

Meine lieben Freunde!

Ich habe mir zunächst gedacht, daß wir das Begonnene dadurch fortsetzen, daß wir einiges von dem, was ich gestern angeschlagen habe, nach einer andern Seite hin ergänzen, vielleicht werden sich gerade dadurch die Fragen, die Sie gestellt haben und von denen mir Frau Dr. *Wegman* gesprochen hat, in der entsprechenden Weise formulieren können.

Sehen Sie, Sie wachsen hinein durch Ihre allgemeine menschliche Schicksalslage in das Medizinische, in den Heilerberuf. Sie finden vor eine gewisse Strömung, die im Heilberuf heute drinnen ist und in die Sie eigentlich so hineinwachsen, daß Sie eine innerliche Gemütsopposition dagegen mit vollem Rechte verspüren. Nun müssen Sie bedenken, daß die oft objektive Gründe hat, und die werden sich Ihnen ergeben, wenn Sie immer mehr verstehen werden, daß die heutige medizinische Strömung eigentlich in einem gewissen Sinne sogar ein Fremdkörper in vielem ist, was in der europäischen, in der abendländischen Zivilisation überhaupt drinnen lebt. Man sieht diese Sache dann erst ganz ein, wenn man weiß, daß unsere Naturwissenschaft und vieles auch von dem Streben in der neueren Geistesentwickelung dadurch zustande gekommen ist, daß maßgebendste Persönlichkeiten für den medizinisch-naturwissenschaftlichen Fortgang unseres Geisteslebens wiederverkörperte Individualitäten aus der arabisch-mohammedanischen Kultur waren. Diese Dinge sind hier am Goetheanum in der letzten Zeit ja viel behandelt worden und sind auch sonst angeschlossen an dasjenige, was jetzt durch die anthroposophische Bewegung geht, aber sie sind auch für den Mediziner durchaus von großer Bedeutung. Ich habe schon an verschiedenen Orten gesagt, wie wir genötigt sind, den Blick hinzuwenden auf diejenige Geistesstätte, die in derselben Zeit geblüht hat, wo in Europa auf primitive Weise sozusagen geistiges Leben geherrscht hat unter Karl dem Großen. Da blühte drüben im Orient die geistige Kultur, die zusammengehalten wurde von *Harun al Raschid.* Er hatte eigentlich viele der damaligen Weisen, unter denen auch viele Mediziner der damaligen Zeit waren, an seinem Hofe gehabt. Und Sie merken, wir berühren ja, indem wir so etwas auseinandersetzen, schon die Zeit, in der das Christentum gewirkt hat Jahrhunderte hindurch. Nun, das Christentum selbst ist als etwas in die Welt getreten, das erst langsam und allmählich verstanden werden kann, und es ist eigentlich für ein äußeres Anschauen, nicht für ein inneres, sehr merkwürdig, wie die tiefen Seiten des Christentums eigentlich gar nicht bisher von den Menschen durchdrungen worden sind. Das Christentum kam als eine objektive Tatsache in die Welt, und die menschlichen Fähigkeiten, die Aufnahmefähigkeiten waren nicht stark genug, um das, was eigentlich im Christentum liegt, nach allen Seiten auszubilden. Daher ist der objektive Gang so, daß überall im Unterbewußtsein das Christentum lebt, aber der Mensch seit drei bis vier Jahrhunderten dieses Christentum vollständig verdarb. Die Menschen verdarben das Christentum durch das, was sie wissen, was im Intellekt, im Bewußtsein sitzt. Wir haben jetzt außerdem die schauderhaft dilettantischen Einrichtungen, die in der letzten Zeit mit den Universitäten getrieben worden sind. Es gab früher traditionell vier Fakultäten: die Philosophie, Theologie, Jurisprudenz und Medizin. Was dann noch angereiht worden ist, ist eigentlich nur auf Grundlage des äußersten finstersten Mißverständnisses geschehen. Denn eine staatswissenschaftliche Fakultät, eine nationalökonomische Fakultät stammen aus Gedanken, die gar nichts mehr wußten von dem, um was es sich handelte. Das, was nicht verstanden worden ist, dessen Verstehen heute vollständig verdunkelt worden ist, das ist, daß durch Christus ausgesandt worden sind zunächst vier, um das Christentum der Welt zu verkünden: Der Theologe Matthäus, der Jurist Markus, der Arzt Lukas und der Philosoph Johannes. In diesem Zusammenhang, der etwas ganz Tiefes ist, wurzelt, was einmal heraufkommen muß. Es sind die Dinge nur in den Keimen vorhanden, blühen und Früchte tragen müssen sie noch. Das, was tief wurzelt im Geistesleben, das ist, daß die Evangelien nicht übereinstimmen können dem Wortlaute nach, weil das eine vom Standpunkte des Theologen, das andere vom Standpunkt des Philosophen, das dritte vom Standpunkt des Juristen und das vierte vom Standpunkt des Arztes geschrieben ist.

Das ist etwas, was durchaus verstanden werden muß; und weil das Lukas-Evangelium überhaupt noch nicht in Wirklichkeit als eine innere Anweisung für den Heilerwillen genommen worden ist – es ist die Sache nicht verstanden worden –, deshalb ist es gekommen, daß eigentlich innerhalb unserer heutigen Denkweise gar nicht ein christlicher Heilerwille lebt, sondern jener Heilerwille, der sich hineinversenkt hat in die Geisteskultur durch den Arabismus, der ja das Christentum wie mit einer Zange umfaßt hat. Es ist sehr interessant, nicht wahr! Das Christentum, das in Asien entstanden ist, nimmt seinen Weg herüber nach Europa, breitet sich in Europa aus. Aber nun sehen Sie sich einmal an den Hof des Harun al Raschid, wo alte Medizin lebte, da lebte in der menschenkundlichen Auffassung eigentlich das alte Mysterienwesen; dies war in der Tradition noch vorhanden. Da lebten nun zwei Menschen; Harun al Raschid selber, der die ganze Sache organisierte, diese riesige Geistesakademie, die unter seinem Einflusse wächst; da lebte ein anderer, der in früheren Zeiten ein Eingeweihter war; in der Zeit kam die Einweihung nicht heraus. Harun al Raschid kam wieder als Lord *Bacon,* Baco von Verulam: mit einer durchaus im Arabismus drinnenstehenden Denkweise erneuerte er das naturwissenschaftliche Denken vom Westen herüber. Während der Zeit zwischen Tod und neuer Geburt nahm die Seele diesen Weg (siehe Zeichnung, rot). Wenn Sie Baco von

Verulam studieren würden, würden Sie sehen, wieviel gerade dadurch in die Medizin hereingekommen ist, Sie würden staunend dastehen. Auf der andern Seite hat sich der andere, der Eingeweihte, verkörpert in der

Seele des *Amos Comenius.* Wir sehen, ein nach dem Geiste hinstrebendes Leben war da in Comenius, aber er hat das alles nach intellektuellen Anschauungen getrieben. So sehen wir auch, wie der Arabismus in einer andern Persönlichkeit, die nicht gerade zur selben Zeit wie Harun al Raschid gelebt hat, aber in der Schlacht von Xeres de la Frontera eine Rolle gespielt hat, als *Darwin* wiederkommt. Und so sind alle in der Naturwissenschaft Wirkenden, und namentlich in der Medizin Wirkenden, Wiederverkörperungen dessen, was in alten Anschauungen, aber mit Ausschluß des Christentums – nicht in der Fortentwickelung des Christentums, sondern mit Ausschluß des Christentums –, was nach Europa in dieser Umklammerung gekommen ist, die der Arabismus mit dem Christentum vorgenommen hat. Und so lebt gerade die Medizin als etwas, was am meisten in dieser Weise hereingekommen ist; während jener Impuls, der im Lukas-Evangelium für die Medizin enthalten ist, noch so da ist, daß man sagen muß, er muß noch aufgenommen werden. Dazu müssen Sie solche Dinge wie diejenigen, die ich gestern besprochen habe vom kosmischen Verstehen des Menschen, vom Verstehen des Menschen aus dem Kosmos herein, mit dem allergrößten Ernst nehmen können und dann werden Sie sich hineingestellt fühlen in der richtigen Weise in die Aufgabe, die Ihnen heute durch Ihr Karma gestellt ist. Denn sehen Sie, die Sache liegt so: betrachten wir ungefähr dasjenige Medizinische, was da lebte am Hofe Harun al Raschids. Dadrinnen lebte auf der einen Seite durchaus das Gute der hippokratischen Denkweise. Diejenigen, die vielleicht den ersten Ärztekursus, den ich hier gehalten habe, gelesen haben, werden gesehen haben, daß ich dort gleich im Prinzip mich auseinandergesetzt habe damit, daß Hippokrates der Letzte ist, der auf Grundlage der alten Mysterienmedizin heilte. Nun ist beim Herüberverpflanzen in Asien drüben dasjenige, was hippokratische Medizin war, hineingekommen in eine starke Strömung der mongolischen Heilweise, die vom Nordosten Asiens herüber kam. Da ist vieles von dem hineingeflossen, wogegen sich in Europa nicht nur die Denkweise auflehnen mußte, sondern sich auch auflehnen muß die innere Organisation des Menschen selber. Denn die innere Organisation des Menschen paßte nicht zu dem, was dort als mongolisch-tatarischer Einfluß hineingekommen ist in das medizinische Denken. Das kann herauskommen, wenn man zu einer ursprünglichen kosmischen Denkweise über den Menschen kommen kann.

Nun werden Sie sich auf der einen Seite erinnern können an die Entwickelungsbetrachtung, die Sie finden können in dem Umriß meiner «Geheimwissenschaft», wo durchgeleitet wird die Entwickelungsströmung durch die Saturn-, Sonnen-, Mondenentwickelung, dann folgt die Erdenentwickelung. Der Mensch hat eigentlich alle diese Entwickelungsstadien durchgemacht; und Sie haben aus dem, was in diesen Tagen schon gesagt wurde, entnehmen können, daß im Menschen zuerst die Vererbungsströmung enthalten ist, die im Modell wirkt, und die individuelle Strömung, die aus früheren Erdenleben kommt. Das, was in der Vererbung wirkt, geht zurück auf frühere Zeiten, ist aber ahrimanisch zurückgeblieben, ist vertrocknet. Das ist also das, was in der Vererbung liegt. Mit dieser arbeitet einzig und allein im Grunde genommen die heutige offizielle Medizin und berücksichtigt nirgends dasjenige, was nun die andere Seite ist, die erarbeitet wird im zweiten Menschenleben, zwischen Zahnwechsel und Geschlechtsreife, derjenigen Epoche im Menschenleben, die schon statistisch als die gesündeste aufgefaßt werden kann, weil da der Mensch am wenigsten fähig wird zu erkranken; die Fähigkeit der Erkrankung wird da ausgeschaltet. Man möchte sagen: die heutige Medizin möchte sich am allerwenigsten mit der Gesundheit verbinden, sondern am liebsten in der Krankheit wühlen. Das ist radikal ausgesprochen, aber es ist so. Um aber sich mit der Gesundheit zu verbinden, ist es notwendig, daß man dieses Erfassen des ganzen Kosmos im Menschen wirklich bis dahin bringt, im Menschen auch den Kosmos zu sehen. Dazu braucht man die Einzelheiten, welche dieses Wahrnehmen der kosmischen Entwickelung im Menschen wirklich vermitteln können. Im Menschen steckt ja noch die alte Saturnentwickelung, die alte Sonnenentwickelung, die alte Mondenentwickelung drinnen. Und erst, wenn man diese drei Vorentwickelungen zur Erdenentwickelung begreift, erst dann versteht man, was man im Erdenmenschen eigentlich vor sich hat. Aber wir haben heute so viele Wissenschaften: eine eigentliche Saturnwissenschaft, eine eigentliche Sonnenwissenschaft, eine eigentliche Mondenwissenschaft haben wir nicht, weil wir im allgemeinen Naturleben uns gar nicht mehr erinnern können an das, was in der instinktiven Urweisheit da war. Was also bei Hippokrates in der stärksten Weise gelebt hat, dem können wir uns nicht mehr nähern, weil es zur Phrase geworden ist. Das muß wieder lebendig werden. So werden Sie ein wichtiges Wort aus alten Zeiten herübertönend haben, aber Sie werden dieses alte Wort überhaupt im allgemeinen nicht achten, und am wenigsten es achten in seiner wunderbaren orientierenden Art, wie es auf die Medizin wirken kann. Es ist das Folgende:

Die göttlichen Weltenmächte haben angeordnet das Leben nach Maß, Zahl und Gewicht. Sie finden es als ein Bibelwort. Aber wer achtet heute auf solche Worte anders, als daß er es als allgemeine Phrase nimmt, als ob da einmal ein alter Weltenbaumeister gewesen wäre, der nach Maß, Zahl und Gewicht angeordnet hat. Für den Arzt aber handelt es sich darum, wirklich Maß, Zahl und Gewicht im Menschen zu finden. Schauen wir hin auf das Saturnwesen! Sehen Sie, der Mensch hat die Saturnentwickelung in sich, aber wir finden diese Saturnentwickelung natürlich nicht in dem tatsächlich vorhandenen heutigen Menschen, denn in dem sind alle Entwickelungsstufen synthetisch vereinigt, sie sind verbunden, so daß die einzelnen verschwinden in der Verbindung, in der Harmonie. Aber die Krankheit ruft die eine oder die andere Erscheinung in ihrer besonderen Gestaltung hervor. Und nun muß ja das eintreten, daß man das, was ich in der «Geheimwissenschaft» angegeben habe, wirklich nicht mit dem Verstand allein auffaßt, sondern es auffaßt in der Art, wie es dort geschildert ist: daß man überall darinnen fühlt, wie während der Saturnentwickelung eine kosmische Wärme durchgreifend wirkt; überall muß man, wenn man die Saturnentwickelung studiert, auf das Wärmeelement rekurrieren, man muß zum Wärmeelement hinführen. Der Saturn wirkt im Menschen, und das, was von der Saturnentwickelung beschrieben worden ist, wirkt im Menschen, aber es tritt im Erdenmenschen nicht hervor, wenn er in sich harmonisiert diese Dinge alle ineinander enthält. Es wirkt aber, wenn der Mensch krank ist. Da trennen sich die Dinge, die sich sonst harmonisch zusammenfügen, da wirkt das Saturnelement für sich und es wirkt im Fieber. Wir werden erst dann eine Fieberwissenschaft haben, wenn wir diese Fieberwissenschaft eben kosmisch machen, wenn wir eingehen können darauf, wie der alte Saturn im Menschen wirkt, so daß tatsächlich verstanden werden muß, wie in der Erscheinung des Fiebers das Kosmische auf dem Wege der Saturnkräfte hereinwirkt, die wir geistig innerhalb der Erde eingesogen gefunden haben. Wenn wir überall, am stärksten in den Bleikräften, und sonst überall verteilt die Saturnkräfte auf der Erdoberfläche finden, werden wir ein inneres Verständnis für das Fieber gewinnen, und wir müssen darin dasjenige sehen, durch das die göttlich-geistige Weltenordnung die Welt ordnet nach dem Maß. Im Maß des Fiebers drückt sich jenes Maß aus, das lebt in der Weltenordnung, indem Wärme in die Weltenordnung überhaupt einströmt, jenes Maß, das aufgeht in den andern, sich harmonisiert. Aber wir müssen das Maß vor allen Dingen sehen in den Fiebererscheinungen. Daher müssen wir stark auf uns wirken lassen:

Fühle in des Fiebers *Maß*
Des *Saturns* Geistesgabe.

Es ist eigentlich der Geist des Menschen, der erscheint im Fieber, der sonst nur untergetaucht ist in die andern Elemente. Im Fieber macht sich der Geist des Menschen, der sich vereinseitigt, geltend. Der älteste Bestandteil der Menschennatur erscheint im Fieber an der Oberfläche des Daseins.

Nun sehen Sie, nach der Saturnentwickelung steht die Sonnenentwickelung. Da wird auf der einen Seite das bloße Wärmeelement zur Luft verdichtet, aber auf der andern Seite zum Licht verdünnt. Licht und Luft wirken ineinander, die gehören zusammen. Den Rhythmus der Luft nehmen wir auf in der Atmung, das Licht nehmen wir auf; und Licht ist im okkulten Sinne nicht bloß das, was im Auge wirkt, sondern Licht ist ein allgemeiner Ausdruck für das, was durch die Sonne wirkt. Es ist nur das Auge der vorzüglichste Repräsentant für das, was durch die Sonne wirkt. Im Mittelalter wurde als geistige Tinktur bezeichnet das, was im Lichte wirkt. Nun kommen wir an die Sonnenentwickelung, dann haben wir die Sonnenentwickelung auch im heutigen Menschen, und zwar wir verspüren sie sofort nicht wie etwas, was jetzt auf der Erde wirkt, sondern was die Nachwirkung ist der alten Sonnenwirkung, wenn wir richtig fühlend die Finger auf den Puls des

Menschen legen. Die Zahl der Pulsschläge, sie drücken aus die alte Sonnenentwickelung in uns. Und daher haben wir als Zweites:

Fühle in des Pulses *Zahl*
Der *Sonne* Seelenkraft.

Es ist nicht gleichgültig, meine lieben Freunde, ob wir in dieser Richtung wirklich vorgehen oder nicht. Solch eine Sache kann man ernst nehmen oder nicht ernst nehmen. Aber es ist ein gewaltiger Unterschied, ob Sie sich wirklich darauf besinnen, wenn Sie sich der Ablesung des Fieberthermometers hingeben – es muß nur in innerer Praxis angeeignet werden –, welches Bild die Evolution darstellt zur Saturnzeit: Da erscheint Ihnen die ganze Welt, weil alles unter der Wärmeströmung steht, wie eine Geistesgabe, in der durch die Wärme die Liebe in alles einzelne hineinströmt, und erkennen Sie in dieser Stimmung der religiösen Hingabe, wie da durch das Saturnhafte mit Hilfe der Wärme in die Welt strömt die Liebe, erkennen Sie in dieser dankbaren Hingabe an die wärmende, liebende Weltenschaffung, erkennen Sie in dem Augenblick, in dem Sie das Fieber prüfen, aus dieser Stimmung heraus das, was vorliegt, dann geht Ihnen eine Intuition auf über dasjenige, was Sie eben tun sollen.

Ebenso sollte man nicht mit der handwerksmäßigen, schlächtermäßigen Art, wie man das oftmals tut, den Puls prüfen, sondern man sollte bei dem Puls tatsächlich sich versenken können in dasjenige, was als Weltenrhythmus von dem Sonnenhaften ausgeht. Man sollte empfinden können bei dem Pulsfühlen das Darinnenstehen des Menschen in dem Licht und Luft verbreitenden, die Welt Durchstrahlenden Hellen. Dann ist es wiederum so, daß der ganze Mensch in Anspruch genommen wird in seinem Heilwillen. Der Heilwille kann nicht durch ein inneres Gebot erreicht werden, sondern kann nur erreicht werden durch ein hingebungsvolles Verhalten der Seele in der Welt.

Und gehen Sie weiter, da kommen Sie dazu, nun die andern Symptome zu prüfen, die darin bestehen, daß Sie überall nachschauen, inwieferne dasjenige, was im Menschen wirkt, nicht menschliche Gestalt annimmt, sondern seine eigene Gestalt annimmt. Nehmen Sie, sagen wir, die Zuckerharnruhr, die diabetischen Zustände. Worauf beruhen sie? Darauf, daß im harmonisierten Menschen der Zucker eben durchmenscht ist, daß er nicht durch seine eigene Kraft wirkt; sondern bis in seine intimste Atomizität hinein wird der Mensch zu schwach, um den Zucker ganz zu durchdringen. In seiner Ich-Organisation folgt der Mensch den Zuckerkräften, den außermenschlichen Kräften. Sehen Sie hin auf alle die Kräfte, die sich beim Menschen in der Zuckerharnruhr ausleben, die in den Rückständen des Urins erscheinen, die sich im Körper ablagern bei Migräne und andern Zuständen. Sehen Sie hin auf das alles, was im Körper auftritt als Stoffe, die ihren eigenen Gesetzen folgen, und nicht den menschlichen Gesetzen, da können Sie zwei Fragen aufwerfen.

Erstens, warum ist das überhaupt in der Menschennatur möglich, daß eine Tendenz bestehen kann, den Stoff zu seiner eigenen Wirksamkeit innerhalb des Menschen zu bringen? Wenn das nicht der Fall wäre, hätte nie die Mondenentwickelung eingreifen können. Sie greift gerade ein, wenn das, was im Menschen an Stoffen ist, sich selber folgen will. Dann ergreifen die Mondenkräfte diese Stoffkräfte und bewirken gerade als Mondenkräfte im Menschen die Gestalt. Alles, was im Menschen durch die Gestalt auftritt, ist durchdrungen von den Mondenkräften. So wie der Saturn der Durchwärmer, die Sonne der Durchrhythmisierer, so ist der Mond der Gestalter des Menschen. Nun, sehen Sie, so ist es im ganzen Menschen. Denken Sie nur einmal an das, was ich immer betone. Unser Gehirn hat nicht sein eigenes Gewicht. Wenn wir es herausnehmen, hat es ein Gewicht von ungefähr 1500 Gramm; im Körper drinnen hat es nur ungefähr 20 Gramm, weil jeder Körper nach dem Archimedischen Prinzip soviel an Gewicht verliert, als die verdrängte Wassermasse wiegt. Nun, das Gehirn verdrängt, da es selber in der Gehirnflüssigkeit schwimmt, einen Teil des Gehirnwassers, es erleidet einen Auftrieb und drückt nur mehr mit ungefähr 20 Gramm auf seine Unterlage. So geht es mit allem. Es handelt sich eben darum, daß die Kräfte da sein müssen im Kosmos, die den Menschen bis zu dem Grad, wo es notwendig ist für die Stoffe, die er in sich trägt, das Gewicht nehmen. Das Gewicht muß geregelt werden, und in dem eigenen Stoffgewicht und seiner Regelung durch den Kosmos liegt das Dritte. Also, ob Sie nun untersuchen, was immer im Stoffwechsel wirkt, ob irgend etwas Stoffliches auftritt unter dem Einfluß seines eigenen Gewichtes, oder ob das Gewicht sich einreiht in das Gewicht des Kosmos, Sie untersuchen die Ordnung der göttlich-geistigen Welt nach dem Gewicht, und so haben Sie das Dritte:

Fühle in des Stoffs *Gewicht*
Des *Mondes* Formenmacht.

Das ist, was uns wieder durchdringen soll als eine Stimmung. Wir sollen fühlen können, wenn wir reden über Rheumatismus, Gicht, Obstipation, über Zuckerkrankheit, über Migräne, über alle die Zustände, die irgendwie zusammenhängen mit solchen Ablagerungen, welche die eigenen Gewichte der Stoffe erscheinen lassen, wir sollen fühlen, wie in unsere Empfindungen etwas eintritt, was man aussprechen kann mit den Worten: Die Erdenschwere hat den Menschen ergriffen. Es liegt viel in solchen Worten. Durchdringen Sie Ihre Untersuchungen mit solchen Empfindungen. Denken Sie nur, wie abstrakt, wie schlächtermäßig heute Untersuchungen gemacht werden über diese Dinge, wie gedankenlos, dann bekommen Sie das, was heute fehlt, was trotz aller wunderbaren Konservierung alter Weisheit, alter Tugend, alten Könnens im Arabismus, eben dadurch totgeschlagen worden ist, daß dasjenige, was als Trinität da war, Mond, Sonne, Saturn, kaschiert, maskiert erschien als Vater, Sohn und Geist, und daß diese Trinität verschwunden ist und daß der Arabismus im Mohammedanismus einfach das alles abgelehnt hat mit den Worten: ich meine den Vordersatz, den Mohammed nicht ausgesprochen hat, den aber durchaus der Engel ausgesprochen hat, von dem er inspiriert wurde, der nicht gerade ein vorzüglicher Engel war, trotzdem er sehr weise war: Ach was, alle Trinität! – Es ist nur *ein* Gott, den Mohammed verkündigen sollte. Darauf wird man gewiesen, auf das Verschwindenlassen aller Differenzierungen in der Welt. Dadurch sind die Dinge, die eigentlich gewußt werden sollten, verdunkelt worden und unsere Medizin ist eigentlich geworden eine arabisch-mohammedanische. Es war die europäische Menschheit zu schwach geworden, das Richtige zu finden. Heute müssen diese Dinge gewußt werden, sonst geht die Erdenmenschheit zugrunde. So daß Sie sich schon sagen müssen:

Fühle in des Fiebers *Maß*
Des *Saturns* Geistesgabe
Fühle in des Pulses *Zahl*
Der *Sonne* Seelenkraft
Fühle in des Stoffs *Gewicht*
Des *Mondes* Formenmacht
Dann schauest du in deinem Heilerwillen
Auch des Erdenmenschen Heilbedarf.

Sehen Sie, blickt man so hin in die Welt, dann muß man diese Dinge wirklich gemütvoll auffassen. Da bekommt man einen Sinn dafür, daß ja im menschlichen Lebenslauf auf Erden hier die Tendenz eintritt, daß die Individualität, die herüberkommt von vorigen Erdenleben, das erfaßt, was aus der Vererbungsströmung nun wie ein Modell da ist. Ich habe Ihnen ja schon von dem Kampfe gesprochen, der da besteht zwischen dem, was da geformt wird nach dem Modell als der zweite Menschenleib gegenüber dem ersten modellhaften Menschenleib. Weiß man, daß man einen Menschen vor sich hat, der da eigentlich an die Oberfläche sich arbeitet, dann weiß man, daß an diesem Menschen arbeitet, was aus früheren Inkarnationen herüberkommt. Und es ist wirklich so: Der diese Dinge mit seinem Herzen, mit seiner Seele durchdringende Mensch hat am meisten Gelegenheit, im kranken Menschen dasjenige, was aus früheren Inkarnationen herüberkommt, wahrzunehmen, oder wenigstens ahnend zu empfinden. Denn worauf beruht das eigentlich, was in der Krankheit zutage tritt? Beim gesunden Menschen ist das eigentlich so: da ist die Kopforganisation, die eigentlich äußerlich schon abgetrennt ist von der übrigen Organisation in seiner Gestaltung. Der Kopf ist ein Knochengehäuse, in den das Gehirn eingeschlossen ist. Was Fortsetzung des Kopfes ist, ist auch in Knochen eingeschlossen. Es ist für sich da, und dann schließt sich das andere an, was zum Menschen gehört. Aber in der feineren Organisation des Menschen ist etwas da, was abgrenzt voneinander diese beiden Partien. Sehen Sie, man kann nicht durch die äußere Anatomie und durch die äußere Physiologie das so leicht nachweisen, aber es ist ungeheuer viel zu beachten in dem, was in der Umwandlung der Nahrungsstoffe zum

Beispiel darin besteht, daß diese Nahrungsstoffe in ihrer innerlichen Struktur nicht so, wie sie sind, in die Kopfesorganisation, nicht einmal in die Nervenorganisation hineingehen. Es ist eine Grenze scharf fixiert, die nicht überschritten werden kann. Von wem nicht überschritten werden darf? Nun, sehen Sie, in der Kopfesorganisation wirkt von Anfang der menschlichen Erdenentwickelung an am stärksten dasjenige, was von früheren Erdenleben an Kraft sich durch die Zeit zwischen Tod und neuer Geburt erhalten hat. Vom Kopfe geht das aus, was als Individualitätskraft des Kindes wirkt. Aber es darf nicht ungesiebt in die übrige Körperorganisation hinunter. Es muß ein Sieb da sein, eine Zwischenschichte. Es ist nicht äußerlich sichtbar, aber es ist in der Organisation da. Es geht nichts ungesiebt hinunter. Es darf nicht die Lunge als organisches Glied oder die Leber als organisches Glied unmittelbar ergriffen werden von dem, was aus früheren Inkarnationen an Kräften herüberkommt; die vertragen das nicht. Und es entsteht eigentlich im Menschen ein Furchtbares, wenn man sich sagen muß: an seine Leber kommt heran ganz ungesiebt die Kraft aus früheren Erdenleben. Das, was menschliche Individualität ist, das wandelt ja um in der Zeit zwischen Tod und neuer Geburt die Kräfte, die in Lunge und Leber, im Gliedmaßen-Stoffwechselsystem, zum Teil auch im rhythmischen System liegen, um in Kopfesorganisation. Die Gliedmaßen-Stoffwechselorganisation wird erst wieder angegliedert von außen her. Da darf erst wieder die menschliche Individualität, die ewig ist, hinein, wenn der Mensch durch die Todespforte gegangen ist, wenn das Physisch-Stoffliche davon abfällt und nur die Kräfte von Lunge und Leber durch die Todespforte gegangen sind, so daß Schädigung im Menschen entsteht während des Erdenlebens, wenn die Individualität hineinkommt in gewisse Organe, an die sie nicht herankommen sollte.

Deshalb sagt man sich gewissen Krankheitszuständen gegenüber mit einer solchen inneren Hingabe: Ach, da wirkt, weil keine richtige Trennung da ist, die Individualität aus dem vorigen Erdenleben auf das Organ, das jetzt nur von diesem Erdenleben beeinflußt werden sollte. – Deshalb sehen Sie im kranken Menschen herüberwirken die Individualität aus früheren Erdenleben. Diese Individualität, die sich selbst nur im Moralischen, im Schicksalsmäßigen ausleben sollte, die stehenbleiben sollte bei dem, was der Mensch tut und erfährt, und die nicht berühren sollte die Organisation in dem hauptsächlich irdischen Teile des Menschen, die wirkt teils in seinem Stoffwechsel-Gliedmaßensystem, teils in seinem rhythmischen System, teils in seinem Sinnes-Nervensystem, weil die Grenze schadhaft geworden ist. Sehen Sie, da entsteht ein Sich-Verhalten zum Menschen dadurch, daß man weiß: in der kranken Lunge wirkt die Individualität des Menschen. Wenn ich einen Lungenschwindsüchtigen ansehe, komme ich in ein ganz konkretes Mitleiden dadurch, daß unsere Zeit so materialistisch ist, den Menschen in der äußeren Welt ablenkt davon, wie sich sein Karma schicksalsmäßig ausleben sollte, ihn moralisch zurückstößt mit unserem ganzen ungeistigen Leben in seine eigene Körperlichkeit. Die Individualität, statt daß sie in das Moralische überginge, stößt unsere Zeit zurück; sie wird organisch, ergreift die Organe, ergreift vor allen Dingen die Lunge, die das ins Innere Gerichtete ist des Stoffwechsel-Gliedmaßensystems, das seinerseits nach außen gerichtet ist. Es ergreift die Körperlichkeit unmittelbar die aus früheren Inkarnationen hereinspielende Individualität. Solche Dinge sind nicht so wichtig dadurch, daß man über sie theoretisiert, sondern daß man sich in der ganzen Stimmung in sie hineinversetzen kann, und dann entsteht eben das, was Heilwille ist, und was sich in der richtigen Weise dann verbindet mit dem Heilbedürfnis des Menschen. Es ist eigentlich nach unserer heutigen materialistischen Kultur der heilende Mensch außerordentlich scharf getrennt von dem Menschen, der das Heilen sucht. Er kommt nicht heran, weil man mehr braucht zum Herankommen, weil man ein Gefühl haben muß für dasjenige, was als Ewiges im Menschen lebt. Und aus diesem Gefühl heraus entwickelt sich das rechte Verhältnis zwischen dem Heiler und dem zu Heilenden, und dann geht einem der Sinn dafür auf, wie man wirklich individualisieren muß; denn jeder Mensch hat sein eigenes Karma. Man muß individualisieren im Heilverfahren.

Das sind die Dinge, sehen Sie, die wir vor allem gemüthaft auf uns wirken lassen sollen. Die Dinge werden dadurch esoterisch, daß man sie gemüthaft auf sich wirken läßt; und so etwas wie das Lukas-Evangelium enthält die ganze Stimmung, die man braucht, um in diesem Gefühl weiterzukommen. Daher ist es schon so, daß die Dinge objektiv entstanden sind, vier Fakultäten sind entstanden: eine Lukas-Fakultät, eine Matthäus-Fakultät, eine Markus-Fakultät und eine Johannes-Fakultät, aber man spürt heute nichts davon, weil der Arabismus besonders in der Medizin lebt. Eine Durchchristung wird stattfinden, wenn die Dinge so gefaßt werden, daß man wieder zum Kosmischen kommt. Da muß man sich auch bewußt sein seiner kosmischen Stellung als Arzt. Sie werden aus alledem ersehen haben, wie stark beteiligt die im Monde dirigierenden Kräfte auf die menschliche Gestalt sind. Wenn die Mondendirigierenden Kräfte der menschlichen Gestalt zu unregelmäßig wirken, dann muß man den Sinn darauf lenken können, dann muß man sich klar sein können darüber: man heilt dadurch, daß man da das Stück Unregelmäßigkeit, das dadrinnen lebt in der Gestalt, wegläßt; und das geschieht dann, wenn man eben den Kranken so behandelt, daß das kosmische Bewußtsein mitspricht. Dann aber, sehen Sie, muß gewissermaßen überschaubar werden das andere. Man muß einen Gesichtspunkt gewinnen. Sie müssen von außen etwas anschauen. Sie können ja nicht das Auge anschauen von außen. Dasjenige, was uns von außen alles anschauen läßt, was da wirkt, das ist dasjenige, was uns auf der andern Seite klare Begriffe gibt von allem, aber in diese klaren Begriffe nicht gleich die Abstraktion hineinzieht, sondern unser Herz mitdenken läßt. Wir dürfen nicht in unseren Begriffen verworren werden, aber wir müssen auch nicht das Herz ausschließen aus unserem abstrakten Denken. Wir müssen dadurch Mensch sein, daß wir ein ganzer Mensch sind, daß das Herz immer mitdenkt. Wir müssen daher darnach streben, nicht bloß in die Welt hineinzudenken, abstrakt hineinzudenken, und das tut heute im Grunde genommen alles Denken. Wir müssen uns klar sein, daß wir untertauchen müssen mit unserem Denken, das Herz müssen wir in alles hineintragen. Wir müssen auch dasjenige, was sich um die Gedanken herzlich herumwindet, kennen, wir müssen den Merkurstab wieder handhaben lernen, und wir werden das nicht anders, als wenn wir vom Mond herübergehen zum Merkur. Das ist dasjenige, was ich für das allgemeine Kulturleben dazumal gemeint habe in den Vorträgen, die auch von Raphael gehandelt haben, denn Raphael ist gerade der christliche Merkur. Wenn Sie sich mit einem solchen Bewußtsein durchdringen, werden Sie die richtigen Gefühle bekommen für dasjenige, wofür Sie eigentlich wirken müssen, wenn Sie sich als junge Leute heute in die Medizin hineinversetzen. Überall in der Welt sprudelt ja das Gegenteil von dem hervor, was der Sache nach geschehen sollte, und gerade in bezug auf das medizinische Wesen ist ein Furchtbares im Grunde genommen in der letzten Zeit hervorgetreten. Das ist – verzeihen Sie, daß ich zu etwas Alltäglichem heruntersteige, aber es zeigt sich, wie das Gegenteil wirkt –, das ist das medizinische Krankenkassenwesen. Da ist der Arzt vor allem ausgeschaltet. In Deutschland hat man einen Ausdruck dafür, der bezeugt die Ausschaltung des Menschlichen im Arzt, der bezeugt, daß man meint: hier wirken die abstrakten Dinge und nicht der Mensch. In Wirklichkeit heilt der Arzt und nicht die Arztwissenschaft. Aber man meint, die Arztwissenschaft ist etwas, was herumfliegt ohne den Menschen. Der Mensch kommt nicht in Betracht; es wird dem Karma geradezu ins Gesicht geschlagen. Denn das Karma wirkt so, daß es nicht blindlings Mensch zu Mensch hinstellt, sondern daß tatsächlich, wo die Möglichkeit vorliegt in der freien Ärztewahl ein karmisches Element zum Vorschein kommt. Aber in dem rein Ahrimanischen der Einrichtung der Krankenkassenärzte wird das Karma vollständig beseitigt, und der Mensch wird ausgesetzt den rein das Karma bekämpfenden ahrimanischen Mächten. Wenn wir noch einmal zusammenkommen, werde ich Ihnen erzählen, wie die ahrimanischen Mächte darauf aus sind, das Karma des Menschen totzuschlagen, damit sie ihr Ziel erreichen. Aber das ist, was direkt im Krankenkassenwesen und der Einrichtung der nicht freien Ärztewahl liegt, und damit zeigt sich nur dasjenige an, was, nicht wahr, in der Sprache zum Ausdruck gekommen ist, indem man den Ausdruck «Heilgewerbe» gewählt hat. Ich glaube, er steht sogar im Gesetz über die Krankenkassen. Da geht so hervor die ganze Stimmung, die über dem Krankenkassenwesen, über dem Auffassen des Ärztewesens als «Heilgewerbe» liegt. Es liegt so in der Zeit, daß darinnen symptomatisch diejenige Kulturkrankheit herauskommt, die in zahlreichen andern Dingen heute erscheint und die bezeugt, wie gerade der Arzt unbedingt mithelfen muß an der Heilung dieser Kulturkrankheiten. Aber wenn er selbst in die Lage kommt, wo er am schärfsten ausgesetzt ist dieser Kulturkrankheit, dann wird der Arzt vollständig gelähmt. Und denken Sie, daß das furchtbare Faktum vorliegt in der Einrichtung der Krankenkassen. Sie haben ja auch ihr Gutes, wie das, was in der Welt auftritt und die Menschen versucht und irreführen will, gleißend auftritt, nicht so, daß es einem unbedingt mißfällt. Der Teufel nimmt immer Engelsgestalt an, wenn er erscheint. Derjenige, der den Teufel in Teufelsgestalt sieht in der Vision, kann überzeugt sein, daß es nicht der Teufel ist, denn der erscheint in Engelsgestalt. Wenn der Arzt ausgesetzt ist dem schärfsten Impuls einer Kulturerkrankung, dann muß im Grunde unsere Kultur in eine kranke übergehen. Daher ist es notwendig, daß Sie beachten Ihr Karma, wie es Sie hinstellt, um nicht nur mitzuarbeiten im Arzneiwesen, sondern im kranken Wesen des sozialen Organismus.

Nun, dahingehend formulieren Sie sich bitte Ihre Fragen. Wir werden morgen noch einmal zusammenkommen. Ich habe auch gehört, daß Sie ein gewisses Bedürfnis haben, daß auseinandergesetzt wird, wie Sie sich in die allgemeine Jugendbewegung einfügen können. Wir werden manches von dem, was gerade von mir heute gesagt worden ist, ergänzen können. Aber das, was ich heute vorgebracht habe, wollte ich schon vorbringen, weil ich dachte, daß es notwendig sein könnte für Sie, zu wissen und verarbeitet zu werden.

Fühle in des Fiebers *Maß*
Des *Saturns* Geistesgabe.
Fühle in des Pulses *Zahl*
Der *Sonne* Seelenkraft.
Fühle in des Stoffs *Gewicht*
Des *Mondes* Formenmacht.
Dann schauest du in deinem Heilerwillen
Auch des Erdenmenschen Heilbedarf.

FÜNFTER VORTRAG

Dornach, 25. April 1924

Meine lieben Freunde!

Ich möchte heute noch einiges im Anschluß an die gepflogenen Betrachtungen Ihnen mitteilen und nachher ein wenig eingehen auf das allgemeine Thema, auf das sich die einzelnen von Ihnen ausgegangenen Fragen beziehen. Ich möchte jetzt etwas sagen, was gut ist, erst zu betrachten, wenn man solche Erkenntnis hat vorangehen lassen, wie sie in den letzten Tagen gepflogen worden sind. Es ist namentlich notwendig, daß man allgemeine Wahrheiten nicht an die Spitze der Betrachtungen stellt, sondern daß man erst, wenn man einiges erlebt hat, in das Allgemeine übergeht, weil das Allgemeine dadurch erst seine wirkliche, reale Färbung bekommt. Und so wollen wir jetzt vor uns hinstellen, daß von den vier Gliedern der menschlichen Natur, physischer Leib, Ätherleib, Astralleib und Ich, jedes dieser Glieder seine besondere Struktur hat. Physischer Leib und Ätherleib haben eine räumlich-zeitliche Struktur, Astralleib und Ich eine rein geistige Struktur. Eine rein geistige Struktur hat man sich dadurch vorzustellen, daß man sich sagt: Räumlich-zeitlich ist die geistige Struktur nicht. Raum und Zeit ist da fort. – Wenn ich mir aber im Bilde die Sache so vorstelle, kann ich mir die geistige Struktur auch verbildlichen, sie dadurch auch zur Vorstellung bringen: Das geschieht im imaginativen Bewußtsein. Nun halten Sie aber daran fest, daß wir es zu tun haben mit einer physisch-ätherischen Struktur auf der einen Seite, die beim schlafenden Menschen von der geistig-seelischen Struktur ganz abgetrennt ist, und auf der andern Seite mit einer geistig-seelischen Struktur.

Sehen Sie, wenn wir den schlafenden Menschen betrachten, haben wir eine ausgesprochene physisch-ätherische Struktur bei diesem schlafenden Menschen, der von sich fortgeschickt hat sein Ich und seinen astralischen Leib, und wir haben wieder getrennt vom physischen Leib und Ätherleib die seelisch-geistige Struktur. Die sind sehr voneinander unterschieden. Die physisch-ätherische Struktur ist so, daß sie sich differenziert in die einzelnen Organe, als Organismus, der gewissermaßen die einzelnen Organe wie von dem Zentrum des Lebens herausgetrieben hat. Die astrale und Ich-Struktur sind viel mehr so, daß sie von außen nach innen getrieben werden. Also mehr durch Einstülpung zustande kommen, so daß das Wesentliche dabei ist das Aussparen des Raumes und auch das Aussparen der Zeit durch Einstülpung. Das Wesentliche ist, daß die beiden grundverschieden voneinander sind, die physisch-ätherische und die geistig-seelische Struktur. Nun im Menschen, der im Wachzustande in der physischen Welt steht, ist, wenn wir uns eines Ausdrucks bedienen, der nicht ganz stimmt, aber die Sache veranschaulichen kann, eingeschaltet das Geistig-Seelische – also die astrale und die Ich-Organisation – in die physisch-ätherische Organisation. Sie durchdringen einander in einem bestimmten Grade. Also in jedem physischen Organ, das ja durchwärmt und durchleuchtet ist von seinem Ätherleib, auch durchlebt, indem der Kosmos durch den Ätherleib wirkt, in jedem physischen Organ haben wir beim wachenden Menschen schon das Eingreifen der Ich-Organisation und der astralischen Organisation. Nun denken Sie sich einfach das Folgende: Ich-Organisation und astralische Organisation drängen irgendeinem Organ oder Organsystem ihre eigene Struktur auf. Das heißt mit andern Worten: irgend etwas, was seine physische und ätherische Struktur haben sollte, bekommt eine geistige Struktur, wird ein Abbild der astralischen und Ich-Organisation. Das ist im Grunde genommen ganz universell die Ursache der physischen Erkrankungen. Universell gesprochen ist Ursache der physischen Erkrankung dieses, daß der Leib des Menschen zu geistig wird an irgendeiner Stelle oder im Ganzen. Deshalb ist die sachgemäße, hingebungsvolle Betrachtung des kranken Menschen so ungeheuer aufklärend, weil man das besonders stark in alten Zeiten berücksichtigt hat, für die Erkenntnis des geistigen Menschen. Denken Sie doch nur: in alten Zeiten, wo man über die Menschennatur überhaupt ganz anders empfunden hat als heute – ich sage daher das Folgende nicht, damit es irgendwie die Begierde erzeugt, wieder heraufgenommen zu werden, zur heutigen Methode gemacht zu werden –, aber in alten Zeiten, wo man robustere Anschauungen über den Menschen hatte, drückten sie sich auch aus durch solche Erscheinungen wie diese: wenn man es zum Seelenheil eines Menschen, der ketzerische

Anschauungen hatte, für notwendig hielt, wurde er verbrannt. Sie wurden verbrannt, wenigstens angeblich zu ihrem Seelenheil, die Ketzer, damit sie frei werden von demjenigen, was sie nach ihrem Tode überliefern würde furchtbaren Qualen. Das war früher eine Art Schau, die später brutal geworden ist. Man hatte robustere Anschauungen über den Menschen, und so kam es dazu, daß man, sagen wir zum Beispiel einem Menschen, den man für gesund halten konnte, nun, sagen wir, Melisse gab in einem bestimmten Präparat. Wenn er Melisse verabreicht bekam in einer bestimmten Art, wurde sein Bewußtsein mit einem kleinen Anflug von Traumhaftigkeit durchzogen. Er wurde träumerischer, als er sonst war vor der Melissenverabreichung, dafür aber lagerten sich in das Bewußtsein leise Imaginationen ein. Behandelte man ihn zum Beispiel mit Hyoscyamus in einer bestimmten Weise, dann bekam er eine sehr starke Anlage zu Inspirationen. Man fand durch solche Untersuchungen zum Beispiel das Folgende: man fand, daß, wenn man das Sonnengeflecht anregt durch Hyoscyamus, das Sonnengeflecht dann durchgeistigt wird. Man fand, daß wirklich dann der Astralleib und die Ich-Organisation stark in das Sonnengeflecht eingreifen, oder man merkte, daß die ganze Blutversorgung des Großhirns eine um einen geringen Grad – aber der wirkt sehr bedeutsam – stärkere wurde, wenn man dem Menschen Melissensaft beibrachte, weil die Ich-Organisation durch das Großhirn stark eingreift. Und so probierte man den ganzen Menschen, wie er geistig werden konnte und wie man in den einzelnen Organen sehen konnte, wie sie geistiger werden konnten. Es ist ein Vorurteil, daß wir mit dem Kopf denken. Das ist gar nicht wahr. Wir denken mit den Beinen und mit den Armen; und dasjenige, was in den Armen und Beinen vor sich geht, bei dem schaut der Kopf zu und nimmt es in den Bildern der Gedanken auf. Er würde niemals, ich habe Ihnen das schon gesagt bei dem Weihnachtskursus, das Gesetz des Winkels kennenlernen, wenn er nicht schreiten würde. Er würde niemals mechanische Gleichgewichtsgesetze kennenlernen, wenn er sie nicht durch seinen eigenen Schwerpunkt, den er im Unterbewußtsein herumführt, kennenlernen würde. Sobald man zu dem Astralleib hinunterkommt, der das alles im Unterbewußtsein verarbeitet, erscheint einem der Mensch, wenn er manchmal auf der physischen Welt ganz töricht ist, ungemein weise, weil das alles, was da zum Beispiel an Geometrie entwickelt wird im Gehen, im Sich-Fühlen, weil das alles, wenn ich mich des Paradoxons bedienen darf, durchgewußt wird im Unterbewußtsein und dann durch das Gehirn angeschaut wird. Nun, sehen Sie, wenn eben die geistig-seelische Organisation zu stark eingreift in die physisch-ätherische Organisation, entsteht die physische Krankheit, und man untersuchte ehedem einfach den Geist an den physischen Organen, weil alles dasjenige, wovon man so sprechen kann, daß es eine Gabe von oben ist, eben geistig ist, geistig-seelisch ist. Nun muß man aber unterscheiden dasjenige, was der Mensch als Gabe bekam von oben auf rein geistigem Wege. Das blieb eben eine Gabe genannt. Aber, nehmen wir ein Beispiel, die Belladonna.

Während sonst bei den Pflanzen das Physische und Ätherische wirkt, wirkt bei der Belladonna sehr stark von außen das Kosmisch-Astralische, und in alledem, wo das Geistige, entweder das Astralische oder das, was im Kosmos der Ich-Organisation entspricht, auf Pflanzen oder Tiere wirkt, entstehen die Gifte im Gegensatz zu den geistigen Gaben. Aber sie sind durchaus das Korrelat vom Geistigen, weil sie an den Pflanzen und Tieren dasjenige sind, was über das Pflanzenhafte hinausgeht und kosmisch-astralisch ist. Wenn wir das Astralische überleiten durch Hyoscyamus, leiten wir einfach über das, was im Wärmemantel der Erde lebt, womit die Atmosphäre abschließt, in das Sonnengeflecht des Menschen, auch schon mit in das Zwerchfell des Menschen. Wenn wir aber Melisse nehmen, das nicht ein eigentliches Gift ist, dann bekommen wir diese leise Wirkung des Geistigen, die sich nur in der Benommenheit zeigt. Man möchte sagen, bei der Melisse ist die Giftentstehung im Status nascendi. Das führt Sie auf die Regel: Physische Erkrankung ist das zu starke Geistigwerden des physischen Organismus oder seiner Teile. Nun kann noch ein anderes eintreten. Es kann das eintreten, daß, während der Mensch im Wachzustande ist, die geistig-seelische Struktur seines Astralleibes oder seiner Ich-Organisation zu stark sich hineinversetzt in irgendein physisches Organ und nun durch deren Stärke ihre geistig-seelische Struktur dem physischen Organismus nicht aufdrängt, sondern im Gegenteil, vom physischen Organismus aufgedrängt bekommt die physische Struktur: so daß der Mensch, wenn er schläft, in seinem Astralleib und Ich eine Nachbildung wird seines physischen und ätherischen Leibes, so daß der Mensch in seinen Astralleib und sein Ich die physische Struktur hineinnimmt. Sehen Sie, da unterscheiden sich diese beiden Arten, daß Unregelmäßigkeiten beim Menschen auftreten, die sich ganz wesentlich voneinander unterscheiden, auch in der Beobachtung. Bei einem Menschen, der krank ist, wird das kranke Organ merkwürdig vergeistigt. Es wird heller. Es zeigt sich in einer solchen Art, wie wenn es von außen herein, von seiner Oberfläche aus erfangen würde von der Geistigkeit. Ein kranker Mensch, lange bevor man irgendwie deutliche Spuren an seiner Hautfärbung und dergleichen sieht, zeigt sich für den okkulten Blick durchsichtig, möchte ich sagen, aber eindringend in die Durchsichtigkeit hat man das Geistig-Seelische. Bei einem Menschen, bei dem das andere der Fall ist, daß die geistig-seelische Organisation annimmt die Struktur des Physisch-Ätherischen, bemerkt man das an der Art und Weise, wenn der Mensch schläft, seinem Seelisch-Geistigen nach: da wird er ein Gespenst, ein leichtes, windiges Gespenst seines physischen Körpers. Er bleibt ähnlich seinem physischen Körper. Er wird tatsächlich ein Spektrum seines physischen Körpers. Und die groben Experimente, welche die Spiritisten machen bei den sogenannten Manifestationen, beruhen alle darauf – in irgendeiner verborgenen Weise geschieht schon das, was ich sage –, daß man bei Medien das Geistig-Seelische schwächt. Das ist ja auch offenkundig. Dann kann allerdings in der Dunkelkammer – es ist auch so der Fall – der geschwächte astralische Leib und das geschwächte Ich die Formen der Organe bis eben zur Sichtbarkeit in der Dunkelkammer annehmen, so daß zwar die Manifestationen wahr sind, aber ruchlos. Nun beruhen alle sogenannten Geisteskrankheiten darauf, daß das Geistig-Seelische, der Astralleib und die Ich-Organisation die physische und ätherische Struktur annehmen. Darauf beruhen alle Geisteskrankheiten. So daß Sie sagen können: Physische Erkrankungen beruhen auf dem Geistigwerden des physischen Organismus oder seiner Teile; geistige Erkrankungen beruhen auf dem im physischen oder ätherischen Sinn Gestaltetwerden des Astralischen oder der Ich-Organisation oder einer ihrer Teile. – Das ist eine allgemeine Wahrheit, die außerordentlich leitend ist für die menschliche Erkenntnis.

Das ist wiederum etwas, was sich auch bezieht auf Fragen, die Einzelne gestellt haben in bezug auf das Verhältnis von Medizin und Pädagogik. Denn alle Grade zwischen diesen zwei Extremen hat man ja im kindlichen Organismus vor sich. Bei dem einen Kind hat mehr die Astral- und Ich-Organisation die Tendenz, den physischen Leib und Ätherleib geistig zu machen, bei dem andern Kinde mehr die Tendenz, sich selber die Form geben zu lassen vom Physischen und Ätherischen; und dazwischen sind alle möglichen Zwischenstufen vorhanden. Es drückt sich auch dieses Grundgesetz wiederum im Temperament aus. Wenn das der Fall ist, daß der Astralleib und die Ich-Organisation ganz stark vehement die Tendenz haben – noch nicht so wie beim Verrückten, so daß der Mensch noch zurechtkommt –, aber vehement die Tendenz haben, Formen aus dem physischen oder ätherischen Leib anzunehmen, dann haben wir es mit dem melancholischen Temperament zu tun. In dem Augenblick, wo der Astralleib und die Ich-Organisation die Tendenz haben, ihre eigene Struktur stark aufzudrücken dem physischen oder ätherischen Leib, haben wir es mit einem cholerischen Temperament zu tun; und das phlegmatische und sanguinische Temperament liegen dazwischen. Beim phlegmatischen ist es so, daß der Astralleib und die Ich-Organisation nicht so vehement, aber in einem gewissen Sinne die Tendenz haben, die Struktur des physischen und namentlich des Ätherleibes anzunehmen; beim sanguinischen ist es so, daß eigentlich das Vitale, das im Ätherleib liegt, stark beeinflußt wird vom Astralleib. So drückt sich das auch in den Temperamenten aus. Und wir sehen, wie das, was in den radikalen Fällen die Richtschnur ist für den Mediziner: zu erkennen, wie im wachen Menschen ineinandergeschaltet sind Seelisch-Geistiges in Physisch-Ätherisches, auch für den Pädagogen, in den latenten Zuständen die Regel ist. So daß eigentlich Pädagogik und Medizin Dinge sind, die sich ineinander fortsetzen. Es handelt sich darum, daß Sie da möglichst stark suchen, meine lieben Freunde, in der Anschauung des Menschen zur Imagination zu kommen. Nun möchte ich Ihnen gerade noch in bezug auf dieses einige Anhaltspunkte geben.

Sie kennen ganz bildhaft, wenigstens können Sie es kennen, Sie kennen ganz bildhaft die Gestalt des Menschen im Embryonalzustand. Man hat sich auch heute, soweit dies möglich ist, eine Anschauung davon verschafft, wie der Embryonalzustand in den ersten Stadien ist, wie er später sich gestaltet, und Sie können sich dadurch ein zusammenhängendes Bild machen von dem Menschen während des Embryonalzustandes. Sie können sich weiter ein zusammenhängendes Bild machen von dem Menschen während des Kindheitsstadiums. Sie müssen versuchen, sich das erste und zweite Bild möglichst intensiv zu machen, so daß Sie wirklich mit dem Denken tasten, daß es Ihnen wirklich vorkommt, wie wenn Sie den Embryo mit dem Denken abtasten würden, innerlich seine Formen verfolgen würden: dann vergrößern Sie den Embryo bis zu der Größe [Handbewegung], einfach in Gedanken bis zu der Größe, die das Kind hat, das Sie ebenso intensiv anschauen, beobachten können. Und dann schieben Sie die Vorstellung, das Bild des Embryo schieben Sie, indem Sie es innerlich metamorphosieren, in das Bild des Kindes hinein. Da werden Sie, wenn Sie real vorgehen, in Ihrem innerlichen Erleben einige Schwierigkeiten haben. Sie werden sich sagen müssen: Wenn ich den Kopf des Embryo nehme und ihn vergrößere bis zum kindlichen Stadium, dann wird er sehr groß. Ich muß ihn dann zusammenschieben. Ich muß auch dasjenige, was beim Embryo noch wässerig-flüssig ist, stark dem Flüssigkeitsmenschen angehört, innerlich kristallisieren und koagulieren lassen, damit es in das Gehirn des Embryo aufgeht. Dann aber werden Sie den Embryonalzustand der Gliedmaßen nehmen, werden diese strecken, formen müssen, werden innerlich eine plastische Tätigkeit ausüben müssen, die unplastischen Gliedmaßen des Embryo hineinschieben in die Gliedmaßen des Kindes. Das ist eine außerordentlich interessante innere Beschäftigung, den Embryo im innerlichen Anschauen hineinzuschieben in das Kindesalter.

Dann können Sie weitergehen. Dann können Sie das Kind nehmen und den Erwachsenen und dabei dasselbe Experiment machen. Da wird es schwieriger; da sind die Differenzen zwischen Embryo und Kind sehr groß, da werden Sie eine große innere Tätigkeit entwickeln müssen, wenn Sie das ausführen. Wenn Sie aber jetzt das Kindesalter vergleichen mit dem Erwachsenenzustande im reifen Menschen, dann werden die Differenzen nicht so groß, da wird es etwas schwierig, das eine dem andern anzupassen. Wenn Sie aber dies zustande bringen, daß Sie so vorgehen können, dann gebiert sich in Ihnen wirklich die Imagination des menschlichen Ätherleibes; verhältnismäßig sehr schnell gebiert sich die Imagination des menschlichen Ätherleibes.

Beachten Sie:

Schiebe die Frühzeit

– Embryonalzeit –

In des Kindes Alter
Und des Kindes Alter
In die Jugend Zeit.
Dir erscheint verdichtet
Menschenäthersein
Hinter Körperwesen –

– physischer Leib in seiner Struktur.

Da haben Sie eine Anleitungsregel, die Sie ebensogut wie die andern, die ich gestern und in der ersten Stunde gesagt habe, benützen können. Nur müssen Sie überall sich klar sein darüber, daß das Sich-Aneignen des imaginativen Bewußtseins Mühe erfordert. Man kann es sich nicht anzaubern, man muß es sich erwerben durch intensive Arbeit.

Nun können Sie noch weitergehen. Sie können jetzt versuchen, sich vorzustellen einen Greis, einen sklerotisierten Greis. Greise sind bis zu einem gewissen Grade sklerotisch. Und bekommen Sie dabei die Empfindung, daß Sie diesen sklerotischen Greis auch abtasten, so empfangen Sie in dem geistigen Tasten durch die Sklerose den Eindruck, daß der Greis eigentlich hohl ist. Also nicht den Eindruck bekommen Sie, als ob ein sklerotisierter Greis, wenn Sie ihn geistig abtasten, dichter wäre, härter wäre, sondern im Gegenteil, daß er gar nicht härter ist, daß er eigentlich saugt. Sie bekommen im geistigen Tasten das Gefühl, wie wenn Sie im Physischen mit eingespeicheltem Finger am Meerschaum eine Zeitlang sich bewegen. Sie wissen ja, daß wenn man an Ton oder Meerschaum entlangfährt mit dem angenetzten Finger, man das Gefühl hat: es saugt. Dieses Gefühl des Saugens haben Sie dem sklerotisierten Greis gegenüber. Sie müssen dieses Tastgefühl, dieses Erlebnisgefühl, entwickeln dem Anschauen gegenüber. Das ist nicht nur beim Auge, beim Anschauen der Fall, sondern bei jedem Sinn kann das auftreten, auch beim Lebenssinn. Sie haben nun die Altersdichte, die saugend ist, wenn Sie dies auffassen. Nun schieben Sie – geradeso wie Sie da vorwärtsgeschoben haben beim ersten Fall – die Embryonalzeit in das Kindesalter und dann in den reifen Menschen, so schieben Sie jetzt zurück. Stellen Sie sich den reifen Menschen vor, der noch nicht saugt, sondern der kraftvoll sich in die Welt hineinstellt und schieben Sie das, was Sie am Greise ertastet haben, schieben Sie das da hinein. Nicht wahr: wenn Sie die embryonale Struktur in die Kindesstruktur hineinschieben, haben Sie eine räumliche Metamorphose, die Sie da vollführen; jetzt, wenn es Ihnen vorkommt, daß der Greis ein ausgehöhltes Wesen wäre, das fortwährend saugt, müssen Sie das so machen, wie wenn das mit Kraft sich erfüllen würde, wenn man es zurückschiebt ins reife Lebensalter. Es ist so, daß man beim Rückschieben der reife Mensch wird. Während man vorher, wenn man in der strotzenden Stärke angeschaut wird, etwas von einer leisen Lähmung aufnimmt, wird der Greis, wenn man ihn so zurückschiebt, wieder stark in seinen Knochen und in seiner ganzen Struktur des festen Organismus. Dieses innerliche Ineinanderschieben, das muß man da mehr beachten, und dann muß man auch das reife Alter in die Jugend zurückschieben. Da hat man es eigentlich wiederum leicht. Man stelle sich vor einen Menschen, der schon ein runzliges Gesicht hat und dann lasse man ihn verschmelzen mit einem jungen pausbäckigen Menschen, da wird man sich ausgleichen. Wenn man das zustande bringt, dann bekommt man den Eindruck, wie wenn der Ätherleib durchwellt würde und anfangen würde zu klingen und zu tönen. Man bekommt dadurch den Eindruck des Astralischen im Menschen.

So haben Sie eine Regel, die Sie anleitet, aufzusteigen zur Inspiration:

Schiebe die Altersdichte
In die Menschenreifezeit,
Und das reife Alter
In das Jugendleben.
Dir ertönt in Weltenklängen
Menschenseelenwirken

– der Astralleib also –

Aus dem Ätherleben.

Sie sehen aus dem, was ich Ihnen da sage, auch, daß man die Anleitung zur Meditation nicht als Befehl ausgibt, sondern sie begründet auf dasjenige, was man einsehen kann. Der in der richtigen Weise zur Meditation Angeleitete, der wird nicht so autoritativ behandelt, wie es einstmals im alten Orient war, wo ja sowohl das Erziehen und Entwickeln der Kinder wie des Alters auf ganz andern Unterlagen ruhte als bei uns. Wer also bei uns Meditationen empfohlen bekommt, bekommt sie so, daß er einsieht, was er mit sich macht. Nicht wahr, im Orient hatte das Kind die Anleitung seines Dadas. Das bedeutete, daß durch die Art und Weise, wie der Betreffende lebte, das Kind erzogen und unterrichtet wurde. Mehr lernte es nicht, als es gewissermaßen absah dem Dada. Der erwachsene Mensch hatte seinen Guru, wenn er weiterkommen wollte. Da war er angewiesen darauf, daß der Guru keine andere Regel angab als die: So ist es – man soll es eben probieren. Das ist der Unterschied: was wir in unserer abendländischen Zivilisation haben, ist, daß überall an des Menschen Freiheit appelliert wird, daß der Mensch weiß, was er macht. Und man kann auch einsehen, wie das inspirierte Erkennen zustande kommt, wenn man mit dem gesunden Menschenverstand begriffen hat, wie die physische Erkrankung und die geistige Erkrankung wirken, und wenn man das alles zusammenhält, was ich Ihnen heute gesagt habe. Denn diese Dinge sind gerade mit dem gesunden Menschenverstand zu begreifen. Geht man weiter, um zu begreifen, was man machen soll in der inneren Meditation, dann ist man mit dem gesunden Menschenverstand bis an die Grenze dessen gekommen, was man erreicht. Der gesunde Menschenverstand kann alles erreichen, was von der Anthroposophie ausgeht. Wenn das beginnt, was nicht mehr mit dem gesunden Menschenverstand zu erreichen ist, dann hat er richtig bis zur Grenze gewirkt, und es ist so, wie wenn man vor einem See steht. Da ist eine ebensolche Grenze, man schaut vom Ufer des Sees noch hin. Wirklich, der gesunde Menschenverstand führt zu dem allen hin. Sie dürfen nicht der Verleumdung anheimfallen, als ob Sie eine mystische, obskure Weltanschauung verbreiten, sondern eine solche, die mit dem gesunden Menschenverstand zu erreichen ist. Als ich das in Berlin einmal sagte, hielt man mir dann in einem Artikel, der über diesen Vortrag geschrieben wurde, entgegen: Derjenige Menschenverstand, der gesund ist, kann überhaupt nichts begreifen von der geistigen Welt; und derjenige, der etwas begreift von der geistigen Welt, der ist eben krank, der ist nicht gesund. – Das wurde mir entgegengehalten.

Nun möchte ich noch einiges sprechen darüber, daß Sie gerade dadurch, daß Sie genötigt sind durch Ihr medizinisches Studium, recht innig hineinzuschauen in die gesamte Natur und Wesenheit des Menschen, auch als junge Menschen, in einer ganz besonderen Lage sind. Nicht wahr, man muß das ganz ernst nehmen, daß das Kali Yuga abgelaufen ist, daß wir eingetreten sind in ein lichtes Zeitalter wenn auch dadurch, daß das alte durch die Trägheit vorwärts rollt, die Menschheit noch im Finstern lebt. Vom geistigen Weltenall leuchtet ein Helles herein und wir gehen als Menschen in ein lichtes Zeitalter hinein, und die Menschen müssen sich nur geeignet machen, die Intentionen des lichten Zeitalters aufzunehmen. Nun ist die Jugend durchaus prädestiniert, sich hineinzuleben in das lichte Zeitalter; und wenn die Jugend mit dem nötigen Ernst ein gewisses Selbstbewußtsein davon entwickelt, wie sie einmal dazugekommen ist, gerade mit dem Beginn des lichten Zeitalters geboren zu werden, dann wird diese Jugend in den verschiedensten Graden die Möglichkeit haben, sich anzupassen dem, was eigentlich der Sinn des Entwickelungsimpulses der Menschheit erfordert. Und der erfordert eben heute, daß man in allem nach dem Menschen hinschaut, wenn man die Welt erklären will, wie man früher auf die Natur gesehen hat, um den Menschen zusammenzusetzen aus einzelnen Naturkräften und Naturvorgängen. Man wird allmählich dazukommen müssen, den Menschen zu verstehen und die einzelnen Naturvorgänge als Spezialisierungen dessen, was im Menschen vorgeht, als Vereinseitigungen dessen, was im Menschen vorgeht, zu begreifen. Wenn man dazukommen wird, wird auch ein gewisses intimes Verhältnis in der ganzen menschlichen Empfindung und Gemütstätigkeit Platz greifen, das gesucht worden ist, aber auf eine gewisse tumultuarische Weise gesucht worden ist. Denken Sie nur, wie die Jugend angefangen hat, in einem gewissen Sinne die Natur zu vergöttern, als die Jugendbewegung des lichten Zeitalters kam. Das war abstrakt; wenn auch noch so vital empfunden wurde, es war abstrakt. Dagegen muß der geistige Entwickelungsweg des jungen Menschen heute dahin führen, intime Gefühle zu haben für seine Verbindung als Mensch mit der Welt, intime Gefühle, und es muß dasjenige, was er geistig aufnimmt, nicht mehr Wissenschaft sein für den Intellekt. Dabei bleibt man kalt, man ist immer kalt geblieben dabei; sondern es muß die Wissenschaft so gestaltet werden, daß tatsächlich etwas von dem eintritt, daß man bei jeder Stufe, die man in der Wissenschaft macht, auch im Gemüte, in der Empfindung ein anderer Mensch wird, Bekanntschaft macht gewissermaßen mit etwas, was man vergessen hat. Man hat ja auch die Natur kennengelernt zum Beispiel bevor man heruntergestiegen ist in die physische Welt. Da hat sie aber anders ausgeschaut. Heute schlägt man tot in dem jungen Menschen, was er im vorigen Dasein durchgemacht hat, wenn man ihn hinweist auf die grobe robuste äußere Anschauung. Wird man wieder daraufkommen, die äußere sinnliche Anschauung so zu behandeln, wie wenn ein alter Bekannter auftauchen würde in der sinnlichen Anschauung, den man kennt aus dem vorirdischen Leben, dann entsteht überall Empfindung im Wissen, Empfindung im Erkennen. Und dies muß tatsächlich wie ein Blutstrom sein, muß wie ein geistiger Blutstrom durch das ganze wissenschaftliche Leben, überhaupt durch das ganze Erziehungs- und Unterrichtswesen des Menschen durchgehen. Diese Intimität mit dem Realen, das ist es, was wir gewinnen müssen in der Wissenschaft.

In dieser Beziehung war wirklich die neuere Zeit schwer von Begriffen. Sehen Sie, ich habe verhältnismäßig früh zu zeigen versucht, wie der Mensch, wenn er der äußeren Sinneswelt gegenübersteht, eigentlich nur die halbe Wirklichkeit hat; wie er die ganze Wirklichkeit erst gewinnt, wenn er das, was in ihm aufsteigt, vereinigt mit der äußeren sinnlichen Wirklichkeit. Und ich habe ja das zunächst tun müssen, weil die Zeit noch eine ganz andere war damals als heute. Denn die Dinge werden doch erst vorbereitet. Ich habe es in einer erkenntnistheoretischen Weise darstellen müssen. Aber wenn Sie meine Schrift «Wahrheit und Wissenschaft» lesen, arbeitet sie darauf hin, auferstehen zu lassen im Menschengemüte das Geistige, was aus dem Inneren hervorquillt. Damit ist der erste Schritt gemacht zu dieser Intimisierung des Wissenschaftlichen, insbesondere in die gemütvolle Aufnahme der Weltenwesenheit. Das hat nun der Mediziner ganz besonders in der Möglichkeit, daß er kennenlernt dieses intime Erleben der Realität, und deshalb wird der Mediziner einfach dadurch, daß er Mediziner ist, derjenige Mensch sein können, der die Abstraktheit der andern Jugendbewegung, derjenigen, die nicht durch ihr Schicksal Mediziner sind, konkreter, gemütsinniger macht. Man kann doch, wenn man heute als junger Mensch, der das Medizinische innerlich hat, mit einem andern, der zum Beispiel nur die Jurisprudenz innerlich hat und der ein armer Kerl ist, weil er nur Jurisprudenz hat, das Medizinische schon so weit vertiefen, wie wir das hier tun; beim Juristen ist das ganz unmöglich. Beim Medizinischen war noch bis zum Anfang des 18. Jahrhunderts etwas vom Geist da; in der Jurisprudenz hat die Geistigkeit schon aufgehört tief im Mittelalter drinnen, wo die Menschen nicht einmal mehr Geist darin ahnen, sondern nur mehr Satzungsnotizen. Es ist durchaus möglich, daß der Mediziner, der am allerersten ins konkrete Leben hineinkommt, außerordentlich befruchtend wirken kann auf die übrige Jugend.

Daher wäre es schon gut, wenn die einzelnen Gruppen, die sich jetzt herausgestellt haben namentlich in der anthroposophischen Jugendbewegung, gerade von den Medizinern unterstützt würden. Natürlich muß man dabei die realen karmischen Verhältnisse bedenken. Aber nicht wahr, wir haben da ja die ganz hoffnungsvolle Tübinger Gruppe, die pädagogisch arbeitet und die zum Beispiel außerordentlich viel wird gewinnen können, wenn sie einen Mediziner in ihrer Mitte hat, der also nach der medizinischen Seite hin manches aufklären kann. Wir haben hier jetzt, wenn das auch nur interimistisch ist, Dr. X leitend die Jugendbewegung, und es wird sehr gut sein, wenn gerade aus dem, was dem Mediziner innerlich wird, die Jugendbewegung befruchtet wird. Und so können wir im einzelnen außerordentlich viel tun. Aber auf der andern Seite wäre es gut, wenn Sie gelegentlich, falls sich das als eine Möglichkeit herausstellen würde, möglichst viel sich auch mit der pädagogischen Arbeit innerhalb der anthroposophischen Bewegung befassen würden. Wenn das vom Ernst ausgeht, gibt es kein Hindernis, wenn Sie sich mit dem befassen könnten, aber eben in ernster Weise. Man kann nicht dasjenige, was in den Seminarien der Waldorfschule gegeben ist, jedem geben. Aber wenn jemand zeigt, daß er sich ernstlich damit befaßt, kann es kein Hindernis geben, die Seminarkurse der Waldorfschule kennenzulernen, sobald diese Dinge auch wirklich von der medizinischen Seite betrachtet, auch innerlich mit dem Gedanken durchdrungen werden, wie nahe verwandt gehalten im Altertum Heilen und Erziehen war.

Bedenken Sie, wir sind heute ganz abgekommen von dei Auffassung des Menschen als eines Wesens, das in das Erdenleben hereintritt, behaftet mit Sünden, weil die moderne Auffassung überhaupt gar nichts mehr weiß von dem, was Sünde bedeutet. Was hat sich denn da zum Sündenbegriff verdichtet? Das, was ich Ihnen in diesen Tagen hier als das Gesetz der Vererbung gezeigt habe, das liegt in der Sünde, in der Erbsünde. Und auch die individuelle Sünde ist also etwas, was der Mensch in der zweiten Hälfte seines Lebens zu überwinden hat: er muß richtig überwinden das sündhafte Modell, das aus der Vererbung stammt, man kann auch sagen, aus dem kranken Modell nach den alten Begriffen. Aber würde das der Mensch als seinen Leib behalten, was in seinem Modell bis zum Zahnwechsel wirkt, würde er das sein Leben lang an sich tragen, dann würde er mit neun Jahren ein Mensch sein, der – ja nun, er würde mit einem feuchten Ekzem an der ganzen Haut bedeckt sein, wenn die Organisation so fortgehen würde; er würde Löcher bekommen am ganzen Leib, würde wie ein Aussätziger ausschauen, dann würde das Fleisch von den Knochen abfallen, wenn er das überhaupt aushalten würde. Der Mensch wird krank hineingeboren in die Welt; und erziehen, das heißt, erkennen und leiten das, was nach dem Modell arbeitet, heißt dasselbe wie leises Heilen. In diesem Bewußtsein sollten Sie in der Jugendbewegung leben, daß, wenn Sie die Erziehung beschreiben, Sie sich als Therapeuten betrachten. Sie geben die Heilmittel an, die ja natürlich im Geistigen bleiben, aber stark ins Physische übergehen können, je nachdem das Kind ins Pathologische übergeht. Das haben Sie im Grunde genommen, nur auf einem andern Niveau, nur auf einem andern Plan, in der Pädagogik: auch eine Heilkunst. Und auf der andern Seite: wenn einem der kranke Mensch gar nicht zu Hilfe kommt durch dasjenige, was man ihm als Richtschnur geben kann für sein eigenes subjektives Bewußtsein für die Auffassung seiner Krankheit, für Pessimismus oder Optimismus zu der Auffassung des Lebens, wenn man gar nicht pädagogisch wirken kann, ist es ungeheuer schwer, ihm heilend beizustehen. Wenn der Kranke – ich will nicht sagen, daß er einen blinden Glauben an das Heilmittel haben muß, das wäre zu stark übertrieben –, aber wenn der Kranke einfach durch die Individualität des Arztes dahin gebracht wird, daß er empfindet, wie der Arzt vom Heilwillen durchsetzt ist, so gibt das beim Kranken einen Reflex, der dann vom Gesundwerdewillen durchsetzt wird. Dieses Aufeinanderprallen von Heilwillen und Gesundwerdewillen spielt eine ungeheuer große Rolle in der Therapie, so daß man schon sagen kann: da ist schon ein Abbild darinnen des Pädagogischen, und im Pädagogischen wieder ein Abbild vom Heilen. Es kommt heute viel darauf an, daß sich die Menschen in der Welt heute im richtigen Bewußtsein zusammenfinden. Wenn sich also die medizinische Jugend mit der andern Jugend zusammenfindet in dem richtigen Bewußtsein, dann werden Sie schon sehen, daß die medizinische Jugend außerordentlich befruchtend wirken kann auf die andere. Aber so das Bewußtsein schärfen nach beiden Seiten hin, ist, was ganz besonders notwendig ist.

Sehen Sie, das sind die Dinge, die ich gern in Ihre Seele und in Ihr Herz gelegt hätte, nachdem Sie wieder einmal in so befriedigender Weise hiergewesen sind. Ich hoffe, daß das wieder beigetragen hat dazu, die Bande zwischen Ihren Seelen und dem Goetheanum noch enger, stärker zu machen, und daß Sie fühlen werden, daß schließlich gerade auf einem solchen konkreten Gebiete wie dem der Medizin, das Goetheanum Menschen findet, die in die Welt hinaustragen dasjenige, was hier gefunden werden kann. Sie werden zu einem richtigen Bewußtsein davon kommen, wenn Sie sich auch in Ihrem Fühlen als zum Goetheanum gehörend betrachten, und die Gedanken öfter an dasjenige richten, was vom Goetheanum eigentlich heute für die Welt und Zivilisationsentwickelung gewollt wird. Und so werden die Herzensbande, die Sie schließen können mit dem Goetheanum, etwas sein, was Ihnen gerade als Mediziner in einer tiefen Weise wird zu der Aufgabe helfen können, die Sie sich eigentlich gesetzt haben. In diesem Gefühle habe ich gerade diese mehr intimen Auseinandersetzungen, die in diesen Stunden hier zwischen uns gepflogen worden sind, halten wollen und glaube, daß wir manches werden erreichen können, wenn Sie dieses Fühlen, das auch gerade diese Besprechungen durchzogen hat, nunmehr, nachdem wir heute die letzte Stunde halten müssen, in die Welt hinaus fortsetzen. Und dabei werden wir auch am schönsten beisammen bleiben. Das Goetheanum wird damit am besten sich als ein Mittelpunkt auffassen dürfen, der sich eine bestimmte Aufgabe gestellt hat. Das Goetheanum wird dadurch wirklich das Goetheanum sein und Sie werden wirkliche Goetheaner sein. Dann sind Sie zugleich die tragenden Stützen draußen in der Welt, die das Goetheanum braucht, und von diesem Gesichtspunkt aus appelliere ich an Ihre Seele: richtige, rechte Goetheaner zu werden. Machen wir es so, dann wird schon alles gut werden.

ANHANG

Erster Rundbrief, im Anschluß an den Weihnachtskursus für der Medizin Beflissene

Liebe Freunde, Goetheanum, den 11. März 1924

Unseren, einem Versprechen gleichkommenden Mitteilungen über die Führung der Medizinischen Sektion am Goetheanum, die wir gelegentlich der Weihnachtstagung gemacht haben, nachkommend, senden wir an die für die Pflege des Medizinischen mit uns Verbundenen diesen ersten Rundbrief. Er ist getragen von der Gesinnung, die uns bei den medizinischen Kursen im Neujahr vereinte. Er möchte am liebsten jedem Worte etwas mitgeben von den Gefühlen für die leidende Menschheit, aus dem allein nicht nur die Hingabe an die Heilkunst, sondern auch deren wirkliche Kraft hervorgehen muß.

Es war in alten Zeiten,
Da lebte in der Eingeweihten Seelen
Kraftvoll der Gedanke, daß krank
Von Natur ein jeglicher Mensch sei.
Und Erziehen ward angesehen
Gleich dem Heilprozeß,
Der dem Kinde mit dem Reifen
Die Gesundheit zugleich erbrachte
Für des Lebens vollendetes Menschsein.

Es ist gut, solch kraftvolle Gedanken, gewonnen aus der Anschauung alter instinktiver Weisheit, sich vor die Seele treten zu lassen, wenn man in rechter innerlicher Sammlung die Seele bereiten will zum Erfassen der Heileswirkungen.

Vergessen wir nicht, daß dem Heilprozesse eine Seele mitgegeben werden muß, da er nicht nur an einen Körper, sondern auch an eine Seele sich wenden muß. Je mehr solche Gedanken die jungen Ärzte begreifen, desto mehr wird in das medizinische Leben das einfließen, was der sinnige Arzt sehnsüchtig verlangt, wenn er den heutigen Stand seiner Kunst mit den Grenzen empfindet, was der Kranke wie eine Gnade empfinden wird, wenn er es im Heilprozesse erlebt.

Liebe Freunde, Ihr habt, soweit Ihr im Januar hier versammelt wart, offenen Herzens entgegengenommen, was aus solcher Gesinnung an Euch herantreten wollte. Uns wird unvergeßlich sein, wie aus Euern Augen dies gesprochen, aus Euern warmen Worten dies zu uns gedrungen ist. Unsere Gedanken weilten bei Euch, und sie sollen heute zum ersten Male in Anknüpfung an Eure gestellten Fragen zu Euch hinwandeln.

Wir senden das Folgende an einzelne Adressen und bitten diejenigen, die von uns direkte Sendung erhalten, dafür zu sorgen, daß sie weitergehen an die von uns mitgeteilten Adressen.

*

Goetheanum, den 11. März 1924

Fragenbeantwortung

I. Auf eine Anfrage bezüglich der Schwierigkeiten, die heute der angehende Arzt sowohl beim Studium der Schulmedizin, wie auch der medizinischen Kurse in der anthroposophischen Bewegung hat, können wir nur erwidern, daß es gerade unsere Bemühung sein wird, durch die Mitteilung dieser Rundbriefe diese Schwierigkeiten im Laufe der Zeit hinwegzuschaffen. Die Meditation, die in der Zuschrift als ergänzende bezeichnet ist, ist Dr. Wegman bereit denen zu geben, die darnach Bedürfnis haben.

II. Das Studium im Goetheanum betreffend.
Für das praktische Studium soll selbstverständlich nach Möglichkeit gesorgt werden, doch bitten wir in bezug darauf um Geduld. Wir werden in diesen Rundbriefen die Zeit angeben, von der ab Anmeldungen möglich sind.

III. Bezüglich der Anfrage nach Stellung bestimmter Themen für Mitarbeiter an der medizinischen Sektion für Geisteswissenschaft bemerken wir, daß wir gerne die Arbeit in diese Richtung bringen möchten. Doch wird es sich weniger durch Einfügung in diesen Rundbrief, als vielmehr in brieflichem Einzelverkehr machen lassen, über solche Themen zu verhandeln. Doch bitten wir auch hier etwas Geduld zu haben; wir werden unseren Zielen immer näher kommen, doch können wir nur Schritt für Schritt vorgehen. – Auch möchten wir hinzufügen, daß in Zukunft therapeutische Fragen, die für ganz spezielle Fälle gestellt werden, in dem Rundbrief nicht beantwortet werden. Fragen allgemein therapeutischer Art, die in Bezug auf die stattgehabten medizinischen Kurse gestellt werden, sind uns natürlich willkommen, sowie Fragen, die sich auf physiologische und anatomische Probleme, auf das Studium, auf menschlich moralische Einstellung des Arztes beziehen.

IV. Für diejenigen Persönlichkeiten, die bei uns angefragt haben, ob sie in nächster Zeit zur Anteilnahme an Arbeiten der Hochschule hierherkommen können, oder die – etwa nach Ablegung ihres Examens – einen dahingehenden Wunsch haben, bemerken wir, daß in unmittelbarem Anschluß an die Ostervorträge vom 19.–22. April drei bis fünf weitere Vorträge gehalten werden sollen, in denen die Betreffenden zunächst Richtlinien für ihr Weiterarbeiten erhalten können. Thema: Menschenwesen und Weltorientierung im Hinblick auf Erziehung und Heilung, sowie auf die zunächst besonders wichtigen Menschheitsaufgaben auf diesem Gebiete.

V. Die Einrichtung von Hausapotheken mit unseren Mitteln wäre ja zweifellos wünschenswert, kann aber vorläufig nicht durchgeführt werden, da gesetzlich bloß die homöopathischen Mittel von den Stadtärzten selbstdispensierend verabreicht werden können. Wenn wir einmal in der gleichen Lage sind, wie diese homöopathischen Ärzte (d.h. in Bezug auf gesetzliche Anerkennung), so werden wir auch dasselbe tun können. Vorerst müssen wir uns begnügen, die Mittel auf dem Apothekenwege zu vermitteln.

VI. Auf die Anfrage, ob dem Patienten Mitteilungen über die Heilmittel-Wirkungsweise gemacht werden sollen, kann gesagt werden, daß die Wirkung allerdings beeinträchtigt wird, wenn das Wissen davon in Gedanken aufgenommen wird. Doch ist die Beeinträchtigung weniger stark, wenn die Gedanken nur intellektualistisch sind, stärker, wenn sie bildhaft sind, am stärksten, wenn der Patient den ganzen Verlauf der Heilung in sich selbst zu verfolgen im Stande ist. Doch darf dies weder abhalten, über die Wirkungsweise jede gewünschte Aufklärung zu geben, noch einem wissenden Patienten die Heilung vorzuenthalten. Denn was durch das Wissen verloren geht, kann vollkommen wiedergewonnen werden, wenn der Patient Ehrfurcht vor den Heilmethoden entwickelt. Dafür muß bei der Mitteilung gesorgt werden.

VII. Frage nach der Art der Injektionen.
Die Injektion soll in der Regel unter die Haut gemacht werden; nur wenn der Patient bei wiederholten Versuchen nicht reagiert, soll intravenös injiziert werden, in hochpotenzierten Dosen. Die Wirkung der ersten Injektion muß in diesem Fall abgewartet werden.

VIII. In einer Zuschrift wird von zwei Linien gesprochen, von denen die eine in der Richtung der Wirbelsäule, die andere vom Kopfe abwärts läuft und Zungenbein, Unterkieferbogen, Schildknorpel, seitlichen Teil der Rippen angibt. Und die Frage geht dahin, welche Bedeutung diese Linienrichtung hat. Letztere Linie entspricht dem, was beim Tiere durch den Astralleib aus den festesten Substanzen herausgeformt wird. Beim Menschen wird diese Linie durch die aufrechte Haltung in jene Richtung gebracht, in der sie einen schiefen Winkel mit der Vertikalen bildet. Dies wird durch die Ich-Organisation orientiert, und zwar so, daß im Verlaufe der Rückenwirbel das irdische Ich gewissermaßen hypertrophisch wirkt; das sich formende Ich, das dann nach dem Tode bleibt, orientiert den Knorpelteil der Rippen und das Brustbein hypertrophisch. Weil bei solchen geistigen Wesen, wie Luzifer, das Menschliche übersprungen wird, muß sowohl die Rückensäule, wie der Knorpelteil der Rippen mit dem Brustbein wegfallen. Deshalb hat der Fragesteller an der Luzifer-Plastik eine spitze Brust und seitliche Rippentendenz gesehen.

IX. Bezüglich einer Frage über die Höhlen des Kopfes und ihre Bedeutung haben wir das Folgende zu sagen: der physische und ätherische Teil des Kopfes sind in der Art angeordnet, daß an gewissen Stellen das Physische, an anderen Stellen das Ätherische überwiegt, an diesen Stellen zeigen sich die Höhlen. Sie sind die eigentlichen Gedankenträger, während die physisch voll ausgefüllten Stellen die Träger des Lebens im Kopfe und die Unterdrücker des Gedankenlebens sind. Ist deren Tätigkeit zu stark, tritt Ohnmacht oder Halluzination und dergleichen ein.

X. Bezüglich der Frage über mediale Veranlagung.
Die mediale Anlage eines Menschen beruht darauf, daß eine nicht volle Einschaltung von Astralleib und Ich in den Unterleibs- und Gliedmaßentrakt des ätherischen und physischen Leibes im Trancezustand vorhanden ist. Dadurch werden die Gliedmaßen und der Unterleib in einer unregelmäßigen Art in die ätherische und astrale Umwelt gewissermaßen als Sinnesorgane eingeschaltet. Es kommen dadurch geistige Wahrnehmungen zustande; es werden aber zur gleichen Zeit die moralischen und konventionellen Impulse, die normal durch diese Organe wirken, ausgeschaltet, wie sie auch bei dem gewöhnlichen Sinnesorgane ausgeschaltet sind. Das Auge sieht blau, aber nicht Verleumdungen. Eine physische Heilung der Medien ist außerordentlich schwer zu bewirken. Sie könnte nur herbeigeführt werden durch hochpotenzierte Tabakinjektionen in den Teil eines Sinnesorgans, zum Beispiel in das Innere der Eustachischen Trompete

oder in der Hornhaut des Auges, was natürlich sehr gefährlich ist. Eine psychische Heilung erfordert unbedingt, daß der Heiler einen stärkeren Willen hat als das Medium außer dem Trance und daß er durch Wachsuggestion wirken kann.

XI. Auf die Frage, ob man bei Schwangerschaftsunterbrechung, die man zur Rettung der Mutter vornimmt, in das Karma der Mutter und in das Karma des Kindes eingreift, ist zu sagen: daß beide Karmas zwar in kurzer Zeit in andere Bahnen gelenkt, aber bald wieder durch den Eigenverlauf in die entsprechende Richtung gebracht werden, so daß von dieser Seite von einem Eingreifen in das Karma kaum gesprochen werden kann. Dagegen findet ein starker Eingriff in das Karma des Operierenden statt. Und dieser hat sich zu fragen, ob er vollbewußt auf sich nehmen will, was ihn in karmische Verbindungen bringt, die ohne den Eingriff nicht dagewesen wären. Fragen dieser Art sind aber nicht generell zu beantworten, sondern hängen von der Besonderheit des Falles ab, gleich manchem, das ja auch im rein seelischen Kulturleben einen Eingriff in das Karma bedeutet und zu tiefen, tragischen Lebenskonflikten führen kann.

XII. Eine Frage Lebertran betreffend.
Lebertran kann vermieden werden, wenn die Grundlagen des entsprechenden Übels diagnostiziert und unsere angegebenen Mittel verwendet werden: wie
Waldon I: Pflanzeneiweiß, Pflanzenfett.
Waldon II: Pflanzeneiweiß, Pflanzenfett, kieselsaures Eisen.
Waldon III: Pflanzeneiweiß, Pflanzenfett, kieselsaures Eisen u. Calcarea carbonica.

XIII: Bei Verletzten, die mit dem Erdboden in Berührung gekommen sind, wird Belladonna D 30 zusammen mit Hyoscyamus D 15 schon nützen, selbst wenn nur eine einzige Injektion gemacht wird.

XIV. Den Fall eines 35jährigen Diabetikers betreffend.
Für diesen Diabetiker dürfte die Rosmarin-Kur zweifellos die beste sein. Sie könnte noch dadurch unterstützt sein, daß man Kieselsäure in 10. Dezimale gibt.

XV. Eine Frage über die Behandlung von Ohrensausen.
Für Ohrensausen ist im allgemeinen therapeutisch zu empfehlen Mohnsaft in 6. Dezimale. Psychisch wird, wenn die Persönlichkeit genügend Kraft aufbringt, die passive Hingabe an das Sausen in aktives Vorstellen umzuwandeln, als ob man dieses selbst bewirkte, nach einiger Zeit eine Besserung herbeigeführt werden können. Das Ohrensausen beruht auf einem Schwachwerden des Astralleibes gegenüber dem Ätherleibe im Blasengebiet.

XVI. Frage über einen Fall von Hirngrippe mit Folgeerscheinungen.
Man müßte versuchen, den 38jährigen Patienten mit den Folgen der Grippe, der auf die angewendeten Mittel nicht reagiert, mit Fliegenschwamm D 30 zu injizieren und dafür sorgen, daß nach der Injektion eine zuversichtlich heitere Stimmung vorhanden ist.

sig. Rudolf Steiner — sig. Dr. I. Wegman

Anhang zum Kursus für Mediziner
Zusammenkunft mit Jungmedizinern

Abendzusammenkunft

Dornach, 24. April 1924

Auf eine Frage über die Erfassung des Flüssigkeitsmenschen durch imaginatives Anschauen antwortete Dr. Steiner folgendes:

Nun, nicht wahr, Sie werden nicht gut zurechtkommen, wenn Sie ausgehen von den Details und nicht von dem Umfänglichen. Es würde schon notwendig sein, daß Sie zu solchen Betrachtungen von dem mehr Umfänglichen ausgehen und vor allem auch die Dinge, die schon von mir ausgesprochen sind, meditativ weiterverfolgen. Nicht wahr, wir haben in der Natur, wenn wir die Zusammenhänge umfassend nehmen – ich spreche nur von dem, was allmählich zu einem imaginativen Vorstellen führen muß –, wir haben in der Natur die Tropfenform. Sie wird gewöhnlich so vorgestellt, daß man sich den Tropfen von innen zusammengehalten denkt. Das braucht man aber nicht. Man kann sich den Tropfen auch von allen Seiten her, von außen gebildet, denken. Dann hat man in der Oberfläche eines Tropfens das Eine des Weltenumfanges.

Sie müssen natürlich bei diesen Dingen auch bedenken, daß die imaginative Vorstellung auf das Wahre gehen muß, und daß die gegenwärtigen Vorstellungen, die man aus der allgemeinen Bildung mitbringt, so weit als möglich von der Wahrheit abweichend sind. Der Mensch hat einmal heute die Vorstellung, daß der unendliche Raum da wäre und darinnen zerstreut die Sterne sind. Nun, von einer solchen Vorstellung ausgehen, heißt in brutaler Weise nichts berücksichtigen als lediglich das, was man erdacht hat. Nehmen Sie nur die eine Nachricht, die vor einiger Zeit durch die Zeitung gegangen ist und ernster zu nehmen ist, als man denkt: Wie es gelungen ist nachzuweisen, daß von einer bestimmten Entfernung von der Erde ab der Kosmos nicht leer ist, sondern fest ist und ausgefüllt ist mit fest kristallisiertem Stickstoff. Sie sehen, heute sind die Dinge noch so ungewiß, daß diese Anschauung durchaus möglich ist. Nun, das ist natürlich auch nicht so, aber immerhin geht aus diesen Dingen hervor, wie oberflächlich eigentlich die Annahmen sind, die man bisher aus der Beobachtung genommen hat. Denn es kann sich heute eines Tages einmal einer entschließen, sich vorzustellen, daß wir hier leben wie in einem ausgeleerten Raum, wo in der Mitte die etwas verdichtete Erde ist und ringsherum der verfestigte Stickstoff, der uns vorspiegelt den gestirnten Himmel. Es ist natürlich auch das Unsinn, aber ich meine, es ist tatsächlich so, daß man sich wirklich noch alle möglichen Vorstellungen, auch nach den äußeren Mitteilungen, machen kann über die Art und Weise, wie eigentlich der Kosmos beschaffen ist. Nun, tatsächlich ist es so, daß diese Nachricht von dem kristallisierten Stickstoff ebensogut ein Aprilscherz sein kann, aber zahlreiche Menschen können sie glauben. Man ist fast nicht törichter, wenn man die Nachricht glaubt, als wenn man sich an das hält, was heute allgemein angenommen wird. Und es ist brutaler Materialismus, sich vorzustellen das, was heute angenommen wird. Denn in Wahrheit wirkt das Weltenall wie eine Hohlkugel und wie wenn von der Peripherie überall Kräfte hereingehen. Das ist durchaus wahr, daß man es zu tun hat mit von außen herein fest in sich gestalteten Gebilden, die nur modifiziert werden können, differenziert werden können nach den Sternen, so daß wir schon in der Konfiguration der Sterne, die wir sehen, ein ursprüngliches Bild dessen haben, was wieder in uns vorgeht. So kommt man auf eine Imagination durch diese Vorstellung, die das menschliche Haupt zeigt.

Nun betrachten Sie sich, wenn Sie zunächst den Blick auf das menschliche Haupt gelenkt haben, dann den Vogel, die Vogelkonstruktion. Die Vogelkonstruktion ist eigentlich, namentlich dem Skelett nach, falsch angeschaut, wenn sie so ohne weiteres verglichen wird mit einem ganzen Menschen oder mit einem ganzen Säugetier. Sie können eigentlich die Vogelkonstruktion, wenn Sie sie vergleichen, bloß mit dem menschlichen Haupte vergleichen und man muß sich dann etwa vorstellen, daß man im menschlichen Haupt die modifizierte Vogelbildung hat, und daß der Vogel in der verschiedensten Weise als kurze Anhangsorgane seinen übrigen Leib hat. Die Beine sind ja immer verkümmert beim Vogel.

Nun denken Sie sich den Tropfen so gebildet, daß Sie ihn zum Zylinder ausziehen (es wird gezeichnet). Wenn Sie den Tropfen zum Zylinder ausweiten und sich vorstellen, daß das, was aus dem Kosmos im Kopfe differenziert ist, bleibt, nur daß es, weil Sie den Tropfen zum Zylinder ausziehen, sich in der mannigfaltigsten Weise modifiziert, dann bekommen Sie den Rumpfmenschen. Um den Rumpfmenschen sich vorzustellen, muß man sich die Kalotte verkümmert denken. Dann aber müssen Sie sich vorstellen, wenn Sie den Zylinder bekommen haben und ihn hier einstülpen, daß Sie dann die dritte Etappe haben. Dann bekommen Sie den Gliedmaßenmenschen. Sie bekommen den Gliedmaßenmenschen zunächst allerdings so, daß Sie das, was ich hier gezeichnet habe, eigentlich zunächst an den Armen bekommen. Also Sie müssen sich vorstellen, daß Sie ausweiten und so eigentlich zuerst die Arme bekommen, und daß die zweite Ausweitung dann allerdings dadurch gebildet wird, daß von innen ein zweites Abbild geschaffen wird, das vom Monde herrührt. Aber lassen Sie die Arme weg, um es einfacher zu haben. So gehen Sie von der Kugel zur Ausweitung über und dann zur Einstülpung. – Wenn Sie sich so gewöhnen, Bilder zu gestalten durch Ausweitung und Einstülpung, dann sind Sie am Anfang dessen, was Sie brauchen, um wirklich die Seele daran zu gewöhnen, im Imaginativen zu arbeiten. Denn es besteht eigentlich alles organisierte Leben aus Ausweitung und Einstülpung, und bedenken Sie nur, wie wunderbar das eigentlich ist.

Nehmen Sie also an, ich stelle mir die Kugel vor, dann die verlängerte Kugel; das ist die Ausweitung nach oben, bewirkt durch den Umkreis. Wenn Sie sich als Gegenbild des Umkreises hier die Erde denken mit ihren Kräften, so haben Sie die Erde unter dem Menschen als das, was ihn einstülpt. Nach oben: der Kosmos weitet aus, nach unten: die Erde stülpt ein. So daß Sie also schon haben das Bild herausgeholt aus dem Kosmos und eingestülpt den Menschen von der Erde. Sie können sich also jetzt imaginativ die Frage beantworten: Was wäre, würde nicht unter dir die Erde und über dir der Sternenhimmel sein? – Und so müssen Sie eigentlich, wenn Sie Imaginationen bilden wollen, jederzeit sich nicht bloß darauf beschränken, so etwa die Bildung im Menschen umzumodeln, sondern Sie müssen sich gewöhnen, im Übergang vom Festen zum Flüssigen das ganze Weltenall als ein Ganzes anzusehen und sich allmählich vorzustellen: feste, scharfe Konturen; gegen das Feste kämpft immer das Flüssige und will es einordnen dem Fluß, dem Strömen des ganzen Weltenalls. Und so kommen Sie überall dazu, dieses Ausweiten und Einstülpen zu sehen. Sie kommen aber überall dazu, die Gegenbilder zu suchen.

Sie wissen ja, in der Embryologie geht man so vor, daß man niemals Anhaltspunkte dafür hat, warum die Dinge so werden, wie sie sind. Man geht aus von der Eizelle, geht über zum Zellhaufen, sieht, daß auf einmal die Sache sich einstülpt und die Gastrula zustande kommt. Nun, auch das dürfen Sie sich real nicht anders vorstellen, als daß auf der einen Seite, wo die Oberfläche ist, die Gelegenheit herbeigeführt wird, daß der Kosmos wirken kann, wo die Einstülpung geschieht, daß die Erde wirken kann (es wird gezeichnet).

Nehmen Sie eine gegen die Oberfläche zu gelegene Epidermiszelle. Sie haben dieses überall. Jetzt ist da eine gegen die Oberfläche gelegene Zelle. Das, was als Erdprinzip die Einstülpung bewirkt, das wirkt im Menschen fort. Und so wirken auch überall diese Erdprinzipien fort. Dadurch ist immer die Tendenz vorhanden, das, was flüssig ist im Menschen, zu dirigieren, daß es sich immer in dieser Weise fortbewegt, so daß eine Einstülpung nachgeschoben wird: Einstülpung – nachgeschoben – Einstülpung – nachgeschoben – das geht nach den verschiedensten Richtungen. Nun denken Sie sich, es geschieht das so, wie wenn sich irgendein Wässriges fortbewegen würde und starr werden würde. Jetzt schauen Sie sich von diesem Gesichtspunkte aus irgendein Organ an. Überall können Sie bei ihm Erstarrtes, Festgewordenes, Eingestülptes sehen und auf der andern Seite bemerken, wie es ausgestülpt ist. Und so kommen Sie zu der Form der Organe und zu der Anschauung, wie die Kräfte von den verschiedenen Seiten wirken, und Sie kommen dazu, alle diese Organe auf eine Einheit zurückzuführen. Nur müssen Sie sich klar sein, daß Sie von einem ganz bestimmten Punkte ausgehen müssen, von dem plastischen Elemente. Nun haben Sie schon darauf hingewiesen, man sollte die Formen begreifen durch Plastizieren. Aber versuchen Sie es nur einmal tatsächlich mit irgendeinem plastischen, weichen Material, sich tatsächlich ein Gefühl hervorzurufen davon so, daß Sie auf der einen Seite das Material hier nehmen und mit der andern Hand den Ton nachschieben. Nun versuchen Sie zugleich, wie das wird. Sie bekommen das Gefühl, der leere Raum ist der reine Unsinn. Der Raum ist überall den Kräften nach differenziert, und Sie lernen auf diese Weise nach und nach alles Plastische verstehen.

Nun müssen Sie, wenn Sie plastisch den Menschen verstehen wollen, natürlich auch in die Extreme gehen können. Nicht wahr, ich kann mir zunächst also hier die Kugel vorstellen. Ich stelle mir vor, daß die Kugel auf der einen Seite ausgeweitet, auf der andern Seite eingestülpt wird. Ja, jetzt denken Sie sich aber, Sie gehen weiter, Sie stülpen hier so weit ein, daß Sie über die Ausweitung hinausgehen, dann kriegen Sie so ein Gebilde, überhaupt zwei Gebilde. Denken Sie aber jetzt weiter, daß die Gebilde nicht bloß auf der einen Seite wirken. Stellen Sie sich vor, Sie machen Ausweitung, Einstülpung – Ausweitung, Einstülpung, dann noch extra von unten Einstülpung und nach oben Ausweitung, dann bekommen Sie, wenn Sie dieses dreifach machen, plastisch ausgebildet die Form der beiden Lungenflügel. So bekommen Sie allmählich eine Anschauung davon, wie der ganze Mensch im Inneren mit solchen Kräften zusammenhängt und dann gehen Sie zu folgendem über.

Das ist eine ganz wichtige Vorstellung, die in ihrer pathologisch-therapeutischen Bedeutung erst klar zutage treten wird, wenn das Buch, das Frau Dr. Wegman herausgibt, erscheinen wird. Da wird einem zum ersten Mal klar werden, was für eine Beziehung besteht zwischen dem fertigen Organ und der Organfunktion. Nehmen Sie die Organfunktion. Die Organfunktion ist das im Flüssigen gehaltene fortwährend Fluktuierende; dasselbe, was das Organ abgeschlossen hat, dasselbe bringt die Tätigkeit hervor. So daß Sie also sich sagen können: Was ist die Säftebewegung im Magen? Sie ist im Flüssigen gehalten dasselbe, was im Festgewordenen der Magen selber ist. Denken Sie sich die Säftebewegung erstarrt, dann haben Sie den Magen selber. Wäre das nicht der Fall, so könnte überhaupt kein Organ kuriert werden. Sie können nicht auf das feste Organ, sondern nur auf das fluktuierende Organ wirken.

Kieselsäure hat dieselbe Tätigkeit wie die menschliche Niere. Bringe ich nun in derselben Weise die Kieselsäure, die in dem Equisetum ist, dem Menschen bei, so errichte ich in der Gegend, wo seine Nieren sind, das Phantom einer Niere. Dieses Phantom ersetzt dann an dieser Stelle die astrale Tätigkeit. Diese drängt die alte Nierensubstanz heraus und läßt aus dem im Flusse sich Befindlichen die neue Nierensubstanz sich bilden, wie sie sich auch nach sieben bis acht Jahren überhaupt bildet. Die Sache wird dadurch beschleunigt, daß man dieses Phantom hervorruft. Man muß verstehen, daß überall da, wo ein Organ ist, auch fortwährend die das Organ bildende Tätigkeit vorhanden ist, und diese erstarrt immer zum Organ. Da kommen Sie in den Flüssigkeitsmenschen hinein.

Dann kommt aber ein anderes noch. Dann müssen Sie zu der Vorstellung vordringen können: Ja, wenn ich den festen Menschen betrachte, dann bekomme ich eben die Bildchen, die in den anatomischen Büchern sind, heraus. Das, was wir da sehen, ist ja nur zehn Prozent vom Menschen. Nun, das ist eben so. Solange ich mir diese festen Konturen im festen Menschen anschaue, so ist da Leber = Leber, Lunge = Lunge, Magen = Magen. Aber gehe ich jetzt über zu dem Flüssigkeitsmenschen, so kann ich finden, wie diese Säfteströmung ganz besonders konzentriert ist, sagen wir in der Leber, und damit beschäftigt ist, aus der Flüssigkeit eine Leber zu konstruieren. Aber ein jedes Organ will immer der ganze Mensch werden. Das ist tatsächlich beim Flüssigkeitsmenschen als Tendenz in jedem Organ vorhanden. So daß man sich vorstellen muß: exstirpiere ich die Leber, dann bleibt sie Leber. Würde ich aber die Flüssigkeit herausnehmen, aus der heraus die Leber gebildet ist, so hätte sie die Tendenz, der ganze Mensch zu werden. Das müssen Sie in der Imagination sich vorstellen: auf der einen Seite die Tendenz Konturen anzunehmen, auf der andern Seite überall alles zu durchdringen.

Es ist schon einmal, wenn man ernst macht, so. In den Meditationsformeln liegt der Anfang, daß Sie sich das, was ich Ihnen da sage, allmählich selbst sagen können. Es liegt überall der Anfang drin, in die Imagination selbst zu kommen. Wer anfängt zu meditieren, der hat im Anfang im Meditieren eine riesige innere Lust, aber von einem bestimmten Punkt an, wo die Sache ernst zu werden anfängt, da bäumt sich etwas auf, weil die Sache ungeheuer kompliziert wird. Geht man nicht mit außerordentlichem Ernst an das Meditieren heran, dann geht es einem wie dem, der Luzifer sucht und Ahriman zum Bilde bekommt. Dann wirkt die Meditation so, daß man das Gegenteil dessen bekommt, was man anstrebt. Der, der Ahriman sucht, bekommt Luzifer zum Bilde. Das ist die Schwierigkeit. Die Geduld wird meistens verloren, man bleibt nicht dabei. Es ist nicht etwa die Zeit, sondern es handelt sich um die intensive Anwendung der Geduld, dann sind fünf Minuten für die Meditation unter Umständen eine lange Zeit. Aber ob man innerhalb eines halben Jahres oder innerhalb fünf Minuten die Geduld verliert, das ist gleich. Sie müssen die Geduld haben, dann werden Sie sehen, wie Sie anfangen, die Dinge zu verstehen, und wie Sie vom festen Menschen in den flüssigen Menschen übergehen können.

Dann aber brauchen Sie das musikalische Prinzip, wenn Sie zu dem luftförmigen Menschen übergehen. Da müssen Sie den Atemprozeß verstehen, und wenn Sie wirklich meditieren, dann werden Sie aufmerksam werden auf Ihren Atem. Und es zeichnet sich innerlich der astrale, luftförmige Mensch ab. Und sehen Sie, dann müssen Sie empfinden lernen: der Mensch geht doch eigentlich ohne Selbsterkenntnis durch die Welt. Jetzt lernt er sich empfinden, mit seinem Atem empfinden. Das ist so etwas, was zuallererst auftritt, daß man, wenn man die Gewohnheit hat, mathematisch, auch qualitativ zu denken, darauf kommt, sich plötzlich einmal zu sagen: Bist du denn drei Halbe? – Man kommt sich so vor, wie wenn man drei Halbe wäre. Worauf beruht das? Darauf, daß man anfängt durch die Atmung zu empfinden, daß man auf der einen Seite eine dreigeteilte Lunge und auf der andern Seite einen zweigeteilten Lungenflügel hat. Und so kann man dann auf die Weise, daß durch die Luft die innerlichen Gestaltungen in Proportionen erlebt werden, aufsteigen zum Astralisch-Luftförmigen.

Und wenn man sich genau zuhören kann beim Sprechen, so ist das der Weg, um die Ich-Organisation wirklich zu studieren. Sie können auch die Ich-Organisation dadurch bekommen, zuerst meditierend und dann aufsteigend zum wirklichen Verstehen, daß Sie irgendein Säugetier nehmen, sagen wir einen Hund, ein Skelett, und sich vertiefen ganz stark in den Hinterteil und den Vorderteil. Das eine ist nur die Modifikation des andern Teiles. Jetzt müssen Sie übergehen zum Kosmischen und gebildet denken die Hinterform durch die Mondenkräfte und die Vorderform durch die Sonnenkräfte; und so müssen Sie sich vorstellen, wie die Sonne den Mond anschaut, dann haben Sie in der Mondenseite den hinteren Teil des Tieres, in der Sonnenseite den vorderen Teil des Tieres. Und dann denken Sie sich, daß nun die Modifikation stattfindet von Sonne und Mond für das Aufrechtwerden des Menschen und dann bekommen Sie die Umwandelung. Es ist dadurch die ganze Sache um ein Niveau verschoben, und so können Sie auch auf die Ich-Organisation kommen. Aber auf diese Art müssen Sie vorgehen: Es muß das Räumliche verschwinden im Plastischen, das Plastische im Musikalischen und das Musikalische in dem, was Sinn haben kann.

Wenn Sie so vorgehen, dann gehen Sie auf das Umfängliche und das ist eigentlich der gesündere Weg, während Sie sonst ganz in Verwirrung hineinkommen. Sie müssen schon von diesen Prinzipien ausgehen und nicht von Details.

HINWEISE

Die dem Druck zugrundeliegende Nachschrift wurde von namentlich nicht bekannten Kursteilnehmern erstellt.

Der Titel des Bandes stammt vom Herausgeber Dr. med. Hans W. Zbinden.

Werke Rudolf Steiners innerhalb der Gesamtausgabe (GA) werden in den Hinweisen mit der Bibliographie-Nummer angegeben. Siehe auch die Übersicht am Schluß des Bandes.

Weihnachtskurs

zu Seite

16 *wohl aber von jenen planetarischen Kräften, von denen ich im Vortrage gesprochen habe:* Es ist unklar, welcher Vortrag hier gemeint ist. Vergleiche hierzu den Stuttgarter Vortrag vom 2. März 1920 in «Geisteswissenschaftliche Impulse zur Entwickelung der Physik. Zweiter Naturwissenschaftlicher Kurs: Die Wärme auf der Grenze positiver und negativer Materialität», GA Bibl.-Nr. 321.

22 *So konnte ich schon in einem andern Vortrage betonen:* S. 242ff., bes. S. 254 in «Mensch und Welt. Das Wirken des Geistes in der Natur. Über die Bienen», GA Bibl.-Nr. 351, 1978.

25 *mit makroskopischen Blicken:* In einer sofort nach dem Vortrag hergestellten Nachschrift steht statt «makrokosmischen» «makroskopischen», was auch dem übrigen Text entspricht.

26 *Wir hatten das Reich der Bienen besprochen:* Vergleiche hierzu S. 171ff. und 179f. in «Mensch und Welt. Das Wirken des Geistes in der Natur. Über die Bienen», GA Bibl.-Nr. 351, 1978.

28 *die überallher wirkenden Kräfte:* In der im Hinweis zu Seite 25 genannten Nachschrift ist hineinkorrigiert «her» statt «hin».

32 *ein Bewußtsein in sich entwickeln:* Die im Hinweis zu Seite 25 genannte Nachschrift hat «in sich» statt «von sich».

37 *ein menschliches Auge – oder überhaupt ein Sinnesorgan –:* Die Einschiebung findet sich in der im Hinweis zu Seite 25 angeführten Nachschrift.

und schließlich seit Helmholtzens Zeit ist auch das Ohr fast zum Klavier geworden: Hermann von Helmholtz, 1821–1894. «Die Lehre von den Tonempfindungen», Braunschweig 1862, 5. Aufl. 1896.

38 *daß das Herz eine Art Pumpe ist:* Siehe dazu 2. Vortrag, 22. März 1920 in «Geisteswissenschaft und Medizin» (20 Vorträge Dornach 1920), GA Bibl.-Nr. 312.

41 *daß der Mensch Stickstoff abgibt:* Zu diesem wenig bekannten Phänomen vergleiche: Bethe-Bergmann-Embden, «Handbuch der normalen und pathologischen Physiologie», Bd. II 1928, S. 196f.

43 *mit den 70–80 Stoffen, die auf der Erde sind:* Das «Handwörterbuch der Naturwissenschaften» von 1912 notiert 71 Elemente im periodischen System.

44 *wie die Stoffe zur Gestaltung kommen:* Die im Hinweis zu Seite 25 genannte Nachschrift hat statt «Geltung» «Gestaltung».

45 *wie die Verwüstung des Stausees in Italien:* Am 1. Dezember 1923 brach die Gleno-Talsperre in Oberitalien ein. Siehe dazu Leopold Müller: «Ein Hinweis Rudolf Steiners zur Sicherung von Talsperren» in «Mitteilungen aus der anthroposophischen Arbeit in Deutschland», 18. Jg., Heft 4, Weihnachten 1964.

48 *der Kopf für sein innerliches Erleben:* Die im Hinweis zu Seite 25 genannte Nachschrift hat hier «für» statt «durch».

57 *unter welchen Umständen und Zeiten eine Substanz:* Die im Hinweis zu Seite 25 genannte Nachschrift hat hier «Zeiten» statt «Zeichen».

59 *diese Arbeit, die ich unter Beihilfe von Frau Dr. Wegman vorbereite:* Dr. Rudolf Steiner / Dr. Ita Wegman «Grundlegendes für eine Erweiterung der Heilkunst nach geisteswissenschaftlichen Erkenntnissen», (1925), GA Bibl.-Nr. 27.

60 *wenn die wirkliche Außenatmung eintritt:* Die im Hinweis zu Seite 25 angeführte Nachschrift hat «Außenatmung» statt «Ausatmung».

63 *Wiener Schule:* Die Zeit von etwa 1840 an. Sie knüpft an u.a. an die Namen von Skoda, Oppolzer, Hebra.

64 *Rudolf Virchow,* 1821–1902.

73 *müssen wissen:* Einschiebung des Herausgebers.

83 *daß Ihr zunächst Euch einfach versenkt in die äußere Erscheinung:* In der im Hinweis zu Seite 25 genannten Nachschrift steht «versenkt» statt «versetzt».

84 *könnt Ihr lernen denken:* Die im Hinweis zu Seite 25 genannte Nachschrift hat hier «denken».

86 *Wenn man nur in Zukunft richtig versteht:* In der im Hinweis zu Seite 25 genannten Nachschrift steht statt «Dornach» «Zukunft».

96 «Wie erlangt man Erkenntnisse der höheren Welten?» (1904/05), GA Bibl.-Nr. 10.

98 in der alten Ausgabe steht: «und die Wärme, die draußen ist. In der Wärme geht das, da die Wärme seelischer Natur ist.»

113 «Philosophie der Freiheit» (1894), GA Bibl.-Nr. 4.

114 *«naturalia non sunt turpia»:* «Das Natürliche ist nicht schändlich», Wahlspruch der Kyniker.

138 Am Schluß des Kurses wurde von Herrn van Deventer folgendes Dankeswort gesprochen:

«Wenn ich vielleicht im Namen der hier versammelten Mitglieder einige Worte sagen darf als Dank für das, was wir durch Dr. Steiner und Frau Dr. Wegman hier empfangen durften. Es hat durch das, was Dr. Steiner uns in diesen Tagen gegeben hat, in unserer Brust ein Gefühl aufflammen können, und dieses Gefühl, es hat unsere Glieder wie gestreckt, und unseren Kopf wie gehoben. Wir haben gefühlt, daß es auf Erden für uns als schwache Erdenmenschen vielleicht doch möglich ist – wir haben es so gefühlt, daß es Sicherheit ist, daß es möglich ist –, ein Heiler zu werden. Wir stehen da mit diesem brennenden Gefühl im Herzen, aber auch da in Demut. Wir wissen nicht, ob unser Schicksal uns erlaubt, und inwieweit uns dieses Schicksal erlaubt, uns zu verbinden mit dem, was aus dem Goetheanum für die Menschheit fließen will. Für das, was wir an Esoterischem haben empfangen dürfen, sind keine Worte da, und auch die Gefühle sind vielleicht nur unvollkommen da. Da geziemt uns bloß ein Wollen.»

Osterkurs

142 *alle haben auch den ersten Rundbrief bekommen:* Siehe Seite 223 ff.

148 «Die Geheimwissenschaft im Umriß» (1910), GA Bibl.-Nr. 13.

154 *Untersuchungen über die Milzfunktion:* L. Kolisko, «Milzfunktion und Plättchenfrage» Stuttgart 1922.

160 *Da ist gesagt worden zur Weihnachtstagung:* «Die Konstitution der Allgemeinen Anthroposophischen Gesellschaft und der Freien Hochschule für Geisteswissenschaft. Der Wiederaufbau des Goetheanum 1924–1925», GA Bibl.-Nr. 260a.

172 *was im Menschen Stoffwechselorgane gestaltet:* Nach einer anderen Nachschrift.

181 *müssen wir ihm Blei geben:* «müssen wir ihn heilen» heißt es in allen Nachschriften; hier wurde gesetzt, dem Sinn entsprechend: «müssen wir ihm Blei geben».

190 *Diese Dinge sind hier am Goetheanum in der letzten Zeit ja viel behandelt worden:* Siehe «Esoterische Betrachtungen karmischer Zusammenhänge», I. und II. Band, GA Bibl.-Nr. 235 und GA Bibl.-Nr. 236.

Harun al Raschid, 766–809.

192 *Baco von Verulam,* 1561–1626.

193 *Amos Comenius,* 1592–1670.

die den ersten Ärztekursus … gelesen haben: Siehe «Geisteswissenschaft und Medizin» (20 Vorträge, Dornach 1920), GA Bibl.-Nr. 312.

194 *in dem Umriß meiner «Geheimwissenschaft»:* Siehe Hinweis zu Seite 148.

203 *in den Vorträgen, die auch von Raphael gehandelt haben:* Besonders im 4. Vortrag vom 12. Oktober 1923, «Die Johanni-Imagination», in «Das Miterleben des Jahreslaufes in vier kosmischen Imaginationen» (6 Vorträge Dornach/Stuttgart 1923), GA Bibl.-Nr. 229.

213 Im Meditationsspruch: «Schiebe die Frühzeit...» ist in der zweiten und dritten Zeile entsprechend der Eintragung im Notizbuch Rudolf Steiners gesetzt: *des* Kindes Alter.

217 «Wahrheit und Wissenschaft. Vorspiel einer ‹Philosophie der Freiheit›» (1892), GA Bibl.-Nr. 3.

234 *das Buch, das Frau Dr. Wegman herausgibt:* Siehe Hinweis zu Seite 59.

ÜBER DIE VORTRAGSNACHSCHRIFTEN

Aus Rudolf Steiners Autobiographie «Mein Lebensgang» (35. Kap., 1925)

Es liegen nun aus meinem anthroposophischen Wirken zwei Ergebnisse vor; erstens meine vor aller Welt veröffentlichten Bücher, zweitens eine große Reihe von Kursen, die zunächst als Privatdruck gedacht und verkäuflich nur an Mitglieder der Theosophischen (später Anthroposophischen) Gesellschaft sein sollten. Es waren dies Nachschriften, die bei den Vorträgen mehr oder weniger gut gemacht worden sind und die – wegen mangelnder Zeit – nicht von mir korrigiert werden konnten. Mir wäre es am liebsten gewesen, wenn mündlich gesprochenes Wort mündlich gesprochenes Wort geblieben wäre. Aber die Mitglieder wollten den Privatdruck der Kurse. Und so kam er zustande. Hätte ich Zeit gehabt, die Dinge zu korrigieren, so hätte vom Anfange an die Einschränkung «Nur für Mitglieder» nicht zu bestehen gebraucht. Jetzt ist sie seit mehr als einem Jahre ja fallen gelassen.

Hier in meinem «Lebensgang» ist notwendig, vor allem zu sagen, wie sich die beiden: meine veröffentlichten Bücher und diese Privatdrucke in das einfügen, was ich als Anthroposophie ausarbeitete.

Wer mein eigenes inneres Ringen und Arbeiten für das Hinstellen der Anthroposophie vor das Bewußtsein der gegenwärtigen Zeit verfolgen will, der muß das an Hand der allgemein veröffentlichten Schriften tun. In ihnen setzte ich mich auch mit alle dem auseinander, was an Erkenntnisstreben in der Zeit vorhanden ist. Da ist gegeben, was sich mir in «geistigem Schauen» immer mehr gestaltete, was zum Gebäude der Anthroposophie – allerdings in vieler Hinsicht in unvollkommener Art – wurde.

Neben diese Forderung, die «Anthroposophie» aufzubauen und dabei nur dem zu dienen, was sich ergab, wenn man Mitteilungen aus der Geist-Welt der allgemeinen Bildungswelt von heute zu übergeben hat, trat nun aber die andere, auch dem voll entgegenzukommen, was aus der Mitgliedschaft heraus als Seelenbedürfnis, als Geistessehnsucht sich offenbarte.

Da war vor allem eine starke Neigung vorhanden, die Evangelien und den Schrift-Inhalt der Bibel überhaupt in dem Lichte dargestellt zu hören, das sich als das anthroposophische ergeben hatte. Man wollte in Kursen über diese der Menschheit gegebenen Offenbarungen hören.

Indem interne Vortragskurse im Sinne dieser Forderung gehalten wurden, kam dazu noch ein anderes. Bei diesen Vorträgen waren nur Mitglieder. Sie waren mit den Anfangs-Mitteilungen aus Anthroposophie bekannt. Man konnte zu ihnen eben so sprechen, wie zu Vorgeschrittenen auf dem Gebiete der Anthroposophie. Die Haltung dieser internen Vorträge war eine solche, wie sie eben in Schriften nicht sein konnte, die ganz für die Öffentlichkeit bestimmt waren.

Ich durfte in internen Kreisen in einer Art über Dinge sprechen, die ich für die öffentliche Darstellung, wenn sie für sie von Anfang an bestimmt gewesen wären, hätte anders gestalten *müssen.*

So liegt in der Zweiheit, den öffentlichen und den privaten Schriften, in der Tat etwas vor, das aus zwei verschiedenen Untergründen stammt. Die ganz öffentlichen Schriften sind das Ergebnis dessen, was in mir rang und arbeitete; in den Privatdrucken ringt und arbeitet die Gesellschaft mit. Ich höre auf die Schwingungen im Seelenleben der Mitgliedschaft, und in meinem lebendigen Drinnenleben in dem, was ich da höre, entsteht die Haltung der Vorträge.

Es ist nirgends auch nur in geringstem Maße etwas gesagt, was nicht reinstes Ergebnis der sich aufbauenden Anthroposophie wäre. Von irgend einer Konzession an Vorurteile oder Vorempfindungen der Mitgliedschaft kann nicht die Rede sein. Wer diese Privatdrucke liest, kann sie im vollsten Sinne eben als das nehmen, was Anthroposophie zu sagen hat. Deshalb konnte ja auch ohne Bedenken, als die Anklagen nach dieser Richtung zu drängend wurden, von der Einrichtung abgegangen werden, diese Drucke nur im Kreise der Mitgliedschaft zu verbreiten. Es wird eben nur hingenommen werden müssen, daß in den von mir nicht nachgesehenen Vorlagen sich Fehlerhaftes findet.

Ein Urteil über den Inhalt eines solchen Privatdruckes wird ja allerdings nur demjenigen zugestanden werden können, der kennt, was als Urteils-Voraussetzung angenommen wird. Und das ist für die allermeisten dieser Drucke *mindestens* die anthroposophische Erkenntnis des Menschen, des Kosmos, insofern sein Wesen in der Anthroposophie dargestellt wird, und dessen, was als «anthroposophische Geschichte» in den Mitteilungen aus der Geist-Welt sich findet.

RUDOLF STEINER GESAMTAUSGABE

Gliederung nach: Rudolf Steiner – Das literarische
und künstlerische Werk. Eine bibliographische Übersicht
(Bibliographie-Nrn. *kursiv* in Klammern)

A. SCHRIFTEN

I. Werke

Goethes Naturwissenschaftliche Schriften, eingeleitet und kommentiert von R. Steiner, 5 Bände, 1883/97, Neuausgabe 1975, *(1a-e)*; separate Ausgabe der Einleitungen, 1925 *(1)*
Grundlinien einer Erkenntnistheorie der Goetheschen Weltanschauung, 1886 *(2)*
Wahrheit und Wissenschaft. Vorspiel einer ‹Philosophie der Freiheit›, 1892 *(3)*
Die Philosophie der Freiheit. Grundzüge einer modernen Weltanschauung, 1894 *(4)*
Friedrich Nietzsche, ein Kämpfer gegen seine Zeit, 1895 *(5)*
Goethes Weltanschauung, 1897 *(6)*
Die Mystik im Aufgange des neuzeitlichen Geisteslebens und ihr Verhältnis zur modernen Weltanschauung, 1901 *(7)*
Das Christentum als mystische Tatsache und die Mysterien des Altertums, 1902 *(8)*
Theosophie. Einführung in übersinnliche Welterkenntnis und Menschenbestimmung, 1904 *(9)*
Wie erlangt man Erkenntnisse der höheren Welten? 1904/05 *(10)*
Aus der Akasha-Chronik, 1904/08 *(11)*
Die Stufen der höheren Erkenntnis, 1905/08 *(12)*
Die Geheimwissenschaft im Umriß, 1910 *(13)*
Vier Mysteriendramen: Die Pforte der Einweihung – Die Prüfung der Seele Der Hüter der Schwelle – Der Seelen Erwachen, 1910/13 *(14)*
Die geistige Führung des Menschen und der Menschheit, 1911 *(15)*
Anthroposophischer Seelenkalender, 1912 *(in 40)*
Ein Weg zur Selbsterkenntnis des Menschen, 1912 *(16)*
Die Schwelle der geistigen Welt, 1913 *(17)*
Die Rätsel der Philosophie in ihrer Geschichte als Umriß dargestellt, 1914 *(18)*
Vom Menschenrätsel, 1916 *(20)*
Von Seelenrätseln, 1917 *(21)*
Goethes Geistesart in ihrer Offenbarung durch seinen Faust und durch das Märchen von der Schlange und der Lilie, 1918 *(22)*
Die Kernpunkte der sozialen Frage in den Lebensnotwendigkeiten der Gegenwart und Zukunft, 1919 *(23)*
Aufsätze über die Dreigliederung des sozialen Organismus und zur Zeitlage 1915 1921 *(24)*
Kosmologie, Religion und Philosophie, 1922 *(25)*
Anthroposophische Leitsätze, 1924/25 *(26)*
Grundlegendes für eine Erweiterung der Heilkunst nach geisteswissenschaftlichen Erkenntnissen, 1925. Von Dr. R. Steiner und Dr. I. Wegman *(27)*
Mein Lebensgang, 1923/25 *(28)*

II. Gesammelte Aufsätze

Aufsätze zur Dramaturgie 1889-1901 *(29)* – Methodische Grundlagen der Anthroposophie 1884-1901 *(30)* – Aufsätze zur Kultur- und Zeitgeschichte 1887-1901 *(31)* – Aufsätze zur Literatur 1886-1902 *(32)* – Biographien und biographische Skizzen 1894-1905 *(33)* – Aufsätze aus «Lucifer-Gnosis» 1903-1908 *(34)* – Philosophie und Anthroposophie 1904-1918 *(35)* – Aufsätze aus «Das Goetheanum» 1921-1925 *(36)*

III. Veröffentlichungen aus dem Nachlaß

Briefe – Wahrspruchworte – Bühnenbearbeitungen – Entwürfe zu den Vier Mysteriendramen 1910-1913 – Anthroposophie. Ein Fragment aus dem Jahre 1910 – Gesammelte Skizzen und Fragmente – Aus Notizbüchern und -blättern – *(38-47)*

B. DAS VORTRAGSWERK

I. Öffentliche Vorträge

Die Berliner öffentlichen Vortragsreihen, 1903/04 bis 1917/18 *(51-67)* – Öffentliche Vorträge, Vortragsreihen und Hochschulkurse an anderen Orten Europas 1906-1924 *(68-84)*

II. Vorträge vor Mitgliedern der Anthroposophischen Gesellschaft

Vorträge und Vortragszyklen allgemein-anthroposophischen Inhalts – Christologie und Evangelien-Betrachtungen – Geisteswissenschaftliche Menschenkunde – Kosmische und menschliche Geschichte – Die geistigen Hintergründe der sozialen Frage – Der Mensch in seinem Zusammenhang mit dem Kosmos – Karma-Betrachtungen – *(91-244)*
Vorträge und Schriften zur Geschichte der anthroposophischen Bewegung und der Anthroposophischen Gesellschaft *(251-263)*

III. Vorträge und Kurse zu einzelnen Lebensgebieten

Vorträge über Kunst: Allgemein-Künstlerisches – Eurythmie – Sprachgestaltung und Dramatische Kunst – Musik – Bildende Künste – Kunstgeschichte – *(271-292)* – Vorträge über Erziehung *(293-311)* – Vorträge über Medizin *(312-319)* – Vorträge über Naturwissenschaft *(320-327)* – Vorträge über das soziale Leben und die Dreigliederung des sozialen Organismus *(328-341)* – Vorträge für die Arbeiter am Goetheanumbau *(347-354)*

C. DAS KÜNSTLERISCHE WERK

Originalgetreue Wiedergaben von malerischen und graphischen Entwürfen und Skizzen Rudolf Steiners in Kunstmappen oder als Einzelblätter: Entwürfe für die Malerei des Ersten Goetheanum – Schulungsskizzen für Maler – Programmbilder für Eurythmie-Aufführungen – Eurythmieformen – Skizzen zu den Eurythmiefiguren, u.a.

Die Bände der Rudolf Steiner Gesamtausgabe
sind innerhalb einzelner Gruppen einheitlich ausgestattet
Jeder Band ist einzeln erhältlich.